Sciences Po
Guide d'entrée en première année

OUVRAGE DIRIGÉ ET COORDONNÉ PAR MOKHTAR LAKEHAL

Sciences Po
Guide d'entrée en première année

3ᵉ édition

OLIVIER BELLÉGO, ancien élève de l'IEP, directeur adjoint des concours au CIG petite couronne d'Île-de-France, formateur en culture générale pour les concours administratifs, université Paris XII – Val-de-Marne

BÉATRICE COUAIRON, professeur de sciences économiques et sociales

VINCENT DE BRIANT, ancien élève de l'IEP, professeur en droit public pour les concours administratifs du CNFPT et de l'université Paris XII – Val-de-Marne

MOKHTAR LAKEHAL, professeur de sciences économiques et sociales, formateur pour les concours administratifs, chargé de cours en sciences économiques, universités Paris XII – Val-de-Marne et de Paris III – Sorbonne nouvelle

ALEXANDRA LOYNARD, professeur d'espagnol au lycée Uruguay-France d'Avon

DANIEL MOUCHEBŒUF, ancien élève de l'IEP, professeur d'allemand

JEAN-LOUIS NGUYÊN TOAN, chargé de cours à l'université Paris XII – Val-de-Marne

BÉATRICE TOUCHELAY, maître de conférences en histoire, université de Paris XII – Val-de-Marne

Chez le même éditeur

Dans la collection « Concours »

Catégories B et A
- N° 4, *Méthodologie de la note de synthèse*, 5e édition
- N° 15, *QCM de culture générale*, 3e édition
- N° 35, *Institutions et politiques sociales*
- N° 37, *Principes d'économie contemporaine*
- N° 53, *Dissertation de culture générale*, 2e édition

Catégorie A
- N° 12, *Dissertation économique*
- N° 13, *Épreuves de droit public*
- N° 66, *Dissertation de droit public*

Toutes catégories
- N° 64, *Tests psychotechniques et de personnalité*

Hors catégorie
- *La Culture générale, examens et concours du lycée à l'enseignement supérieur*

Dans la collection « Guides »

- *Thèmes d'actualité culturels*, 2004/2005
- *Thèmes d'actualité sanitaires et sociaux*, 2004/2005
- *Thèmes d'actualité économiques, politiques et sociaux*, 2004/2005
- *Thèmes d'actualité d'économie de l'entreprise*, 2003/2004
- *Thèmes d'actualité philosophiques*, 2003/2004
- *Guide méthodologique de préparation aux examens et concours (bac à bac +4)*
- *La France des départements et régions (données géographiques, économiques et sociales)*
- *L'Union européenne (données économiques et sociales des pays de l'Union européenne et des pays candidats)*
- *Sciences Po, guide d'entrée en première année d'IEP* (Paris et province), 3e édition

Dans la collection « Les Chronos »

- *Chronologie de la France au xxe siècle, histoire des faits économiques, politiques et sociaux*
- *Chronologie de l'Allemagne au xxe siècle, histoire des faits économiques, politiques et sociaux*
- *Chronologie de la Russie au xxe siècle, histoire des faits économiques, politiques et sociaux*
- *Chronologie des États-Unis au xxe siècle, histoire des faits économiques, politiques et sociaux*
- *Chronologie du Japon au xxe siècle, histoire des faits économiques, politiques et sociaux*
- *Chronologie de la Chine au xxe siècle, histoire des faits économiques, politiques et sociaux*
- *Chronologie de la Grande-Bretagne au xxe siècle, histoire des faits économiques, politiques et sociaux*

Dans la collection « Dictionnaires »

- *Dictionnaire de l'Europe, États d'hier et d'aujourd'hui de 1789 à nos jours*, 2e édition
- *Dictionnaire de culture générale*
- *Dictionnaire d'économie contemporaine*, 3e édition

ISBN 2-7117-6149-5

© Librairie Vuibert – septembre 2004 – 20, rue Berbier-du-Mets, F-75647 Paris cedex 13
Site Internet : www.vuibert.fr

Présentation du guide

Ce guide est un instrument de préparation complet et méthodique à l'accès en première année des IEP (instituts d'études politiques).

Les matières (communes et spécialisées) du programme sont traitées :

– culture générale ;
– histoire ;
– géographie ;
– économie politique ;
– institutions politiques et droit public ;
– sociologie ;
– langues vivantes (anglais, allemand, espagnol).

Le commentaire du programme pour chaque matière est présenté sous la forme d'une mise en garde du lecteur-candidat sur les exigences des jurys des IEP. L'accent est volontairement mis sur la méthodologie, car beaucoup d'élèves de terminale et d'étudiants en premier cycle universitaire ne maîtrisent pas les outils de travail indispensables pour se présenter à des concours difficiles.

Ce guide est conçu pour aider trois catégories de lecteurs-candidats à l'accès en première année des IEP.

Étant donné que ni le lycée ni l'université ne préparent spécifiquement aux concours « bac + 0 » et « bac + 1 » d'admission en première année des IEP (à l'exception de certaines hypokhâgnes), nous avons voulu mettre à la disposition du lecteur-candidat un guide pédagogique complet de préparation. Tout l'effort de l'équipe d'auteurs a porté sur l'analyse du programme et la méthodologie. Nous recommandons aux candidats qui ont besoin d'informations administratives de se mettre directement en contact avec l'IEP de leur choix (voir pages 9 et 10), car ces informations sont parfois vite périmées. Les lecteurs préparant un examen ou concours du niveau « bac + 0 » ou « bac + 1 » tireront avantage de ce guide conçu plus spécialement pour répondre aux besoins et attentes de trois catégories de lecteurs-candidats :

– les élèves et étudiants non encadrés qui ne savent pas obligatoirement interpréter seuls le programme officiel du concours et risquent de se contenter d'une révision superficielle de leurs cours de première, terminale ou de première année d'université, en croyant que cela suffit ;

– les élèves et étudiants qui croient posséder une vraie méthode de travail pour faire face à la diversité des épreuves, découvriront dans ce guide la différence entre « croire savoir » et « savoir faire » ;

– les élèves et étudiants possédant suffisamment de ressources intellectuelles et déterminés à se lancer dans la bataille des concours d'accès en première année des IEP, mais qui souhaitent néanmoins disposer d'un guide complet et précis pour canaliser leur énergie sur les bonnes pistes de travail.

Enfin, ce guide intéresse aussi un large public de lecteurs quotidiennement sollicités par les élèves de terminale des lycées et les étudiants de première année d'enseignement supérieur, comme les documentalistes, les enseignants, les proviseurs, les directeurs de premier cycle universitaire, les conseillers d'éducation, les conseillers d'orientation, les personnes chargées de communiquer des informations sur les exigences intellectuelles des concours d'accès en première année des IEP.

Ce guide a été préparé par une équipe d'enseignants expérimentés qui connaît bien les divers publics des concours.

Les collaborateurs qui ont participé à ce guide pédagogique sont des enseignants expérimentés, anciens élèves de l'IEP de Paris, professeurs en terminale des lycées et/ou en classes préparatoires section sciences politiques, professeurs de classes préparatoires aux concours de la fonction publique, universitaires membres des jurys d'examens officiels et de concours de la fonction publique.

Les auteurs qui ont collaboré à la rédaction de ce guide sont : O. Bellégo (culture générale), B. Couairon (sociologie), V. de Briant (institutions politiques et droit public), M. Lakehal (économie politique), A. Loynard (espagnol), D. Mouchebœuf (allemand), J.-L. Nguyên Toan (anglais), B. Touchelay (histoire et géographie).

Certains ont déjà participé à plusieurs publications des éditions Vuibert destinées aux différents publics des examens officiels et des concours administratifs.

Directeur coordinateur
Mokhtar LAKEHAL

Les matières aux programmes des concours d'entrée en première année des IEP

Chaque IEP (en dehors du concours commun des IEP d'Aix-en-Provence, de Lyon et de Grenoble) propose un concours différent. Outre la diversité des matières, certains IEP prennent en compte les notes du baccalauréat (Aix-en-Provence, Lyon, Grenoble et Toulouse par exemple) ou une mention « très bien » au baccalauréat, qui dispense, dans certains cas, de l'examen d'entrée, après étude du dossier scolaire.

Néanmoins, la diversité des matières rend l'examen accessible aux bacheliers de toutes sections.

Le tableau en page suivante vous indique les épreuves des examens, IEP par IEP.

Tableau récapitulatif des épreuves

IEP	Spécificités	Matières
Aix-en-Provence **Grenoble** **Lyon**	Bac 0 ou bac + 1 Concours commun aux trois IEP	1. Questions sur un ouvrage 2. Questions d'actualité 3. Dissertation d'histoire 4. Langue vivante 1 + notes obtenues au bac
Bordeaux	Bac 0 ou bac antérieur avec justification d'une année du cycle supérieur	1. Dissertation de culture générale 2. Langue vivante 1 3. Au choix : histoire ou géographie ou économie ou droit ou mathémathiques
Paris	Bac + 1	1. Dissertation de culture générale 2. Dissertation d'histoire 3. Langue vivante 1 4. Au choix : note sur dossier (dominante histoire/géographie ou économie), économie, droit, sociologie, langue vivante 2 ou histoire du XIXe siècle
Lille	Bac 0 ou bac + 1, + 2	1. Dissertation de culture générale 2. Langue vivante 1 au choix 3a. Au choix bac 0 : histoire ou géographie ou mathémathiques ou gestion 3b. Au choix bac + 1 : histoire ou géographie ou économie ou droit
Rennes	Bac 0 ou bac + 1	1. Dissertation d'histoire 2. Questions sur trois ouvrages 3. Langue vivante 1 au choix
Strasbourg	Bac 0 ou bac antérieur	1. Dissertation de culture générale à caractère historique 2. Langue vivante 1 au choix 3. Au choix : géographie ou mathématiques ou économie ou droit
Toulouse	Bac 0 ou bac antérieur	1. Dissertation de culture générale 2. Anglais 3. Langue vivante 2 au choix + notes obtenues au bac

Adresses utiles

▶ Institut d'Études Politiques de Paris
27, rue Saint-Guillaume
75337 Paris cedex 07
Service des admissions :
2, square de Luynes
75007 Paris
Tél. : 01 45 49 50 50 ou 01 45 49 50 82
http://www.sciences-po.fr

▶ Institut d'Études Politiques d'Aix-en-Provence
25, rue Gaston-de-Saporta
13625 Aix-en-Provence cedex
Tél. : 04 42 17 01 60
http://www.iep-aix.fr

▶ Institut d'Études Politiques de Lille
84, rue de Trévise
59000 Lille
Tél. : 03 20 90 48 40
http://iep.univ-lille2.fr

▶ Institut d'Études Politiques de Lyon
14, avenue Berthelot
69000 Lyon
Tél. : 04 37 28 38 00
http://iep.univ-lyon2.fr

► Institut d'Études Politiques de Rennes
104, boulevard de la Duchesse-Anne
35700 Rennes
Tél. : 02 99 84 39 39
http://www.rennes.iep.fr

► Institut d'Études Politiques de Grenoble
Adresse postale :
BP 48
38040 Grenoble cedex
Adresse géographique :
1030, avenue Centrale
Domaine universitaire
38400 Saint-Martin-d'Hères
Tél. : 04 76 82 60 00
http://www.sciences-po.upmf-grenoble.fr

► Institut d'Études Politiques de Strasbourg
47, avenue de la Forêt-Noire
67082 Strasbourg cedex
Tél. : 03 88 41 77 00
http://www-iep-strasbourg.fr

► Institut d'Études Politiques de Bordeaux
11, allée Ausoue
Domaine universitaire
33607 Pessac cedex
Tél. : 05 56 84 42 52
http://www.iep.u-bordeaux.fr

► Institut d'Études Politiques de Toulouse
2 *ter*, rue des Puits-Creusés
BP 898
31685 Toulouse cedex 6
Tél. : 05 61 11 02 60
http://www.univ-tlse1.fr/iep/

Sommaire

Culture générale

I. La nature des épreuves

Les épreuves dites de culture générale aux examens d'entrée des IEP occupent une place déterminante avec **la dissertation,** d'une durée de **trois ou quatre heures,** et avec **le commentaire de texte,** de même durée. L'épreuve de culture générale de l'examen d'entrée en première année à l'Institut d'études politiques de Paris, par exemple, dure quatre heures et consiste, au choix du candidat, en une dissertation ou en commentaire de texte. C'est pourquoi nous accordons à chacune de ces techniques une place égale dans ce chapitre qui traitera d'abord de la dissertation (I) puis du commentaire de texte (II).

Deux mots sur « le choix du candidat » : ce choix ne doit pas être laissé au hasard mais nécessite que le candidat sache consacrer un temps suffisant à l'analyse du sujet et du texte : il est légitime de consacrer une dizaine de minutes à cette analyse avant d'arrêter un choix qui doit être définitif.

Les observations des correcteurs montrent que ce choix est trop souvent irrationnel et pénalise les candidats, qu'il s'agisse d'un choix « négatif » (« Choisir, disait Jean-Paul Sartre, c'est éliminer ») ou « positif » ; les choix « négatifs » sont trop souvent déterminés par des réflexes d'évitement (ainsi, des correcteurs notent : « Le seul nom de Kant – auteur du texte proposé pour le commentaire – semble, bien à tort, avoir dissuadé la majorité des candidats de choisir le commentaire du très beau texte proposé. »). Lorsque des sujets qui semblent plaisants poussent à un choix « positif », les candidats se laissent trop souvent abuser par des mots dont ils croient connaître le sens et s'engagent tête baissée dans des raisonnements qui n'ont que de trop lointains rapports avec le sujet.

II. La dissertation

Le candidat doit mesurer combien la préparation de l'épreuve de dissertation est déterminante dans sa stratégie d'accès en première année.

Nous nous attacherons d'abord aux règles de forme, en insistant particulièrement sur l'effet produit chez le correcteur par le maniement de la langue, le style et le ton, la présentation.

Nous aborderons alors la question essentielle de la recherche des idées, grâce à l'analyse du sujet et l'expansion d'idées, avant d'exposer des techniques de construction de plan.

Nous préciserons ensuite comment construire une introduction et une conclusion, moments « stratégiques » de la dissertation, qui remplissent pleinement leur rôle.

Nous donnerons enfin des conseils pratiques sur la rédaction définitive, en nous attachant à l'utilisation du temps, à ce qui doit être essayé au brouillon ou rédigé directement.

Comme nous le verrons, l'annonce de plan est indispensable ; il nous paraît intéressant de préciser ici le plan détaillé de cette partie afin que le candidat puisse directement se reporter aux passages qui lui seront le plus utile.

A. Le champ des connaissances

1. Les annales
2. Que cherche-t-on à apprécier chez le candidat ?
3. Comment, alors, se préparer ?

B. La forme

1. Considérations générales
– On écrit pour être lu
– La dissertation doit séduire
– Qui rédige dirige
2. Les difficultés de la langue française
– Orthographe et ponctuation
– Vocabulaire
– Grammaire
3. Le style et le ton
– Les qualités de style
– Le ton
4. La présentation générale
– Exemple de présentation visualisée

C. La recherche des idées

1. L'analyse du sujet
– Analyse formelle
– Identification et définition des mots clés
2. L'expansion d'idées
– L'expansion des mots
– L'expansion du libellé
– La variation des points de vue
3. Un plan

D. Construction

1. L'introduction
– L'entrée en matière
– La reformulation du sujet
– L'annonce de plan

A. Le champ des connaissances

▶ Les annales ◀

Dans l'impossibilité de traiter ici des annales de tous les Instituts d'études politiques, nous avons fait le choix d'exploiter méthodiquement celles de l'Institut d'études de Paris depuis dix-sept ans plutôt que de procéder à un « panachage » de différentes annales : ceci permet de mettre en valeur la cohérence des choix de sujets opérés et en lumière, à défaut de véritable programme, le champ des connaissances requises :

– **1987.** Confrontez ces deux définitions du progrès :
  « Le progrès, c'est la liberté en action » (Édouard de Laboulaye)
  « Le progrès n'est jamais que le développement de l'ordre » (Auguste Comte)
– **1988.** Pour avoir des droits, doit-on en être digne ?
– **1989.** Est-il juste de définir l'utopie comme un rêve inutile ?
– **1990.** Qu'est-ce qu'une éducation réussie ?
– **1991.** Faut-il respecter toutes les cultures ?
– **1992.** Un compromis est-il toujours préférable à un conflit ?
– **1993.** L'idée de droit à la vie a-t-elle un sens ?
– **1994.** Le pouvoir des images contrarie-t-il la liberté de penser ?
– **1995.** La recherche de l'égalité a-t-elle des limites ?
– **1996.** Qu'est-ce qui fait la grandeur d'un pays ?
– **1997.** Une majorité exprime-t-elle une force ou un droit ?
– **1998.** L'ordre et la sécurité : est-ce la même chose ?
– **1999.** Dans quelle mesure peut-on dire du temps qu'il est « libre » ?
– **2000.** Qu'est-ce qui s'accélère dans l'Histoire ?
– **2001.** En quoi consiste ma dignité ?

– **2002.** Pourquoi la démocratie est-elle toujours exposée au péril ?
– **2003.** Faut-il être cultivé pour exercer son jugement ?

Ainsi, les sujets puisent dans une vingtaine de thèmes connus, viviers des sujets « classiques » de dissertation de culture générale des concours administratifs de catégorie A (niveau licence) ou B (niveau baccalauréat) :

– Le progrès
– L'éducation
– La civilisation
– La culture, les cultures
– La démocratie
– Le droit, les droits (liberté de penser, égalité, sécurité, droit à la vie)
– Les devoirs
– L'État, la nation
– Les médias (télévision…)
– L'opinion publique
– La publicité
– La violence
– Les loisirs

La fréquentation d'autres examens et concours permet de relever d'autres thèmes de « culture générale », comme l'administration, l'art, les classes sociales, la démographie, l'Europe, les femmes, les jeunes, le racisme, la santé, les sciences, les techniques, le travail, la vieillesse…

Jetons un coup d'œil rapide sur la classification décimale proposée par l'Américain Melvil Dewey en 1876 comme mode de classement universel de tous les livres :

000 Généralités (informatique…)
100 Philosophie
200 Religions
300 Sciences sociales
400 Langage
500 Sciences
600 Techniques
700 Arts
800 Littérature
900 Histoire et géographie

Il n'est guère de champs de ce savoir que les sujets ci-dessus n'invitent à visiter…

Ainsi, parler de programme de culture générale serait une provocation. C'est le candidat tout entier qu'on s'efforce de découvrir au moyen de cette épreuve, ses **connaissances** mais aussi son t**empérament** et, surtout, son aptitude au **raisonnement**. Cela implique de solides notions de base sur les grands « **problèmes** », un intérêt pour **l'actualité** et une **ouverture d'esprit**.

▶ Que cherche-t-on à apprécier chez le candidat ? ◀

– **On récusera toujours la répétition mécanique d'un cours** (remarquons qu'aucun des sujets ne s'y prête et que tous se présentent comme une invitation à la réflexion – depuis seize ans tous les sujets sont proposés sous la forme d'une question – à partir

CULTURE GÉNÉRALE

de connaissances qui ne sauraient faire appel à une seule spécialité), la spécialisation examine des connaissances…, de même que les égarements bavards, les attitudes sectaires, trop provocatrices, passionnées, tout comme un conformisme excessif.

– En revanche, on évaluera les qualités humaines et intellectuelles, les **aptitudes à mener une réflexion ordonnée** et à exprimer clairement un point de vue fondé sur des arguments intéressants et convaincants.

Ainsi, la dissertation « de culture générale » ne fait pas appel à des connaissances « techniques », et même si un cours a pu porter sur un thème dans lequel s'inscrit le sujet proposé à la réflexion, le candidat aura toujours à construire une démonstration originale en organisant intelligemment des arguments pertinents.

Les appréciations des jurys permettent de préciser cette approche :

Les candidats – remarque des correcteurs – ont trop souvent tendance à « projeter sur l'énoncé du sujet des problématiques qui leur sont familières ou de pures et simples questions de cours […]. La première qualité que l'on attend des candidats à l'épreuve d'ordre général, c'est une réflexion qui s'abstient de toute prévention et de toute précipitation, une faculté de discernement qui ose ne pas rabattre l'inconnu sur le connu, le nouveau (le sujet proposé) sur quelque matériau de réemploi préparé à l'avance. En un mot, on attend des candidats qu'ils osent affronter le sujet proposé dans ses exigences propres et dans sa singularité, qu'ils fassent preuve de culture certes, mais aussi et surtout qu'ils exercent leur jugement ».

De même, des correcteurs notent que « les candidats ont trop souvent prélevé un mot […] pour traiter (?) un autre sujet que le sujet proposé. La détermination exacte de la question posée, la formulation d'un problème supposent au contraire une analyse conceptuelle rigoureuse qui prenne en compte […] tous les mots du sujet et s'efforce (en même temps) à la distinction, au discernement, à la pensée et à son unité ».

▶ Comment, alors, se préparer ? ◀

On peut proposer au candidat deux approches parallèles :

– L'une théorique : réfléchir aux conseils méthodologiques qui ont fait leurs preuves. On en trouvera quelques-uns ici, mais les manuels de préparation à la dissertation sont si nombreux que, plutôt que d'exposer longuement une « méthode », on insistera surtout sur les effets produits sur le lecteur-correcteur par tel ou tel « comportement » du candidat.

– L'autre pratique : s'exercer dans les conditions de l'examen pour se familiariser avec les conseils de méthode et retenir ceux qui vous conviennent le mieux.

L'approche pratique peut, par exemple, requérir du candidat qu'il s'exerce, à partir de n'importe quel sujet « bateau » (par exemple : « la ville », « la publicité » ou encore « l'environnement », etc.) à extraire des connaissances enfouies et à forger des raisonnements sur le vif.

L'approche théorique peut être organisée autour des axes méthodologiques ci-après qui ont fait leurs preuves.

B. La forme

On écrit pour être lu

L'épreuve ne prend pas fin lorsque l'on rend sa copie, mais seulement une fois que celle-ci a été lue et notée.

Les pièges de l'orthographe et de la syntaxe sont innombrables, et l'on ne peut que conseiller au candidat au concours de n'utiliser que les mots ou les tournures dont il est absolument sûr. Le problème est que certaines fautes sont si répandues que le candidat les commet en toute innocence.

S'il n'existe pas de pénalisation « tarifée » des fautes d'orthographe, la fréquence de certaines fautes ne peut qu'indisposer le lecteur-correcteur et peser sur la note. Les dégâts seront d'autant plus importants que les fautes prendront place dans des endroits stratégiques des épreuves (par exemple dans la première phrase de l'introduction, ou dans la dernière de la conclusion, ou encore dans l'annonce de plan, etc.).

Mettons aussi en garde le candidat contre l'abus de la langue de bois, jargons, formules creuses, toutes les formules que l'écrivain et académicien Bertrand Poirot-Delpech qualifiait, dans un article du *Monde*, de « R. A. S. », « remplissage n'ayant rigoureusement aucun sens » :

« La parole publique – écrit Bertrand Poirot-Delpech – est confisquée par quelques centaines d'hommes politiques, patrons, experts variés, publicitaires et communicants qui manient langue de bois, euphémismes, jargons technocratiques, métaphores passe-partout et formules faussement savantes, pour capter nos suffrages, masquer la vérité, endormir nos vigilances, nous imposer "idées", images, camelote. Les victimes de ces tromperies les recopiant par contagion, c'est tout le langage qui risque d'être bientôt perverti en machine à vendre, vidé de sens, suspect, ridiculisé. »

Tout à fait (à la place de : oui), *absolument* (idem), *un certain nombre de* (pour : des), *incontournable* (pour : indispensable ou inévitable), *dysfonctionnement* (pour : erreur, ratage, faute…), *fondamental* (pour : important), *clairement* (qualifie souvent des propos obscurs…), *gérer* (à la place de : régler un problème), *pour autant* (à la place de : cependant), *un message fort* (l'est-il vraiment ?), *c'est vrai que* (en début de phrase, sans nuance concessive), autant d'exemples de remplissage n'ayant souvent guère de sens et visant plutôt à cacher les faiblesses de la réflexion qu'à éclairer le lecteur ou l'auditeur.

Les expressions galvaudées sont certes significatives d'une époque : est-ce un hasard si, aujourd'hui, on « gère des problèmes », on « pallie des difficultés par des biais » et si l'« on se doit d'apporter des réponses » ? Toutes ces expressions traduisent un renoncement à résoudre les problèmes, une tentation d'y remédier provisoirement par des moyens détournés, une tendance à ne reconnaître comme obligations que celles que l'on s'impose à soi-même. Malheureusement, les candidats qui écrivent « gérer un problème » pensent « régler », ceux qui emploient « pallier des difficultés » s'imaginent « résoudre »; confondant les « biais » et les « moyens », ils pensent « doivent » et écrivent « se doivent ». Que dire des mots que beaucoup de candidats affectionnent (stigmatiser, exergue…) et que l'on trouve employés dans des sens si divers que l'on soupçonne que trop rares sont ceux qui en connaissent le sens.

Remarquons la tendance de l'administration à utiliser un langage qui lui est propre et que certains candidats ont tendance, inconsciemment ou non, à imiter : l'administration affectionne en effet particulièrement les expressions « bavardes » (un verbe « omnibus » plus un ou des noms sont souvent préférés à des verbes précis), dans le but d'atténuer le caractère impératif de l'ordre ou absolu du refus, et dans l'intention de valoriser ses actions, voire de masquer ses insuffisances.

Quelques exemples de ce **« style administratif »** dont le candidat doit se méfier :

Style administratif	On pourrait remplacer par :
Votre lettre en date du… (date)	Votre lettre du… (date)
Je porte à votre connaissance	Je vous informe
Je vous fais connaître	Je vous informe
Votre autorisation vient à expiration	Vous n'êtes plus autorisé
Un refus a été opposé à votre demande	Votre demande a été refusée
Il n'a pas été possible de réserver une suite favorable à votre demande	Votre demande a été refusée
Vous voudrez bien me faire retour du document	Rendez le document
Je fais l'objet d'une mesure de suspension	Je suis suspendu
Ces dispositions se proposent de réglementer	Ces dispositions règlementent
Ce rapport se plaît à signaler	Ce rapport signale
Une erreur s'est glissée dans ce document	Ce document est erroné

Méfions-nous également du « non-dit » qui parasite parfois le message d'origine :

Message d'origine	On peut aussi comprendre :
Une erreur s'est glissée dans ce document	Je me suis trompé mais je ne veux pas l'avouer
Nous avons pris un certain nombre de mesures	Je serais incapable de vous dire précisément quelles mesures nous avons prises
Je vous remercie de votre très précieuse collaboration	Votre travail ne nous sera pas d'une grande utilité
Nous nous sommes livrés à une enquête approfondie	Nous avons opéré une vague vérification
Un contrôle très sérieux nous a permis de…	Nous avons opéré une vague vérification
Une impérieuse nécessité nous a contraints à…	Ne me demandez surtout pas laquelle !
Nous ne ménagerons pas nos efforts pour…	Nous attendrons que ça se passe…

Un relevé dans des copies d'examens et de concours des mots et expressions favorites des candidats illustre une tendance à écrire comme tout le monde écrit, qui devrait pousser les candidats à se distinguer par la qualité de leur style :

Citons, dans le désordre :

Un corollaire (souven orthographié par erreur : *corrolaire*)

Se doit de (qui peut la plupart du temps être avantageusement remplacé par *« doit »*)

Global

Pallier (très souvent fautif : on ne pallie pas à une difficulté, on pallie une difficulté ; ce verbe est un verbe transitif direct)

Perdurer

En exergue

Par le biais

Notre société d'aujourd'hui, ou notre société contemporaine

De tous temps (alors que bien rares sont les phénomènes qui remontent aux origines de l'humanité !)

Du fait de

De ce fait

En quelque sorte

Pour ainsi dire

Gérer un problème (à remplacer souvent par : *résoudre*)

Générer

Engendrer

Initier

Impulser

Postulat

Apanage

Participer d'un

Force est de constater que

Les tenants et les aboutissants

Chacun est à même de juger les raisons de l'emploi de ces mots : intoxication par le jargon véhiculé par la presse et la télévision, séduction de formulations «ronflantes»…

La liste inépuisable des fautes d'orthographe et des impropriétés est également éclairante : trop de candidats doutent trop peu d'eux-mêmes… Il est certain que les listes d'erreurs font sourire plus d'un candidat qui serait prêt à jurer : « Moi, ça, jamais ! », et pourtant…

Emergeance (pour : *émergence*)

Exigeances (pour : *exigences*)

Être en but à (pour : *être en butte à*)

Boulversement (pour : *bouleversement*)

Repaire (alors qu'il s'agit de *« repère »* : le repaire, c'est le lieu de refuge des bêtes sauvages ou des individus dangereux ; notre besoin de repères ne serait-il que la recherche d'un repaire ?)

Palier à (pour : *pallier*, verbe transitif direct : on pallie un problème, c'est-à-dire qu'on trouve une solution provisoire)

De part sa Constitution, la France (pour : *de par*)

Quelque (à la place de quel que : *les difficultés, quelles qu'elles soient...*)

Encré dans les esprits (à la place de « *ancré* » : sans doute s'agit-il d'encre indélébile...)

Baser sur (incorrect : on doit écrire « *fonder sur* »)

Solutionner un problème (incorrect : on résout un problème, on lui trouve une solution)

Voir (à la place de « *voire* » : *un homme, voire deux, ont sans doute pénétré dans cette maison*)

Tout à chacun (pour *tout un chacun*)

Être juge et parti (pour *juge et partie* : n'allons pas soupçonner tous les juges de partis pris idéologiques !)

Ilettré, illétré (pour *illettré !*)

Rénumération (pour *rémunération*)

Dilemne (pour *dilemme*)

Pour faire sourire, terminons par (cherchez l'erreur) :

Un pied d'estale

Une vie descente

Les enjeux sont différends

Le bas blesse

Hardue

Les soubresaults

Le partenaria

Des cours d'analphabétisation

Prudence tout de même : ne nous condamnons pas à la stérilité ou au silence de peur d'employer des mots vides de sens, mais efforçons-nous d'utiliser le mot juste et d'éliminer les mots inutiles.

La dissertation doit séduire

Le candidat doit mesurer combien le graphisme des mots détermine la note. Étonnantes épreuves écrites que sont celles des examens et concours qui requièrent un maniement du stylo de moins en moins utile dans la vie privée comme dans la vie professionnelle, à l'heure où Word fait écrire de plus en plus de monde en Times New Roman ou en Arial...

Obligé de déchiffrer, le lecteur-correcteur perd le contact avec la pensée de l'auteur-candidat et ne parvient plus à comprendre le message. Quelle que soit la qualité du travail, le candidat court le risque de ne pas être compris, voire de ne pas être lu. « Humain, trop humain », le correcteur risque de tenir rigueur au candidat de lui imposer de passer trop de temps à lire sa copie...

La première impression produite par une copie est parfois déterminante : on pourra être « porté » longtemps par une première impression favorable, on risque de ne pas se défaire d'une première impression négative… C'est dire combien l'« entrée en contact » au moment de l'introduction est fondamentale et combien celle-ci doit être irréprochable.

Qui rédige dirige

La mise en page de la copie est essentielle : avant même de lire la copie, le correcteur perçoit les difficultés d'un simple coup d'œil de repérage.

Une copie aérée, sculptée, avec des structures apparentes, des paragraphes visibles, témoigne de la rigueur du développement, rendue évidente par les marges, les espaces, les interlignes. Cette présentation doit être constante : le candidat doit gérer son temps de telle sorte que le temps qui passe ne soit pas lisible dans sa copie ; la qualité de présentation doit être la même de la première ligne de l'introduction à la dernière de la conclusion.

On ne saurait trop conseiller au candidat de ne pas rédiger sa conclusion en fin d'épreuve, lorsque le temps manque et lorsque la fatigue se fait sentir (on a trop souvent l'impression que cette conclusion a été rédigée dans la plus grande urgence sous la menace du ramassage imminent de la copie), mais de l'écrire après avoir rédigé l'introduction : le candidat dispose de temps, il a encore l'esprit vif et ces rédactions simultanées lui permettent de vérifier la logique qui va de l'intention de démontrer (annonce de plan) à la volonté de clore provisoirement le débat (conclusion).

De même, le candidat doit maîtriser le volume de sa production : une dissertation-fleuve est la plupart du temps catastrophique ; une copie double avec un intercalaire recto verso suffit largement. En dissertation, on ne se raconte pas, on ne bavarde pas, on se préserve du hors-sujet. En bref, il faut savoir ne pas écrire.

La dissertation doit pouvoir être lue en une seule fois, car c'est à la relecture contrainte que le correcteur repère des imperfections qui n'étaient pas initialement visibles.

▶ Les difficultés de la langue française ◀

On a énuméré ci-dessus quelques-unes des fautes les plus fréquemment rencontrées, susceptibles de déclencher des sous-notations en irritant un correcteur qui ne saurait se résoudre à accorder une bonne note à une copie trop fautive.

Le candidat doit absolument se ménager un temps de relecture suffisant (dix minutes sont indispensables à une relecture attentive), même (et surtout) s'il est pris par le temps.

Orthographe et ponctuation

Il n'existe pas de consigne de correction à ce sujet et le candidat peut légitimement supposer que son correcteur ne commettra pas une lecture uniquement orthographique, mais… règle d'or : lorsque vous n'êtes pas sûr de l'orthographe d'un mot (satire, saynète, dithyrambe, sibyllin…), remplacez-le par un mot dont l'orthographe ne vous pose pas de problème ; là encore, il faut savoir douter et se relire sans complaisance, comme si « je » était un autre.

La ponctuation est trop souvent mal employée par les candidats : elle doit être utilisée pour rythmer le style, alléger l'expression, aider à la lecture ; inexistante, au mieux elle traduit un laisser-aller déplaisant, au pire elle rend la syntaxe impropre ; inexacte, elle peut déformer les idées.

Les signes de ponctuation les plus mal utilisés sont certainement le point-virgule et les deux points, grâce auxquels les candidats s'autorisent abusivement la rédaction de phrases sans verbe : pour éviter ces travers, reconnaissons au point-virgule, du point de vue syntaxique, les mêmes exigences qu'au point, tout en l'utilisant pour la proximité d'idées qu'il souligne ; sachons utiliser les deux points pour montrer que l'argument qui les suit illustre ou développe l'idée qui les précède, sans en profiter pour juxtaposer des mots en un fourre-tout condamnable.

Quel serait le sens du paragraphe ci-dessus sans ponctuation ? On y relèverait de nombreux contresens.

La ponctuation est trop souvent mal utilisée par les candidats elle doit être utilisée pour rythmer le style alléger l'expression aider à la lecture inexistante au mieux elle traduit un laisser-aller déplaisant au pire elle rend la syntaxe impropre inexacte elle peut déformer les idées les signes de ponctuation les plus mal utilisés sont certainement le point-virgule et les deux points grâce auxquels les candidats s'autorisent abusivement la rédaction de phrases sans verbe pour éviter ces travers reconnaissons au point-virgule du point de vue syntaxique les mêmes exigences qu'au point tout en l'utilisant pour la proximité d'idées qu'il souligne sachons utiliser les deux points pour montrer que l'argument qui les suit illustre ou développe l'idée qui les précède sans en profiter pour juxtaposer des mots en un fourre-tout condamnable.

N'utilisez pas d'abréviations réservées au langage parlé (auto, télé, frigo…).

Vocabulaire

Souvent, ces abréviations trahissent un « **niveau de langage** » inadapté à la dissertation : celui-ci ne doit jamais être « relâché », et peut parfois, sans affectation, atteindre le niveau « soutenu ».

Niveau de langage		Exemple 1	Exemple 2	Exemple 3	Exemple 4
Soutenu	*Littéraire*	La maréchaussée	Se fourvoyer	Passer de vie à trépas	Un errement
	Technique	Les forces de l'ordre	Faire erreur	Décéder	Un dysfonction-nement
Degré zéro		La police	Se tromper	Mourir	Une erreur
Relâché	*Familier*	Les flics	Se fourrer le doigt dans l'œil	Casser sa pipe	Un loupé
	Vulgaire	Les poulets	Se foutre le doigt dans l'œil	Clamecer	Une couille, une connerie

Prenez garde lorsque le langage « soutenu » joue sur le registre « technique », d'éviter la « langue de bois » (voir plus haut) : le terme « dysfonctionnement », qu'affectionne l'Administration, ne cache-t-il pas une simple « erreur » ?

La dissertation

Tous les jargons, qu'ils soient philosophiques, juridiques, économiques, sociologiques, syndicaux, politiques, journalistiques… sont à proscrire.

Il convient également d'éviter les **impropriétés**, c'est-à-dire l'utilisation de mots dans un sens qu'ils n'ont pas :

– alternative est souvent confondue avec éventualité : une alternative, c'est deux éventualités, deux alternatives, ce sont quatre éventualités ;

– décade (période de dix jours) n'est pas décennie (dix ans) ;

– immigration n'est pas émigration…

Tout le monde ne manie pas l'impropriété avec le même bonheur que le général de Gaulle lorsque, dans son intervention radiodiffusée du 23 avril 1962, il condamne « le quarteron de généraux en retraite », Salan, Challe, Jouhaud et Zeller qui ont pris le pouvoir à Alger, ordonnant que « tous les moyens, je dis tous les moyens, soient employés pour barrer la route à ces hommes-là, en attendant de les réduire ». Belle image, même si « quarteron » désigne plutôt un métis ayant un quart de sang de couleur et trois quarts de sang blanc…

De même, les **barbarismes**, néologismes inacceptables, sont également à éviter, surtout lorsqu'ils sont galvaudés, comme « juridicisation », « procéduralisation », « facilitation ». Là encore, soyons nuancés, le français est une langue vivante qui s'enrichit d'apports successifs : le barbarisme peut devenir néologisme et le néologisme devenir mot, tout simplement.

Efforcez-vous de n'utiliser que les mots dont vous connaissez le sens précis. Est-ce un appel à la pauvreté ? Non, c'est une invitation à enrichir votre vocabulaire, à rechercher la **définition** précise des mots dont le sens ne va pas de soi. Citons des mots fréquemment utilisés par les candidats mais dont la définition, mal maîtrisée, donne naissance à des contresens :

– *Crise*
– *Culture*
– *Démocratie*
– *Éducation*
– *Enjeux*
– *État*
– *Éthique*
– *Idéologie*
– *Justice*
– *Laïcité*
– *Libéralisme*
– *Mondialisation*
– *Mythe*
– *Nation*
– *Politique*
– *Progrès*
– *Valeur*
  (etc.)

Conseil au candidat : qu'il se constitue un capital d'une trentaine de définitions (éventuellement accompagnées de citations) qui lui seront utiles non seulement pour éviter de penser dire sans dire mais aussi pour préciser, parfois, les mots mêmes sur lesquels il doit fonder ses réflexions pour disserter : relisez les sujets, vous y trouverez les mots « culture », « éducation », « progrès »…

Grammaire

Les fautes de grammaire sont encore plus pénalisantes que les fautes d'orthographe : la confusion de « a » avec « à » et du participe avec l'infinitif (qui peut conduire à écrire « il à refuser » à la place de « il a refusé » !), la méconnaissance des règles d'accord du participe avec les auxiliaires être et avoir (notamment lorsque le complément d'objet direct est placé avant le participe) font partie des fautes classiques qui peuvent coûter cher.

▶ Le style et le ton ◀

Dans *L'Art poétique*, Paul Verlaine écrit :
De la musique avant toute chose,
Et pour cela préfère l'impair,
Plus vague et plus soluble dans l'air,
Sans rien en lui qui pèse ou qui pose…
Rien qui pèse ou qui pose, voilà un bon slogan pour le candidat.

Les qualités de style

On exige de la clarté, de la simplicité, du naturel et de l'élégance (« Beau et naturel comme le génie », écrivait Charles Baudelaire).

On récuse donc la confusion, l'imprécision, le déséquilibre et l'affectation.

Le respect de quelques règles élémentaires permet d'atteindre ce résultat :
– un seul adjectif par nom ;
– un seul adverbe pour un verbe ;
– un seul verbe pour une action.

Il faut chasser les digressions, les phrases et les mots trop longs qui nuisent à la **lisibilité**.

Des chercheurs américains, dans les années trente, ont mis au point des formules de calcul permettant de **mesurer la lisibilité** des textes. Plusieurs systèmes existent aujourd'hui, par exemple ceux de Richaudeau, Haas et Gunning adaptés au français par Conquet.

Dans ce dernier système, deux paramètres sont à considérer pour mesurer la lisibilité : la longueur (L) d'une phrase mesurée en nombre de mots ; la proportion (P) de mots « longs », c'est-à-dire de plus de trois syllabes, mesurée également en nombre de mots.

La formule est la suivante : **Indice (I) = ($L + P$) × 0,4**.

Exemple : « Au stade actuel de la construction européenne, l'existence d'États suffisamment "compétents", capables notamment de constituer des lieux d'identification collective et des espaces de délibération publique, paraît en effet la meilleure garantie contre le risque d'un éclatement de l'Europe en une multitude de communautés régionales ou ethniques qui appellerait, au niveau européen central, une autorité forte. »

Cette phrase compte (L) 60 mots dont 13 (P) de plus de 3 syllabes.

$$I = (60 + 13) \times 0,4 = 29,2.$$

On peut considérer, sans dogmatisme excessif, qu'un « bon » indice de lisibilité tourne autour de 10 ou 12 : c'est celui des grands quotidiens. Ceci n'empêche pas que des textes très bien écrits soient parfaitement lisibles avec un indice de lisibilité élevé.

Le calcul peut s'effectuer sur une phrase (lisibilité de la phrase) ou pour tout un texte : on devra alors diviser la valeur « (L + P) » par le nombre de phrases composant ce texte avant de l'affecter du coefficient « 0,4 ». On obtiendra ainsi la lisibilité moyenne du texte.

Bien évidemment, les correcteurs ne s'« amusent » pas à calculer de cette manière la lisibilité d'une copie, mais le candidat a tout intérêt à garder présente à l'esprit, au moment même où il écrit, la nécessité de rédiger de préférence des phrases courtes avec des mots courts afin d'être compris sans effort excessif. Les erreurs de syntaxe sont d'ailleurs d'autant plus fréquentes que les phrases sont longues.

Les verbes **« fades »** sont généralement à proscrire : « faire », « avoir », « dire », « être » peuvent être facilement remplacés par des verbes plus signifiants :

*Les experts ont **fait** de nombreuses recommandations* (formulé, élaboré) ;

*La situation **a** de nombreux avantages* (présente, offre) ;

*Le Premier ministre a **dit** que des réformes s'imposaient* (déclaré, annoncé) ;

*Il est très intéressant de **faire** des études d'économie* (étudier l'économie présente un grand intérêt).

De même, les mots « choses », « problèmes »… peuvent souvent être remplacés par des mots plus riches de sens :

*Il y a un grave **problème** entre nous* (un grave différend, conflit, nous sépare, nous oppose) ;

*Deux **choses** doivent être précisées* (deux points, deux questions…) ;

*La stabilité des institutions est la **chose** essentielle à laquelle les constituants sont parvenus* (le but, l'objectif…).

Le ton

« Le style, c'est l'homme » ou « La dissertation, c'est ce que vous êtes ».

La largeur d'esprit, l'aptitude au recul, la capacité d'analyse que l'on cherche à évaluer peuvent être anéanties par un ton inapproprié.

D'abord, n'employez jamais ni le « je » (on sait que c'est vous qui écrivez !), ni le « nous », pluriel de majesté qui laisse souvent deviner un candidat qui s'écoute parler ou se regarde écrire. Vous pouvez à la rigueur utiliser le « on », mais méfiez-vous de son ambiguïté : est-ce vous qui parlez ou rapportez-vous les idées d'un autre ? Qui est cet autre ?

Rappelez-vous qu'une personnalisation à outrance de la copie n'augmente pas la crédibilité des arguments, bien au contraire.

Le ton employé est particulièrement révélateur de la personnalité du candidat : le naïf discourt sans mesurer que ses affirmations sont contestables ; le timide doute et n'ose affirmer ; l'indécis n'ose s'engager ; le péremptoire donne des leçons et ne doute de rien ; le destructeur prend plaisir à casser ce qu'il construit ; le « sûr de lui » prend son lecteur pour un niais ; le besogneux écrit plus pour lui que pour l'autre ; le provocateur provoque...

Si la plupart des défauts sont excusables, si certains peuvent même entraîner la sympathie du lecteur (« Hypocrite lecteur, mon semblable, mon frère ») qui saura saluer l'artiste même si le numéro n'est pas parfait, parce qu'il le sait difficile, deux défauts sont impardonnables : la partialité et l'arrogance.

Le candidat aura tout intérêt :

– à éviter de donner des leçons à son lecteur (« il faut savoir que », « nul ne peut ignorer »...) ;

– à ne pas trop montrer le peu d'intérêt qu'il accorde au sujet (« il nous faudra nous interroger sur... ») ;

– à ne pas abuser d'évidences et de clichés (« de tous temps », « le bonheur n'est pas de ce monde »...) ;

– à ne pas utiliser un ton doctrinal pour correcteur sous-doué (« sans doute faut-il rappeler, pour être bien compris, que... »).

Plus généralement, toutes les formules qui « pèsent et qui posent » sont à éviter, comme : « on observera », « il faut noter que », « il faut souligner que », « il faut remarquer que »...

▶ La présentation générale ◀

Le correcteur doit être en mesure, d'un seul coup d'œil, de percevoir que la copie est organisée. Le candidat doit toujours garder à l'esprit que son correcteur va passer peu de temps avec lui et qu'il n'acceptera pas de « perdre » du temps en essayant de discerner une construction qui ne serait pas suffisamment visible.

Cette présentation est un outil essentiel dont le candidat doit se servir pour faciliter la lisibilité de sa copie en rendant sa structure la plus évidente possible.

Les correcteurs n'admettent généralement pas, dans les dissertations, sauf consignes particulières, le titrage des parties et des sous-parties, autorisé pour d'autres types d'épreuves (synthèse) : le candidat doit donc jouer sur la **« visualisation » de la présentation** pour que les parties apparaissent comme des parties, les sous-parties comme des sous-parties, les paragraphes comme des paragraphes... Une utilisation rationnelle des sauts de ligne, des retraits par rapport à la marge, permettent d'atteindre ce résultat.

Exemple :

– On saute 3 lignes entre l'introduction et le développement, comme entre le développement et la conclusion.

– On saute 2 lignes entre la première partie et la deuxième partie.

– On saute 1 ligne entre chaque sous-partie.

– On ne saute pas de ligne entre les paragraphes de chaque sous-partie, mais on marque un retrait (toujours le même) par rapport à la marge pour la première ligne de chaque paragraphe.

Le candidat a toute liberté de choisir les règles de présentation qu'il souhaite, pourvu que leur cohérence aide à la lisibilité du devoir.

Exemple de présentation visualisée

Libellé du sujet : *recopié* in extenso *sur toute la largeur de la ligne.*
On saute 3 lignes.

INTRODUCTION	Au début de chaque paragraphe de l'introduction : *retrait de 2 cm de la première ligne par rapport à la marge.* À la fin de chaque paragraphe de l'introduction, *on va à la ligne.* L'annonce de plan est le dernier paragraphe de l'introduction. *On saute 3 lignes entre l'introduction et le développement.*
DÉVELOPPEMENT 1re partie	Chapeau introductif de la 1re partie : *retrait de 2 cm de la première ligne par rapport à la marge.* *On saute 1 ligne à la fin du chapeau introductif.*
1re sous-partie (contient par exemple 3 paragraphes)	Au début de chaque paragraphe : *retrait de 2 cm de la première ligne par rapport à la marge.* À la fin de chaque paragraphe : *on va à la ligne.* *On saute 1 ligne entre la 1re sous-partie et la 2e sous-partie.*
2e sous-partie	*Idem 1re sous-partie.* À la fin de la 2e sous-partie, *on saute 2 lignes avant la phrase de transition.*
	Phrase de transition : *retrait de 2 cm de la première ligne par rapport à la marge.* *On saute 2 lignes après la phrase de transition.*
2e partie	Idem 1re partie. À la fin de la 2e partie, *on saute 3 lignes.*
CONCLUSION (contient par exemple 2 courts paragraphes)	Au début de chaque paragraphe : *retrait de 2 cm de la première ligne par rapport à la marge.* À la fin de chaque paragraphe : *on va à la ligne.*

C. La recherche des idées

► L'analyse du sujet ◄

Tout sujet pose un problème qu'il faut analyser, expliciter, résoudre (avec une certaine modestie : le temps, les moyens sont limités, et l'on n'attend pas du candidat une réponse définitive qui mette fin pour toujours au débat !).

Analyse formelle

Les sujets proposés peuvent se présenter sous différentes formes qui induisent des approches différentes :

– Il peut s'agir d'une **affirmation** : on attend de vous une explication, une illustration de la thèse proposée, mais aussi une remise en question, une critique de cette thèse.

Exemple : « Le bonheur est une idée neuve en Europe. »

Le sujet peut parfois être réduit à **un simple mot** (exemple : L'Europe), à la juxtaposition (exemple : L'Europe, l'État) ou la coordination de deux mots (exemple : Europe et démocratie). Cette formulation impose au candidat de bâtir sa propre thèse avant de la nuancer ou de la contredire par une autre thèse. Ce n'est en aucun cas un appel à un traitement type « question de cours » qui ne serait qu'un exposé de connaissances sans volonté de démonstration.

– Il peut s'agir d'une **question** : remarquons à nouveau que depuis seize ans les sujets de dissertation de l'examen d'entrée en première année à l'Institut d'études politiques de Paris sont tous présentés sous cette forme.

Certaines questions induisent une réflexion qui peut démarrer à partir d'un « oui » et se poursuivre par un « mais « (ou « non/mais », ou « bien que/cependant », ou « si, pourtant »). En toute hypothèse, on n'attend jamais du candidat qu'il ne réponde que par « oui » ou par « non » :

Pour avoir des droits, doit-on en être digne ?

Est-il juste de définir l'utopie comme un rêve inutile ?

Faut-il respecter toutes les cultures ?

Un compromis est-il toujours préférable à un conflit ?

L'idée de droit à la vie a-t-elle un sens ?

La recherche de l'égalité a-t-elle des limites ?

Le pouvoir des images contrarie-t-il la liberté de penser ?

L'ordre et la sécurité : est-ce la même chose ?

Certaines questions sont très ouvertes et ne permettent pas au candidat d'entamer sa réflexion à partir d'un « oui » ou d'un « non » :

Qu'est-ce qu'une éducation réussie ?

Qu'est-ce qui fait la grandeur d'un pays ?

Une majorité exprime-t-elle une force ou un droit ?

– Il peut aussi s'agir d'une **citation** : le candidat se trouve ainsi face à une thèse qu'il doit éclairer et contester. La connaissance de l'auteur, de l'œuvre, de l'époque… peut évidemment orienter la réflexion. Là encore, on n'attend pas du candidat un accord total ni un désaccord total avec la thèse de la citation.

Si la citation s'accompagne d'une phrase du type : « Qu'en pensez-vous ? », ou « Quelles réflexions vous inspire cette citation ? », ou encore « Commentez cette phrase », ne vous trompez pas d'exercice : on ne vous demande pas un libre exposé de vos pensées, de vos réflexions, de vos commentaires, mais une démonstration organisée à partir de la thèse de l'auteur. De même, « étudiez », « expliquez », « appréciez », « discutez »… ne changent rien à la nature de l'exercice.

Identification et définition des mots clés

Les mots clés sont tout d'abord les **termes** qui vous permettent de déterminer précisément le **sujet** sur lequel vous allez disserter.

Il est indispensable, sous peine de contresens, de faux-sens, de hors-sujet ou de restriction abusive du sujet, que vous disposiez d'une définition précise. Pour y parvenir, il est souvent utile de recourir à l'étymologie.

Confrontez ces deux définitions du **progrès** :

« Le progrès, c'est la **liberté** en action. » (Édouard de Laboulaye)

« Le progrès n'est jamais que le développement de l'**ordre**. » (Auguste Comte)

Pour avoir des **droits**, doit-on en être **digne** ?

Est-il juste de définir l'**utopie** comme un rêve inutile ?

Qu'est-ce qu'une **éducation** réussie ?

Faut-il respecter toutes les **cultures** ?

Un **compromis** est-il toujours préférable à un **conflit** ?

L'idée de **droit à la vie** a-t-elle un sens ?

Le **pouvoir** des **images** contrarie-t-il la **liberté de penser** ?

La recherche de l'**égalité** a-t-elle des limites ?

Qu'est-ce qui fait la **grandeur** d'un pays ?

Une **majorité** exprime-t-elle une **force** ou un **droit** ?

L'**ordre** et la **sécurité** : est-ce la même chose ?

La fréquentation des sujets d'examens et de concours permet d'élaborer une **liste de mots clés** dont la définition sera particulièrement utile au candidat :

Administration – art – autorité – bonheur – cause – civilisation – communauté – condition – conséquence – crise – culture – démagogie – démocratie – éducation – effet – État – éthique – facteurs – idéologie – informatique – information – justice – liberté(s) – mois – média – monde – nation – nationalisme – opinion – phénomène – politique – pouvoir – problème – progrès – prospective – racisme – science – service – société – sociologie – technique.

▶ L'expansion d'idées ◀

D'autres mots et expressions traduisent cette phase essentielle de la réflexion, « vrac », « *brainstorming* », « *free wheeling* » ou encore « remue-méninges » : tous reposent sur l'idée que le candidat doit consacrer un temps suffisant à associer librement des mots à partir des mots du sujet. « Penser, c'est relier » : ce mot me fait penser à tel mot, qui me fait penser à tel autre… Il est important, à ce stade, de laisser place à l'imagination afin d'accumuler le plus possible de matériaux : peut-être certains éléments ne serviront-ils pas, mais mieux vaut ne pas fermer trop tôt des pistes possibles…

L'expansion des mots

On peut conseiller au candidat une présentation en colonnes qui lui permet **de procéder à l'expansion de chaque mot** du sujet. Attention toutefois à une trop longue expansion de mots qui ne serait pas productrice d'idées : ces mots doivent donner naissance à des phrases dont certaines seront validées par le candidat ; les **mots** produisent ainsi des **problématiques** à partir desquelles le candidat va élaborer la **thèse** de sa dissertation. Le candidat a donc tout intérêt à noter ces phrases (qui peuvent être des citations qui lui reviennent à l'esprit comme des phrases inventées de toutes pièces) au fur et à mesure de l'avancée de ses réflexions.

Exemple :

Confrontez ces deux définitions du **progrès** :

« Le progrès, c'est la **liberté** en action. » (Édouard de Laboulaye)

« Le progrès n'est jamais que le développement de l'**ordre**. » (Auguste Comte)

Progrès	Est	Liberté	En action	Développement	Ordre
Évolution	A été	Anarchie	En mou-	Sous-dévelop-	Contrôle
Révolution	Sera	Pouvoir	vement	pement	Atteinte
Scientifique	Devenir	Individuelle	En œuvre	Pays en voie	aux libertés
Technique	Rester	Collective	Active	de dévelop-	Ordre
Médical	N'est pas	Penser	Opération-	pement	des médecins
Industriel	Est parfois	Aller et venir	nelle	Colonialisme	Informatique
Individuel	Est toujours	Théorique	Efficace	Ethnocen-	et liberté
Collectif	Est rarement	Virtuelle	Réaction	trisme	Éthique
Compréhen-	Est ici	Pratique	Révolution	Aide au déve-	Bioéthique
sion	Est ailleurs	Réelle	Actif	loppement	Morale
Raison		Entreprendre	Inactif	Croissance	Ordre
Rationalisme		Initiative		Conséquence	politique
Rationalité		Démocratie		Corollaire	Ordre
Les Lumières		Apprenti-		Inéluctable	économique
Positivisme		sorcier		Fatal	Ordre social
Obscuran-					Désordre
tisme					Liberticide
Galilée					Dictature
Informatique					Totalitarisme
Économique					Moule
Politique					Modèle
Social					Norme
Droits					Contrainte
Révolution					Coercition
					Garde-fous
					Aliénation
					Esclavage

Idées

« Le progrès n'est rien d'autre qu'un élan vers le pire. » (Cioran).

Au XVIIIᵉ siècle, les philosophes des Lumières entendent assurer le bonheur des hommes grâce aux progrès de la raison.

Avec Auguste Comte, le positivisme affirme une foi inébranlable dans le progrès.

Le positivisme s'oppose à la philosophie et à la métaphysique.

Le progrès n'est pas linéaire.

Au nom d'un prétendu progrès, les peuples dits « développés » ont imposé leur ordre à des pays tenus pour « sous-développés ».

« L'argent, c'est de la liberté frappée. »

Les fruits du progrès sont inégalement partagés.

Le progrès, c'est le développement du désordre (désordres économique, politique, social, écologique).

La fracture sociale.

On attendait beaucoup du progrès, en fait il aliène l'homme.

En évoluant, les sociétés démocratiques tendent à accorder de nouveaux droits aux citoyens.

La IVe République reconnaît des droits économiques et sociaux « particulièrement nécessaires à notre temps ».

On doit parfois faire le bonheur de l'homme malgré lui.

Aujourd'hui, tout devient possible à l'homme.

Le progrès fait courir à l'homme de très graves risques s'il ne fabrique pas des garde-fous.

Attention à la concentration du pouvoir (politique, économique, scientifique…) entre les mains de quelques-uns.

« Tandis que l'humanité a fait des progrès constants dans la conquête de la nature et est en droit d'en attendre de plus grands encore, elle ne peut prétendre à un progrès égal dans la conduite des affaires humaines. » (Sigmund Freud).

L'expansion du libellé

Elle permet également de tirer d'autres idées du sujet. On peut, par exemple, procéder à l'expansion du libellé par :

– La qualification par l'adverbe :
   adverbe de temps (maintenant, enfin…) ;
   adverbe de manière (directement, indirectement…) ;
   adverbe de degré (plus, aussi, moins, le plus, le moins…).
– La qualification par l'adjectif.
– La qualification par l'apposition grammaticale
   (en d'autres termes, c'est-à-dire…).
– La qualification et l'expansion par les relatives
   (qui, que…).
– L'expansion par des compléments circonstanciels
   (temps, lieu…).
– L'expansion grâce à d'autres verbes possibles.

Exemple :

*Faut-il respecter toutes les **cultures** ?*

Aujourd'hui, faut-il respecter toutes les cultures ?

(Hier, respectait-on toutes les cultures ?)

Faut-il respecter certaines cultures ?

Faut-il plus respecter certaines cultures que d'autres ?

Faut-il respecter les cultures régionales ?

Faut-il respecter les cultures qui ne respectent pas les cultures ?

Faut-il respecter les cultures nationales ?

En Europe aujourd'hui, faut-il respecter les cultures nationales ?

Faut-il protéger toutes les cultures ?
(Certaines cultures doivent-elles être particulièrement protégées ?)

Faut-il promouvoir certaines cultures ? Lesquelles ?

Pourquoi faut-il (faudrait-il) respecter toutes les cultures ?

La variation des points de vue

La variation des points de vue peut également permettre au candidat de trouver le plus possible d'idées sur un sujet : il doit toujours se demander si le sujet peut être envisagé « d'un point de vue » **artistique, culturel, économique, familial, financier, général, historique, humain, individuel, juridique, moral, pédagogique, philoso-phique, politique, professionnel, psychologique, qualitatif, quantitatif, religieux, scientifique, social, sociologique, technique…**

Exemple : *Qu'est-ce qu'une éducation réussie ?*

Artistique : Quelqu'un qui ne connaît rien à l'art est-il éduqué ?

Culturel : Être éduqué, n'est-ce pas apprendre à connaître d'autres cultures que la sienne ?

Économique : L'éducation échoue si elle ne prépare pas à l'insertion économique (formation, emploi, adaptabilité…).

Familial : La famille éduque, mais est-elle le seul lieu d'éducation ?

Historique : La famille a en partie confié l'éducation des enfants à l'école : celle-ci est-elle capable aujourd'hui de réussir l'éducation des enfants ?

Philosophique : Quelle philosophie de l'éducation ? Apprendre dans un livre ou apprendre dans la vie ? Savoir ou apprendre à connaître ?

Politique : Éduquer, n'est-ce pas essentiellement former des citoyens ?

Professionnel : Comment préparer aujourd'hui à des professions qui ne seront pas les mêmes demain ? L'éducation n'est-elle pas une chose trop importante pour être laissée à des enseignants ?

Psychologique : Éduquer, c'est faire rentrer dans un moule.

Qualitatif, quantitatif : Les rythmes scolaires ne vont-ils pas à l'encontre des objectifs poursuivis ?

Religieux : La laïcité garde-t-elle un sens ?

Social : L'éducation est-elle reproduction ? Parvient-elle ou non à atténuer les différences sociales ? Faut-il « sanctuariser » l'école ?

Pour valider et étayer les affirmations qu'il retiendra, le candidat a tout intérêt à mobiliser des **connaissances précises** (événements, dates, chiffres, exemples tirés de l'actualité…) : il faut donner du poids à son argumentation grâce à la mobilisation d'illustrations significatives qui rendront les arguments irrécusables. Il est essentiel d'éviter les lieux communs, les idées reçues non démontrées, les bavardages inutiles.

Exemple :
*Un **compromis** est-il toujours préférable à un **conflit** ?*

La crise de Munich en 1938 : alors que la paix semble perdue (le gouvernement français a déjà entrepris de rappeler ses réservistes), une conférence à quatre, associant le chancelier du Reich, Adolf Hitler, le Duce, Benito Mussolini, le Prime Minister britannique, Neville Chamberlain, et le président du Conseil français, Édouard Daladier, parvient à un accord par lequel les alliés anglais et français cèdent au Reich d'importants territoires (les Sudètes, partie de la Tchécoslovaquie). La paix est ainsi sauvée et la signature des accords de Munich est saluée en France comme une victoire : Daladier est accueilli comme un héros, alors que cette signature marque en fait une renonciation de la France et de la Grande-Bretagne à s'opposer à l'expansionnisme allemand, ouvrant la voie au conflit à venir.

Mais toutes les idées ainsi accumulées ne trouveront sens (sens = signification) que si elles sont organisées en une démonstration qui progresse vers une conclusion (sens = direction) : pas de dissertation sans plan !

▶ Un plan ◀

La construction du plan est, les candidats le savent bien, l'étape la plus difficile de l'épreuve : souvent, les candidats, après avoir réalisé l'expansion des idées et imaginé des problématiques, disposent de matériaux dont ils ne savent pas très bien que faire ; la tentation est donc grande de se contenter d'un « plan bateau » qui pourrait servir à n'importe quel autre sujet ; cette démarche conduit parfois les candidats à éliminer sans discernement des arguments pertinents… mais qui n'entrent pas dans la structure retenue.

Le candidat ne doit pas s'imaginer que le plan va, par une sorte de génération spontanée, se présenter automatiquement à son esprit dès qu'il aura fini d'accumuler des idées : si, par commodité méthodologique, on sépare souvent (comme ici) la recherche des idées de celle du plan, dans la réalité de l'épreuve, le candidat peut très bien partir d'une idée de plan que la recherche des idées invalidera (par exemple parce qu'il se rendra compte qu'il ne dispose d'aucun argument pour « remplir » une partie ou une sous-partie qu'il avait imaginée) ou élaborer au fur et à mesure de la recherche des arguments des ébauches de plan possibles qu'il retiendra ou éliminera après les avoir essayées : **un plan se cherche, s'adapte, se modifie**.

Un conseil : il est inutile de rédiger une annonce de partie ou de sous-partie si l'on pressent que l'on aura des difficultés à rédiger cette partie, cette sous-partie. Si ce pressentiment est fondé, fiez-vous à votre impression première, vous éprouverez effectivement des difficultés… Trop de dissertations commencent bien et se poursuivent par une deuxième partie indigente (volume insuffisant, idées faibles…) parce que le candidat s'est précipité sur ce qu'il savait faire (la première partie) en sous-estimant les difficultés qu'il pressentait pour la suite, plutôt que de prendre le temps de bâtir un autre plan. Une fois le plan bâti, au cours de la rédaction du développement, il faut sans cesse se demander si on répond bien au sujet et ne pas hésiter à revenir à la construction du plan pour éviter de perdre le fil conducteur.

Que les candidats se rassurent toutefois : **mieux vaut un plan bateau que pas de plan du tout**. Soyons clairs : une accumulation d'arguments extrêmement pertinents, intelligents, nuancés, originaux… ne produira jamais une bonne dissertation, alors que l'organisation rigoureuse de quelques idées recevables, convenablement illustrées, permettra une prestation moyenne voire supérieure à la moyenne. Comme le chante Brassens : « Sans technique, un don n'est rien qu'une sale manie. » ; le génie n'est pas interdit, mais sans technique il ne passera sans doute pas le cap de l'examen d'entrée, alors qu'une bonne technique, même sans génie, le permettra.

Pour s'entraîner à la construction de plans, les candidats, lorsqu'ils se préparent à l'examen, ont tout intérêt à s'entraîner **à forger sur le vif de petites démonstrations à partir de n'importe quel sujet :**

Exemples :

La ville
Pourvoyeuse de biens et de services essentiels, la ville satisfait également le désir de l'homme de vivre en société ; elle n'en demeure pas moins un lieu d'exclusion dont les contraintes et les nuisances peuvent devenir insupportables.

Le dictionnaire
Instrument d'apprentissage d'une langue, le dictionnaire est aussi un moyen d'accès à un savoir encyclopédique ; la prudence de ses auteurs le laisse cependant souvent en retrait face aux évolutions du langage.

Le vélo
Accessible au plus grand nombre, le vélo permet une saine pratique sportive, mais il reste un moyen de transport peu utilisé en France en raison de l'insuffisance des aménagements urbains.

L'histoire
Si l'histoire apparaît souvent comme inutile voire dangereuse, elle peut permettre de comprendre d'autant mieux le présent que son enseignement forme l'esprit critique.

Des plans « passe-partout » « passent » très bien s'ils sont intelligemment utilisés, si le candidat sait faire mieux qu'annoncer simplement la structure de son développement et en préciser le contenu.

Exemple :

Les plans proposés ci-dessus auraient pu être ainsi présentés, mais la comparaison permet de mesurer combien les annonces ci-dessous en affaiblissent le sens :

« Nous montrerons les avantages de la ville puis nous examinerons ses inconvénients. »

« Nous soulignerons les possibilités offertes par le dictionnaire avant d'en montrer les limites. »

« Nous verrons d'abord les inconvénients de l'histoire, puis nous verrons ses avantages. »

« Nous examinerons d'abord les avantages du vélo, avant d'en souligner les limites. »

On mesure ainsi combien est plus pertinente l'annonce qui donne des indications précises sur le contenu (quels avantages ? quelles possibilités ? quelles limites ? quels inconvénients) comparée à celle qui ne fait que souligner la structure.

Remarquons également que l'annonce de structure nécessite généralement des formulations pesantes (nous montrerons, nous examinerons, nous soulignerons…) alors que l'annonce du contenu permet une rédaction plus élégante. En toute hypothèse, les mentions « dans une première partie…, dans une seconde partie » doivent être impérativement éliminées : une bonne utilisation des règles de présentation (voir ci-dessus) doit permettre un repérage sans ambiguïté de la fin de l'introduction, donc de l'annonce de plan qui en constitue le dernier paragraphe ; ceci acquis, il est bien évident que, sauf à paraître inutilement torturé, on annonce la première partie avant d'annoncer la seconde : nul besoin, donc, d'alourdir l'annonce.

Là encore, de la nuance : si vous ne parvenez pas à rédiger une annonce de plan qui permette de repérer avec suffisamment de netteté l'organisation en parties et sous-parties, mieux vaut utiliser des ficelles voyantes (« dans une première partie, dans une deuxième partie ») plutôt que de courir le risque d'être perçu comme incohérent…

Parmi les nombreux plans « bateau » ou « passe-partout » possibles, éliminons le fameux plan « thèse/antithèse/synthèse » rendu aujourd'hui caduc par la « dictature » du plan en deux parties comprenant chacune deux sous-parties (baptisé parfois plan « type Sciences Po »). Il serait absurde de ne pas se plier à cette contrainte, d'autant que ce type de plan a fait ses preuves et que les troisièmes parties des dissertations qui en comportent trois sont souvent faibles, redondantes ou indigentes.

Éliminons aussi le plan chronologique qui ne permet pas au candidat d'apporter de réponse aux questions posées par le sujet et le conduit à juxtaposer des considérations sur l'histoire du sujet sans construire une argumentation (cela n'enlève rien à la pertinence des références historiques à l'appui des idées qui fondent la démonstration).

Restent de très nombreux **plans analytiques** qui valent la peine d'être essayés. Remarquons que beaucoup sont une variation autour de la logique du **« oui/mais »**, du **« non/mais »**, du **« bien que/cependant »** ou du **« si/pourtant »** :

– **Thèse/Antithèse**

– **Thèse (de l'auteur)/Critique de cette thèse**

– **Explication de la thèse (de l'auteur), critique par d'autres thèses/Exposé rectificatif**

– **Approbation de la thèse (de l'auteur), explication/Déplacement du problème**

– **C'est vrai/Sous réserve (à condition) que**

– **C'est faux/À moins que**

– **Convergences/Divergences**

– **Causes/Conséquences**

– **Dangers/Remèdes**

– **Problèmes/Solutions**

– **Aspects positifs/Aspects négatifs**

– **Avantages/Inconvénients**

– **Vertus/Défauts**

– **Cela empêche/Cela permet**

– **Cela permet/À condition que**

– **Bilan/Perspectives**

– **Organisation/Fonctionnement**

– **Aspects internes/Aspects externes**

– **Les faits/Le droit**

– **…**

CULTURE GÉNÉRALE

D. Construction

▶ L'introduction ◀

Insistons à nouveau sur le caractère **stratégique** de l'introduction :

– Sa première phrase permet la prise de contact entre le candidat et le correcteur : elle ne doit surtout pas indisposer, mais au contraire « faire bonne impression ».

– Son dernier paragraphe, l'annonce de plan, est **le** passage essentiel de la dissertation.

– Les définitions qu'on y trouve fréquemment donnent un éclairage souvent décisif sur les connaissances du candidat et sa capacité à rédiger de manière concise et précise.

– L'approche problématique qu'elle contient permet de percevoir à la seule lecture de quelques lignes si le sujet a été ou non compris.

Les premières phrases les plus catastrophiques (outre des défauts de forme qui « passent » évidemment encore moins bien ici qu'ailleurs : orthographe, syntaxe, « lisibilité ») proviennent souvent de l'utilisation du trop galvaudé « de tous temps » que le candidat doit s'interdire à tout jamais. Jugez de l'effet regrettable de phrases ainsi rédigées, qui laissent supposer que la démocratie, l'enseignement, les médias… sont apparus en même temps que l'homme ! On soupçonne derrière de telles formulations au mieux une grande naïveté, au pire l'absence de tout repère historique. Au mieux, le correcteur sourit en imaginant l'*Homo erectus* prenant connaissance des dernières nouvelles en lisant son journal ou se préparant à aller exercer son droit de vote, au pire il sanctionne l'absurdité de l'affirmation avant de partir en quête d'autres absurdités possibles dans la suite de la dissertation…

De tous temps, l'homme a cherché à faire valoir ses droits.

De tous temps, la démocratie a reconnu aux citoyens des droits et des devoirs.

De tous temps, les hommes se sont inquiétés du pouvoir de la presse.

De tous temps, l'enseignement a cherché à transmettre des connaissances.

Si l'on exige moins de l'introduction de la dissertation dite de culture générale que de celle de la dissertation juridique, les candidats ont tout intérêt à construire tout aussi rigoureusement leur introduction autour des trois axes suivants : entrée en matière, reformulation du sujet, annonce de plan.

L'entrée en matière

Elle est destinée à susciter l'intérêt du lecteur pour le thème de la dissertation.

N'oubliez pas que, dans la pratique, les correcteurs ont beaucoup de copies à évaluer et éprouvent souvent l'impression de lire toujours la même chose : toutes les copies médiocres se ressemblent. Sans rechercher une originalité excessive, sachez jouer sur différents registres pour intéresser.

Pour que l'entrée en matière soit digne de ce nom, n'allez pas trop vite en besogne : introduisez le thème (le sujet sur lequel vous allez réfléchir) mais non la thèse (ce que vous allez démontrer sur le sujet en question). Essayez, dans la première phrase, de n'utiliser aucun des mots du sujet : vous serez ainsi certain de ne pas « démarrer » trop vite.

Des entrées en matière de plusieurs types sont possibles :

– une **référence à l'histoire** (si possible précise) ;

– une **référence à l'actualité récente ou immédiate** ;

– un **paradoxe** ;

– une **saynète** (petit « tableau » qui peut trouver sa source dans l'actualité comme dans l'histoire) ;

– une **citation** (à manier avec la plus grande prudence : attention de ne pas commencer à disserter sur un autre sujet que celui qui vous est proposé).

Exemple : *Qu'est-ce qui fait la grandeur d'un pays ?*

Entrée en matière historique :

En 1944, la France est exsangue après quatre années d'occupation : sa situation économique est désastreuse, ses pouvoirs publics désorganisés. La signature par les seuls Franklin Roosevelt, président des États-Unis, Winston Churchill, Premier Ministre britannique, et Staline, dirigeant de l'URSS, des accords de Yalta qui déterminent un nouvel ordre international, symbolise l'affaiblissement de la France.

Référence à l'actualité :

La récente revendication d'une « exception culturelle » par une France qui veut protéger son industrie cinématographique d'une « invasion » de films en provenance des États-Unis traduit, au-delà d'une crainte de la mise en péril de la culture française, une inquiétude quant à sa place dans le monde.

Paradoxe :

Quatrième puissance économique mondiale, deuxième puissance économique européenne, la France semble aujourd'hui pourtant douter d'elle-même : la crainte de la toute-puissance américaine, l'évocation nostalgique de sa grandeur passée donnent l'image d'un pays qui a peur de perdre sa place dans le monde.

La reformulation du sujet

Le candidat doit ici proposer son interprétation du sujet en le reformulant : il doit expliquer comment il a compris le sujet, notamment en précisant le cas échéant le **cadre** historique ou géographique du sujet, en proposant des **définitions** des mots clés du sujet.

Ici intervient la personnalité du candidat qui doit persuader son correcteur de la pertinence de son approche.

La reformulation des problèmes posés par le sujet peut prendre la forme de plusieurs questions (approche **problématique**) : dans ce cas, le candidat aura tout intérêt à adopter ensuite une annonce de plan affirmative, l'annonce de plan étant celle des réponses que le candidat va apporter aux questions que pose le sujet.

On ne saurait trop conseiller aux candidats, à partir de citations complexes, de s'essayer à des exercices de reformulation : avec d'autres mots, comment puis-je reformuler sans aucune ambiguïté les phrases proposées en restituant le thème (le sujet) et la thèse (que dit l'auteur sur ce sujet ?). Le candidat peut ensuite s'exercer à rédiger les questions posées par le sujet (problématique) avant de rédiger l'annonce d'un plan qui réponde à ce questionnement.

Sur le thème de la démocratie :

« Le bien consiste à transgresser la lettre de la loi pour rester fidèle à l'esprit de justice et à l'exigence du bien commun. » SAINT THOMAS

« Ceux qui se persuadent qu'il est possible d'amener la multitude ou les hommes occupés des affaires publiques à vivre selon les préceptes de la raison rêvent de l'âge d'or des poètes (c'est-à-dire se complaisent dans la fiction). » SPINOZA

« Le principe des sociétés démocratiques, c'est la vertu. » MONTESQUIEU

« Un des ressorts de l'incompétence de toute structure bureaucratique réside dans le fait que le sommet ignore les détails de la mise en œuvre tandis que la base a renoncé à comprendre la logique d'ensemble de sa pratique. » Karl MARX

« La liberté de l'âme, c'est-à-dire le courage, est une vertu privée ; la vertu nécessaire à l'État est la sécurité. » SPINOZA

Sur le thème de l'État :

« Malheur aux sujets en qui l'on anéantit tout ombrage sur leur liberté, même par les voies les plus louables en apparence. Ces voies n'en sont que plus funestes pour l'avenir. C'est ainsi que l'on tombe dans un sommeil fort doux, mais dans un sommeil de mort, pendant lequel le sentiment patriotique s'éteint, et l'on devient étranger au gouvernement de l'État. » DIDEROT, *Réfutation de l'homme d'Helvétius*

« La source de tout pouvoir n'a jamais été, n'est et ne sera jamais pour nous que la volonté du peuple s'exprimant par le suffrage universel et libre et comportant le choix des hommes que le peuple investit de tel ou tel mandat soit directement soit par inter-médiaire. » Charles DE GAULLE, Conférence de presse du 24 avril 1947

« Les faits contemporains sont là pour nous instruire. En 1814, dès que Louis XVIII est introduit dans Paris, la province crie : Vive le Roi. En 1830, Charles X est expulsé de Paris, la province crie : Vive la Charte. Huit jours après, on lui annonce que Paris a fait une royauté citoyenne, et elle crie : Vive Louis-Philippe. En 1848, Paris renverse ce dernier, et la province attend vingt-quatre heures pour savoir ce qu'elle doit crier le lendemain, et le lendemain, sur un signal du télégraphe parisien, elle crie : Vive la République. » Élias REGNAULT, *La Province*

« Un peuple est une hiérarchie de familles, de professions, de communes, de respon-sabilités administratives, de familles spirituelles, articulées et fédérées pour former une patrie animée d'un mouvement, d'une âme, d'un idéal, moteurs de l'avenir, pour produire, à tous les échelons, une hiérarchie des hommes qui se sélectionnent par les services rendus à la communauté, dont un petit nombre conseillent, quelques-uns commandent, et, au sommet, un chef qui gouverne. » Philippe PÉTAIN, Discours prononcé devant la Commission de la Constitution (8 juin 1941)

« L'État, c'est le plus froid des monstres froids. Il ment froidement et voici le message qui rampe de sa bouche : Moi, l'État, je suis le peuple. » Friedrich NIETZSCHE

Sur le thème de l'éducation :

« Lorsque les pères s'habituent à laisser faire les enfants, lorsque les fils ne tiennent plus compte de leurs paroles, lorsque les maîtres tremblent devant leurs élèves et préfèrent les flatter, lorsque finalement les jeunes méprisent les lois parce qu'ils ne reconnaissent plus au-dessus d'eux l'autorité de rien ni de personne, alors, c'est là, en toute beauté et en toute jeunesse, le début de la tyrannie. » PLATON, *La République*

« Quelle est la première partie de la politique ? L'éducation. La seconde ? L'éducation. Et la troisième ? L'éducation. » Jules MICHELET, *Le Peuple*

« Tous nos mouvements naturels se rapportent d'abord à notre conservation et à notre bien-être. Ainsi, le premier sentiment de la justice ne nous vient pas de celle que nous devons, mais de celle qui nous est due ; et c'est encore un des contresens des éducations communes que, parlant d'abord aux enfants de leurs devoirs, jamais de leurs droits, on commence par leur dire le contraire de ce qu'il faut, ce qu'ils ne sauraient entendre, et ce qui ne peut les intéresser. » Jean-Jacques ROUSSEAU, *Émile ou De l'éducation*

– DON DIÈGUE
« Pour s'instruire d'exemple, en dépit de l'envie,
Il lira seulement l'histoire de ma vie.
Là, dans un long tissu de belles actions,
Il verra comme il faut dompter des nations,
Attaquer une place, ordonner une armée,
Et sur de grands exploits bâtir sa renommée.

– LE COMTE
Les exemples vivants sont d'un autre pouvoir ;
Un prince dans un livre apprend mal son devoir. » Pierre CORNEILLE, *Le Cid*

« Éduquons, c'est une insulte ? »

« L'archidiacre considéra quelques temps le gigantesque édifice, puis étendant avec un soupir sa main vers le livre imprimé qui était ouvert sur la table et sa main droite vers Notre-Dame, et, promenant un triste regard du livre à l'église : – Hélas ! dit-il, ceci tuera cela. » Victor HUGO, *Notre-Dame de Paris*

« Plus un pays est pauvre, plus il a besoin d'instruction ; car l'instruction rend industrieux et apprend à tirer parti de tout. » G. BRUNO, *Le Tour de la France par deux enfants*

« *Mens sana in corpore sano* » (un esprit sain dans un corps sain).

L'annonce de plan

C'est, on l'a dit, **le** passage essentiel de la dissertation : **pas de dissertation sans plan, pas de dissertation réussie sans annonce de plan réussie**.

Cette annonce, on l'a également dit, doit être clairement identifiable : faites-en le dernier paragraphe de l'introduction. Dans ce paragraphe, n'écrivez rien avant l'annonce de plan, n'écrivez rien après l'annonce de plan.

Pensez à éviter, dans toute la mesure du possible, l'utilisation facile mais encombrante, de « dans une première partie, dans une deuxième partie » : une annonce de plan en deux phrases, séparées par un point ou un point-virgule, permet de comprendre que la première phrase annonce la première partie, la seconde phrase la seconde partie.

On peut citer comme exemple réussi d'annonce de plan (à condition d'admettre un plan en trois parties et l'absence d'annonce des sous-parties) la réponse que le général de Gaulle apporte aux journalistes lors de sa conférence de presse du 31 janvier 1964 : « Je vous répondrai qu'une Constitution c'est un esprit, des institutions, une pratique. »

► La conclusion ◄

Insistons sur le fait que la conclusion est le moment de la séparation du candidat et du correcteur : après avoir lu la copie, le correcteur va, dans la plupart des cas, passer à la notation. Comme la première impression, la dernière est déterminante. Rien de plus catastrophique qu'une conclusion ratée qui « dirait autre chose » que le développement et obligerait le correcteur à revenir au début pour essayer de comprendre ce que le candidat a vraiment voulu démontrer (dans ce cas, on peut craindre que le candidat ait au mieux « voulu dire » sans vraiment y parvenir !).

Traditionnellement, une conclusion comprend deux temps :

Fermeture

– Le temps du « verrouillage », de la « fermeture » (du latin *concludere*, fermer).
La conclusion n'est pas un résumé du développement mais l'aboutissement du raisonnement, la fin d'un itinéraire : les différentes étapes (développement), qui n'étaient qu'un moyen d'y parvenir, n'importent plus, seule compte l'arrivée elle-même.

Ouverture

– Le temps de l'« ouverture ».
Ce temps est à manier avec prudence : on peut élargir le débat, le replacer dans un débat plus large, mais il serait dangereux, après avoir consacré cinq ou six pages à développer une démonstration, de terminer en montrant que là n'était pas le vrai débat. Laisser entendre que la question était mal posée ou que les réponses apportées n'étaient pas les bonnes réponses ne constituent vraiment pas une bonne stratégie.

En bref, **évitez :**
– les répétitions ou les résumés de ce qui précède ;
– les questions : qui va y répondre ? Certainement pas le correcteur ! Si la question est importante, il fallait la poser et y répondre avant ;
– les prophéties : invérifiables, elles ne convaincront personne…
– les points de suspension qui laissent le correcteur penser à votre place ;
– les bilans mi-chèvre, mi-chou ;
– le bilan impersonnel, inodore, incolore et sans saveur ;
– l'introduction d'une nouvelle idée : trop de conclusions sont des « conclusions-repentirs » qui peuvent être ainsi lues : « je n'en ai pas parlé avant (j'avais oublié), alors j'en parle maintenant pour qu'on ne me fasse pas grief de ne pas en avoir parlé… ». Inutile de pointer vous-même du doigt vos propres insuffisances : si vous n'avez pas abordé un point, laissez au moins supposer que cet « oubli » est volontaire ;
– la citation passe-partout (qui, souvent, n'a pas vraiment de rapport avec le sujet) ;
– l'ouverture passe-partout (comme l'Europe, mise à toutes les sauces).

E. La rédaction définitive

▶ L'utilisation du temps ◀

Les découpages horaires proposés par différents guides de préparation aux examens et concours sont variables.

À titre indicatif, on peut proposer le découpage suivant, tout en mesurant bien que, le jour de l'épreuve, les candidats gèrent leur temps en toute liberté, en consacrant généralement – les produits qu'ils élaborent le prouvent – trop peu de temps à la recherche des idées, à la rédaction de l'annonce de plan et de la conclusion, et à la relecture. Remarquons aussi que les candidats ne savent pas ne pas écrire et que l'angoisse de la page blanche les pousse à la fois à trop rédiger au brouillon, ce qui les contraint à passer un temps excessif à un travail de recopiage et, parfois, à conserver dans la rédaction définitive des développements qui n'y ont pas leur place et qui encombrent inutilement leurs devoirs. La longueur du devoir n'est pas une qualité, bien au contraire : mieux vaut une copie de cinq ou six pages bien organisée, élégamment écrite, attentivement relue, qu'une copie-fleuve dont les défauts risquent d'être proportionnels à la longueur.

Proposons (à titre purement indicatif !) le « *timing* » suivant :

Choix du sujet (dissertation ou commentaire ?)	15 min
Recherche des idées	45 min
Recherche du plan	30 min
Rédaction de l'introduction et de la conclusion	30 min
Rédaction des chapeaux et des transitions	15 min
Recopie et rédaction définitive de la dissertation	1 h 30 min
Relecture	15 min
Total	**4 heures**

Quoi qu'il fasse de ces conseils, le candidat doit impérativement prendre le temps de choisir son sujet, de rechercher et d'essayer un plan, de se relire.

▶ Que rédiger ? ◀

Au brouillon

L'utilisation du temps préconisée ci-dessus repose sur la rédaction au brouillon :

– De l'expansion d'idées.

Conseillons au candidat l'utilisation d'un tableau qui lui permettra de procéder à l'expansion de tous les mots clés du sujet.

– Des phrases construites autour d'arguments à développer (une vingtaine de phrases au minimum qui sont autant d'intentions de démonstration).

– De l'ébauche du plan à partir de la validation et de l'organisation des phrases ci-dessus.

– De la structure du développement : en style « prise de notes », le candidat, à partir du projet de plan, place les arguments qu'il développera dans le schéma de plan.

Ici s'arrête le travail préparatoire ; tout ce qui va être rédigé ensuite est destiné à être recopié en l'état :

– Annonce de plan
Celle-ci provient directement du travail précédent qui a permis d'« essayer » une structure et de vérifier que chacune des « intentions » de démonstration serait nourrie d'arguments en nombre suffisant.

– Le reste de l'introduction.

– La conclusion
On ne peut que conseiller au candidat de rédiger la conclusion dans la foulée de l'introduction : il sait ce qu'il va démontrer, il connaît l'aboutissement de cette démonstration, il dispose de temps, il n'est pas encore victime de la fatigue de l'épreuve.

– Les chapeaux introductifs de la première et de la seconde parties.

– La phrase de transition entre la première et la deuxième parties.

Au propre

Le travail de rédaction définitive au propre peut alors commencer :

– Recopiage du sujet *in extenso*.

– Recopiage de l'introduction et du chapeau introductif de la première partie.

– Rédaction des deux sous-parties de la première partie.

– Recopiage de la phrase de transition entre les deux parties et du chapeau introductif de la seconde partie.

– Rédaction des deux sous-parties de la seconde partie.

– Recopiage de la conclusion.

Si le candidat ne se sent pas la capacité de rédiger directement ses sous-parties au propre à partir de la « structure du développement » (voir ci-dessus), il a intérêt à ne pas rédiger intégralement afin de gagner du temps.

À ce stade de développement de ses idées, un **« truc »** pour développer lorsqu'on se sent un peu « court » : **DADAS**.

– **D**éfinition
Dégager clairement le sens d'un concept à l'aide de comparaisons, d'exemples, de classifications.

– **A**nalyse
Scinder une idée générale en idées de base, expliquer chaque élément séparément, ou par rapport aux autres, ou par rapport au tout.

– **D**escription
Faire apparaître la signification d'un phénomène, d'une institution… grâce à des détails concrets (chiffres, histoire, géographie, actualité…).

– **A**nalogie
Projeter le raisonnement vers l'avant, passer du familier, de l'évident, au plus complexe, éclairer par la comparaison avec un autre phénomène, une autre institution.

– **Synthèse**

Regrouper les éléments préalablement dissociés dans un nouvel ensemble. La phrase de transition relève de cette logique de synthèse (ainsi), avant une projection vers un argumentaire qui nuance ou contrarie.

En rédigeant, le candidat doit garder à l'esprit les exigences de l'épreuve (voir plus haut), autour des quatre principes de la rédaction :

– **Clarté**

L'ensemble des développements doit être facile à suivre. Obligé de revenir en arrière, le correcteur risque de découvrir des défauts qui ne lui étaient pas apparus en première lecture et de pénaliser en outre le candidat pour le temps qu'il lui a fait « perdre ».

– **Rigueur**

La rigueur s'exerce non seulement dans la construction de l'ensemble (introduction, parties, sous-parties, conclusion, chapeaux, phrases de transition…) mais aussi à l'intérieur même des paragraphes qui composent les sous-parties : un paragraphe s'organise autour d'une idée (« Une idée par paragraphe/Un paragraphe par idée ») exposée puis illustrée (on va du général au particulier, pas l'inverse), affirmée puis nuancée (on va du simple au complexe, pas l'inverse). Trop de dissertations sont apparemment organisées, mais en réalité fourre-tout en raison de paragraphes dans lesquels tout a été jeté en vrac.

– **Densité**

Il faut savoir aller à l'essentiel, ne pas se noyer dans les détails, ne pas laisser au correcteur le soin de repérer l'essentiel au sein de l'accessoire. On l'a dit, il faut savoir ne pas écrire et, surtout, se relire sans complaisance.

– **Naturel**

C'est la règle la plus difficile à respecter : comment écrire comme on n'écrit pas habituellement (voir plus haut) tout en étant soi-même, comment être soi-même en évitant familiarité et agressivité ? Il faut aimer écrire sans se regarder écrire, argumenter sans se raconter.

F. Analyse d'un sujet 2003, IEP de Paris

▶ « Faut-il être cultivé pour exercer son jugement ? » ◀

Comment traiter le sujet ?

L'expansion des mots, qui s'accompagne de l'expansion des idées, produit un grand nombre d'arguments. Dans un but pédagogique, nous n'avons retenu ici que les arguments utilisables, alors que l'expansion des idées – cette étape liminaire supportant mal la censure – peut légitimement donner naissance à des idées hors sujet qui ne seront pas reprises dans le développement. Nous retiendrons un plan parmi plusieurs plans possibles pour rédiger intégralement une dissertation.

À propos de cette rédaction intégrale, soulignons qu'il n'existe pas <u>une</u> bonne copie, qu'un corrigé n'est jamais un modèle mais l'un des moyens de mesurer les exigences de l'épreuve afin de s'y préparer : si toutes les copies médiocres se ressemblent, les bonnes copies sont généralement très différentes les unes des autres.

Rappelons également que le sujet doit être traité en quatre heures et qu'un corrigé « parfait » que l'auteur rédigerait sans limite de temps en accédant à toutes les sources documentaires qu'il jugerait utiles ne rendrait pas compte de ce qui est réellement attendu du candidat.

1. L'expansion des mots

Faut-il	Cultivé	Exercer	Jugement
Devoir	Érudit	Mettre en œuvre	Discernement
Obligation	Docte	Affûter	Peser le bien, le mal
Obligation morale	Savant	Entraîner	Valeurs
Condition	Informé	Expérimenter	Justice
Condition sine qua	Information		Objectivité
non	Connaissance		Partialité
	Connaissances parti-		Condamnation
	culièrement néces-		Délibération
	saires à notre temps		Réflexion
	Éclairé		Intelligence
	Citoyen éclairé		Compréhension
	Ouvert		Ethnocentrisme
	Ouvert à d'autres		Anthropomorphisme
	cultures		Ethnologie
	Curieux		Barbare
	Voyageur		Primitif
	Voyeur		Sauvage
	Spectateur		
	Spectateur engagé		
	Point de vue		
	Situation		
	Opinion		
	Tolérant		

2. L'expansion des idées

– « Le terme de culture […] a aujourd'hui deux significations. La première affirme l'éminence de la vie avec la pensée ; la seconde la récuse : des gestes élémentaires aux grandes créations de l'esprit, tout n'est-il pas culturel ? Pourquoi alors privilégier celles-ci au détriment de ceux-là, et la vie avec la pensée plutôt que l'art du tricot, la mastication du bétel, ou l'habitude ancestrale de tremper une tartine grassement beurrée dans le café au lait du matin ? » (Alain Finkielkraut, *La Défaite de la pensée*).

– « Ceux qui se croient cultivés parce qu'ils connaissent la mythologie grecque, la botanique ou la poésie portugaise se dupent eux-mêmes. Méconnaissant le domaine infini de la culture, ils ne savent pas ce qu'ils portent de vraiment grand en eux : la vie. » (J.-M. G. Le Clézio, *L'Extase matérielle*).

– Qu'est-ce qu'être cultivé aujourd'hui ? Est-ce connaître les grands auteurs classiques grâce à une longue fréquentation de leurs œuvres, être familier des grands peintres, des grands musiciens ? Serait-il vraiment cultivé celui qui, érudit, serait incapable d'utiliser les technologies de son temps, d'envoyer un SMS, d'accéder à une information pratique via l'Internet ou d'acquérir un billet de train au moyen d'une borne interactive ? Est-il cultivé s'il ignore tout de l'évolution politique de la Côte d'Ivoire depuis deux ans, du dernier Forum mondial, s'il ne comprend pas les expressions qu'emploient ses enfants ou ses petits-enfants ? Être cultivé, n'est-ce pas se doter de tous les moyens de comprendre son temps et d'y être acteur ?

– On fait souvent reproche aux élites qui exercent le pouvoir en France d'être d'excellents techniciens, formés par exemple à la rationalisation des choix budgétaires comme à l'analyse des indicateurs conjoncturels, mais trop éloignés des réalités du terrain pour prendre des décisions adaptées : la représentation d'une « France d'en haut » trop éloignée de la « France d'en bas » repose en grande partie sur cette analyse. Le choix par le président de la République d'un Premier ministre qui ne sort pas de l'École nationale d'administration, mais qui a forgé son expérience politique dans l'exercice de mandats électifs locaux, traduit une volonté de combler l'écart entre ces deux France, en faisant la preuve que la connaissance du terrain permet d'exercer des choix plus assurés que les connaissances théoriques.

– La France a récemment entrepris de reconnaître l'expérience professionnelle comme donnant vocation à accéder à des emplois au même titre que les diplômes : la loi du 2 janvier 2001 donne ainsi naissance à plusieurs dispositifs, celui des concours de troisième voie, celui de la reconnaissance de l'expérience professionnelle et celui de la validation des acquis professionnels, qui soit autorisent une dispense de diplômes dès lors que l'expérience acquise permet d'en tenir lieu, soit permettent aux concernés de devenir titulaires de diplômes, avec tous les droits qui leur sont attachés, grâce à l'expérience professionnelle.

– « Savoir par cœur n'est pas savoir. », écrit Montaigne (1533-1592). « Qui suit un autre, il ne suit rien, il ne trouve rien, voire il ne cherche rien. Il faut qu'il emboive leurs humeurs, non qu'il apprenne leurs préceptes ; et qu'il oublie, hardiment, s'il veut, d'où il les tient, mais qu'il se les sache approprier […], ainsi les pièces empruntées à autrui, il les transformera et confondra pour en faire un usage tout sien, à savoir son jugement. Son institution, son travail et étude ne visent qu'à le former. ».

- « Il est croyable qu'il y a des lois naturelles, comme il se voit ès autres créatures ; mais en nous elles sont perdues, cette belle raison humaine s'ingérant partout de maîtriser et commander, brouillant et confondant le visage des choses selon sa vanité et inconstance. » (Montaigne, *Les Essais*).

– « Tout homme persécute s'il ne peut convertir. À quoi remédie la culture qui rend la diversité adorable » (Alain, *Propos*).

– Celui qui ne connaît que sa propre culture au point de la croire la seule possible tend à tenir la seule sienne pour bonne et à condamner toutes les autres. Ceci peut aussi bien être vrai pour la culture d'une entreprise, d'un milieu social, d'un pays. On peut analyser ainsi l'ethnocentrisme, attitude consistant à juger les autres pays ou civilisations à l'aune des normes et valeurs de son propre pays ou civilisation et, convaincu de la supériorité de sa propre culture, à juger les autres comme inférieures. De même que les Romains appelaient barbares « les autres », ceux qui ne partageaient pas leur propre culture, de même, les pays colonisateurs, à partir du XVe siècle, se croient porteurs de <u>la</u> civilisation et responsables de la mission de la répandre dans le monde. Le chauvinisme peut également être analysé comme une forme d'ethnocentrisme : mon village, mon quartier est meilleur que tous les autres, parce que c'est le mien et parce que je l'aime ; les autres sont moins bien, moins beaux, et je les rejette.

– D'autres civilisations ont une autre vision de leur devenir que la nôtre : c'est le cas des sociétés dites « sauvages » à propos desquelles Claude Lévi-Strauss écrit : « Les peuples heureux n'ont pas d'histoire. ». Qu'est-ce que cela signifie ? Que certains peuples ont fondé leur devenir non sur le changement mais sur la répétition à l'infini : pas de science cherchant à comprendre le monde, pas de techniques nouvelles fondées sur la science, pas de bouleversement des rapports sociaux par l'évolution technique, bref, pas d'autre histoire que la répétition des manières de croire, de faire et de dire des ancêtres. Pour expliquer le monde et lui donner du sens, il suffit de se raconter les histoires, transmises par la tradition orale, que l'on a toujours racontées.

Notre civilisation au contraire, lorsqu'elle qualifie ces civilisations de primitives, affirme à la fois sa confiance dans le progrès, et sa conviction que d'autres civilisations sont restées à un stade antérieur du développement qui fut le nôtre et se développeront nécessairement un jour comme nous nous sommes nous-mêmes développés : notre civilisation a en effet longtemps pensé avoir vocation à devenir universelle, elle s'est conçue comme un modèle qui serait nécessairement suivi par d'autres civilisations tenues pour moins développées. C'est l'un des fondements du colonialisme : il repose évidemment sur l'exploitation des richesses des pays colonisés pour le compte des pays colonisateurs mais aussi sur l'acculturation des pays colonisés. L'ethnocentrisme, c'est-à-dire la tendance des individus à regarder les autres civilisations que la leur au travers des prismes de leur propre culture, peut ainsi aller jusqu'à l'ethnocide, destruction culturelle d'une société.

– Lorsqu'un ethnologue comme Lucien Lévy-Bruhl écrit en 1922 *La Mentalité primitive*, ses analyses sont sous-tendues par l'idée que les civilisations qu'il étudie se trouvent situées à un stade antérieur du développement et qu'elles ont vocation à devenir un jour aussi civilisées que la nôtre : pas d'autre évolution possible que le progrès tel que le conçoivent les Occidentaux, pas de progrès qui prenne une autre forme que celle découverte par l'Occident.

– Lorsqu'un autre ethnologue, Claude Lévi-Strauss, célèbre auteur de *Tristes Tropiques*, écrit *La Pensée sauvage* en 1962, le titre choisi, malicieusement illustré d'une fleur (une pensée sauvage !), récuse l'ethnocentrisme de Lévy-Bruhl en abandonnant à la fois le terme péjorativement connoté de « mentalité » au profit du mot « pensée », qui accorde aux modes de représentation d'autres civilisations la même valeur qu'aux nôtres, et le terme de « primitif » : les peuples observés ne sont plus considérés comme à un stade antérieur du développement mais analysés comme développant une culture qui leur est propre et qui peut être aussi « avancée » que la nôtre.

– La colonisation commence au XVᵉ siècle, époque des grandes découvertes, avec la caravelle, la boussole, les échanges inégaux entre Europe et Tropiques, la conquête des terres, le contrôle des populations christianisées… De même, la révolution industrielle, qui met fin aux crises de sous-production et requiert de nouveaux débouchés, relie, grâce à la révolution des transports (chemin de fer, bateau à vapeur), des territoires jusqu'alors inaccessibles, et rend possible la conquête de nouveaux territoires par les pays développés.

– Le droit français confie à un jury populaire le droit de juger les crimes : il n'est donc pas besoin d'être juriste, ni même d'avoir une culture juridique, pour juger. La « sagesse » des jugements des jurés d'assises repose sur la diversité des points de vue que permet la composition collégiale du jury et sur l'injonction qui lui est faite de juger en leur âme et conscience. Ce sont leurs qualités humaines et leur volonté de justice qui doivent permettre la justesse de leurs jugements.

– On connaît la boutade : « La guerre est une chose trop sérieuse pour être laissée aux militaires ». Étendue à de nombreux métiers (« La politique est une chose trop sérieuse pour être laissée aux hommes politiques » ou « L'éducation est une chose trop sérieuse pour être laissée aux enseignants »), cette maxime traduit une défiance à l'égard des experts, ceux dont la culture est si pointue dans leur domaine de compétence qu'elle risque de les aveugler. Ainsi, en matière scientifique, domaine dans lequel on peut tout craindre d'apprentis sorciers aveuglés par leur compétence scientifique, un Comité consultatif national d'éthique pour les sciences de la vie et de la santé (CCNE) a été institué en France en 1983 (c'est le premier légalement constitué dans le monde), comprenant quarante membres, biologistes, chercheurs, médecins, juristes, philosophes, anthropologues, théologiens, parlementaires, journalistes, représentants des différentes professions médicales et des principaux courants de pensée. Son président est nommé par le président de la République pour une durée de deux ans renouvelables. Sa mission (loi du 29 juillet 1994, décret du 29 mai 1997) : « donner des avis sur des problèmes éthiques soulevés par les progrès de la connaissance dans les domaines de la biologie, de la médecine et de la santé » et publier éventuellement des recommandations sur ces sujets. Le CCNE a déjà rendu près d'une centaine d'avis sur la génétique humaine, l'expérimentation sur l'homme, les neurosciences, la fin de la vie, la procréation médicalement assistée, le sida, l'allongement du délai d'autorisation de l'IVG… C'est une instance strictement consultative qui, depuis 1994, peut faire des recommandations. On le voit bien, le jugement de cette instance est éclairé par la diversité des sensibilités, des cultures des personnes qui la composent.

3. Le choix d'un plan

L'expansion des mots puis des idées permet de mesurer combien le sens que l'on va donner à l'expression « être cultivé » va déterminer la réponse à la question posée. Si « être cultivé » signifie seulement maîtriser des connaissances spécialisées auxquelles seule une minorité peut accéder, cette culture-là ne garantit en rien la qualité du discernement. En revanche, si la culture est ouverture à la vie sociale sous toutes ses formes, elle permet à l'individu de faire des choix éclairés.

Un traitement du sujet « Faut-il être cultivé pour exercer son jugement ? »

Dans un but pédagogique, quelques mentions, qui doivent évidemment disparaître lors d'une rédaction définitive, permettent de souligner l'organisation en parties et sous-parties.

Introduction – Entrée en matière

L'homme cultivé est aujourd'hui souvent moqué : celui qui cite les grands auteurs, identifie à coup sûr des œuvres musicales et sait attribuer telle peinture à tel artiste même peu connu suscite au mieux la curiosité au pire la dérision. Ainsi, à quoi cela sert-il d'essayer de tout mémoriser alors que toutes les connaissances sont accessibles au moyen de l'Internet ? Cet homme cultivé n'apparaît-il d'ailleurs pas souvent comme peu en phase avec les découvertes de son temps, incapable, justement, d'utiliser l'Internet ou d'envoyer un SMS ? Inutile, la culture rendrait ainsi l'homme cultivé peu adapté aux réalités de son époque.

Le spécialiste, celui qui est très cultivé « dans son domaine », pâtit des mêmes critiques : parce qu'il est spécialiste d'un domaine, on le soupçonne de n'être pas suffisamment ouvert pour émettre des jugements éclairés, aussi bien, par exemple, sur le terrain de la politique que sur celui de la recherche scientifique.

Problématique

Serait-il alors inutile d'être cultivé pour exercer un jugement éclairé ? La culture empêcherait-elle même tout discernement ? Pourtant, n'est-il pas nécessaire de porter son regard au-delà de sa propre personne, de son propre milieu, voire de son propre pays, pour comprendre ce que l'on observe et se forger une opinion nuancée ? La fréquentation d'autres cultures ne serait-elle pas seule de nature à nous garantir de l'intolérance ?

Annonce de plan

La culture, entendue comme maîtrise de connaissances spécialisées accessibles seulement à une minorité, semble entraver le jugement alors même que l'absence de culture n'empêche pas le discernement. Cependant, l'ouverture à d'autres personnes et à d'autres mondes apparaît comme indispensable pour éviter que le jugement ne soit aveuglé par l'intolérance ou le fanatisme.

1re partie

1re sous-partie

La culture apparaît comme une entrave au jugement. De nombreux auteurs ont souligné que la culture, entendue comme une accumulation de connaissances, allait à l'encontre du jugement : « Savoir par cœur n'est pas savoir. », écrit Montaigne (1533-1592). « Qui suit un autre, il ne suit rien, il ne trouve rien, voire il ne cherche rien. Il faut qu'il emboive leurs humeurs, non qu'il apprenne leurs préceptes ; et qu'il oublie, hardiment, s'il veut, d'où il les tient, mais qu'il se les sache approprier […], ainsi les pièces empruntées à autrui, il les transformera et confondra pour en faire un usage tout sien, à savoir son jugement. Son institution, son travail et étude ne visent qu'à le former. » Endosser des idées toutes faites, accumuler un matériau préconçu, voilà qui encombre et empêche de faire librement usage de son esprit pour comprendre les hommes et les événements. Ainsi entendue, la culture apparaît comme si appauvrissante que l'on peut contester qu'il s'agisse même de culture : pour J.-M. G. Le Clézio, « ceux qui se croient cultivés parce qu'ils connaissent la mythologie grecque, la botanique ou la poésie portugaise se dupent eux-mêmes. Méconnaissant le domaine infini de la culture, ils ne savent pas ce qu'ils portent de vraiment grand en eux : la vie ». Non seulement cette forme de culture empêcherait de comprendre le monde, mais elle couperait des réalités en substituant à la vie réelle des abstractions, des idées sur, qui n'ont plus rien à voir avec la vraie vie.

Le même soupçon pèse sur les spécialistes, les experts. On connaît la boutade : « La guerre est une chose trop sérieuse pour être laissée aux militaires ». Étendue à de nombreux métiers (« La politique est une chose trop sérieuse pour être laissée aux hommes politiques » ou « L'éducation est une chose trop sérieuse pour être laissée aux enseignants »), cette maxime traduit une défiance à l'égard des experts, ceux dont la culture est si pointue dans leur domaine de compétence qu'elle risque de les aveugler. Ainsi, en matière scientifique, domaine dans lequel on peut tout craindre d'apprentis sorciers aveuglés par leur compétence scientifique, un Comité consultatif national d'éthique pour les sciences de la vie et de la santé (CCNE) a été institué en France en 1983 (c'est le premier légalement constitué dans le monde), comprenant quarante membres, biologistes, chercheurs, médecins, juristes, philosophes, anthropologues, théologiens, parlementaires, journalistes, représentants des différentes professions médicales et des principaux courants de pensée. Sa mission : « donner des avis sur des problèmes éthiques soulevés par les progrès de la connaissance dans les domaines de la biologie, de la médecine et de la santé » et publier éventuellement des recommandations sur ces sujets. Le CCNE a déjà rendu près d'une centaine d'avis sur la génétique humaine, l'expérimentation sur l'homme, les neurosciences, la fin de la vie, la procréation médicalement assistée, le sida, l'allongement du délai d'autorisation de l'IVG... C'est une instance strictement consultative qui, depuis 1994, peut faire des recommandations. On le voit bien, le jugement de cette instance est éclairé par la diversité des sensibilités, des cultures des personnes qui la composent.

2ᵉ sous-partie

À l'inverse, l'absence d'érudition ou de spécialisation n'empêche pas le discernement. Le droit français confie ainsi à un jury populaire le droit de juger les crimes : il n'est donc pas besoin d'être juriste, ni même d'avoir une culture juridique, pour juger. La « sagesse » des jugements des jurés d'assises repose sur la diversité des points de vue que permet la composition collégiale du jury et sur l'injonction qui lui est faite de juger en son âme et conscience. Ce sont les qualités humaines des jurés et leur volonté de justice qui doivent permettre la justesse de leurs jugements. De même, dans le domaine politique, on tend aujourd'hui à valoriser l'absence de « culture de gouvernement » comme une vertu : on fait souvent reproche aux élites qui exercent le pouvoir en France d'être d'excellents techniciens, formés par exemple à la rationalisation des choix budgétaires comme à l'analyse des indicateurs conjoncturels, mais trop éloignés des réalités du terrain pour prendre des décisions adaptées : la représentation d'une « France d'en haut » trop éloignée de la « France d'en bas » repose en grande partie sur cette analyse. Le choix par le président de la République d'un Premier ministre qui ne sort pas de l'École nationale d'administration, mais a forgé son expérience politique dans l'exercice de mandats électifs locaux, traduit une volonté de combler l'écart entre ces deux France en faisant la preuve que la connaissance du terrain permet d'exercer des choix plus assurés que les connaissances théoriques. Cela n'est sans doute pas nouveau, des analystes ayant depuis longtemps fait valoir que les « meilleurs » ministres étaient justement ceux qui n'étaient pas spécialistes du domaine dans lequel ils exerçaient, par exemple en matière d'éducation.

L'évolution des modes d'accès à la fonction publique en France traduit également un changement de conception de la culture nécessaire pour accéder aux emplois publics : l'État a récemment entrepris de reconnaître l'expérience professionnelle comme donnant vocation à accéder à des emplois au même titre que les diplômes. La loi du 2 janvier 2001 donne ainsi naissance à plusieurs dispositifs, celui des concours de troisième voie, celui de la reconnaissance de l'expérience professionnelle et celui de la validation des acquis professionnels, qui soit autorisent une dispense de diplômes dès lors que l'expérience acquise permet d'en tenir lieu, soit permettent aux concernés de devenir titulaires de diplômes, avec tous les droits qui leur sont attachés, grâce à l'expérience professionnelle. Même si, comme le soulignait Jean-Paul Delevoye, alors ministre de le Fonction publique, de la Décentralisation et de la Reforme de l'État, les épreuves des concours restent essentiellement académiques et éloignées des savoir-faire professionnels, la culture reconnue par les diplômes s'efface ainsi en partie comme passeport pour l'emploi public au bénéfice de l'expérience reconnue comme de nature à permettre le discernement indispensable à un fonctionnaire.

Transition

Ainsi, la culture académique peut entraver le jugement, et le jugement peut s'exercer sans culture spécialisée. Pourtant, entendue comme une ouverture au monde, la culture est indispensable au discernement.

2ᵉ partie

1ʳᵉ sous-partie

Alain Finkielkraut nous invite à élargir notre approche de la culture : dans *La Défaite de la pensée*, il écrit : « Le terme de culture [...] a aujourd'hui deux significations. La première affirme l'éminence de la vie avec la pensée ; la seconde la récuse : des gestes élémentaires aux grandes créations de l'esprit, tout n'est-il pas culturel ? Pourquoi alors privilégier celles-ci au détriment de ceux-là, et la vie avec la pensée plutôt que l'art du tricot, la mastication du bétel, ou l'habitude ancestrale de tremper une tartine grassement beurrée dans le café au lait du matin ? ». Ainsi, être cultivé serait non seulement accéder aux grandes créations de l'esprit mais aussi connaître et comprendre les modes de vie et les modes de représentation liés à sa propre culture et à celle des autres cultures. Être cultivé aujourd'hui, ce ne serait donc plus seulement connaître les grands auteurs classiques grâce à une longue fréquentation de leurs œuvres, être familier des grands peintres, des grands musiciens : serait-il vraiment cultivé celui qui, érudit, serait incapable d'utiliser les technologies de son temps, d'envoyer un SMS, d'accéder à une information pratique via l'Internet ou d'acquérir un billet de train au moyen d'une borne interactive ? Serait-il cultivé s'il ignorait tout de l'évolution politique de la Côte d'Ivoire depuis deux ans, du dernier Forum mondial, s'il ne comprenait pas les expressions qu'emploient ses enfants ou ses petits-enfants ? Serait-il cultivé s'il ne comprenait pas qu'une conception très différente des relations entre État et citoyen fonde la nation américaine au point que notre conception de la laïcité est totalement incompréhensible pour les États-Unis d'Amérique ? Être cultivé, ne serait-ce pas alors se doter de tous les moyens de comprendre son temps ?

Ainsi se dessine un nouveau visage de la culture comme moyen d'ouverture au monde qui fonde la validité de notre jugement : connaître des cultures complètement différentes de la nôtre nous permet un jugement plus éclairé. D'autres civilisations ont une autre vision de leur devenir que la nôtre : c'est par exemple le cas des sociétés dites « sauvages » à propos desquelles Claude Lévi-Strauss écrit : « Les peuples heureux n'ont pas d'histoire. ». Qu'est-ce que cela signifie ? Que certains peuples ont fondé leur devenir non sur le changement mais sur la répétition à l'infini : pas de science cherchant à comprendre le monde et à l'expliquer, pas de techniques nouvelles fondées sur la science, pas de bouleversement des rapports sociaux par l'évolution technique, bref, pas d'autre histoire que la répétition des manières de croire, de faire et de dire des ancêtres. Pour expliquer le monde et lui donner du sens, il suffit de se raconter les histoires, transmises par la tradition orale, que l'on a toujours racontées.

Notre civilisation au contraire, lorsqu'elle qualifie ces civilisations de primitives, affirme à la fois sa confiance dans le progrès, et sa conviction que d'autres civilisations sont restées à un stade antérieur du développement qui fut le nôtre et se développeront nécessairement un jour comme nous nous sommes nous-mêmes développés : notre civilisation a en effet longtemps pensé avoir vocation à devenir universelle, elle s'est conçue comme un modèle qui serait nécessairement suivi par d'autres civilisations tenues pour moins développées.

2ᵉ sous-partie

Le risque est ainsi grand de n'être pas cultivé : celui qui ne connaît que sa propre culture au point de la croire la seule possible tend à tenir la seule sienne pour bonne et à condamner toutes les autres. Ceci peut aussi bien être vrai pour la culture d'une entreprise, d'un milieu social, d'un pays. On peut analyser ainsi l'ethnocentrisme, attitude consistant à juger les autres pays ou civilisations à l'aune des normes et valeurs de son propre pays ou civilisation et, convaincu de la supériorité de sa propre culture, à juger le autres comme inférieures. De même que les Romains appelaient barbares « les autres », ceux qui ne partageaient pas leur propre culture, de même, les pays colonisateurs, à partir du xvᵉ siècle, se croient porteurs de la civilisation et responsables de la mission de la répandre dans le monde. Le chauvinisme peut également être analysé comme une forme d'ethnocentrisme : mon village, mon quartier est meilleur que tous les autres, parce que c'est le mien et parce que je l'aime : les autres sont moins bien, moins beaux, et je les rejette. Comme l'écrit Alain, dans *Propos* : « Tout homme persécute s'il ne peut convertir. À quoi remédie la culture qui rend la diversité adorable ? ».

La culture éloigne ainsi de nous de nombreux maux qui affectent notre jugement : l'intolérance, dénoncée par Voltaire dans son *Traité sur la tolérance* (1763) : « Puissent tous les hommes se souvenir qu'ils sont frères ! qu'ils aient en horreur la tyrannie exercée sur les âmes, comme ils ont en exécration le brigandage qui ravit par la force le fruit du travail et de l'industrie paisible ! ». La perception de la relativité de nos croyances – ce que nous tenons pour bon, d'autres le tiennent pour mauvais –, du caractère conjoncturel de certaines manières de penser et d'agir – nous n'avons pas toujours pensé et agi ainsi, d'autres pensent et agissent autrement – doivent nous permettre de mieux comprendre avant de juger. Conscients que nous ne sommes pas porteurs d'une vérité universelle mais seulement d'un point de vue, nous voici invités à multiplier les points de vue pour mieux percevoir la réalité : parce que, spectateurs, l'endroit d'où nous regardons détermine ce que nous voyons, il nous faut multiplier les sources d'information, croiser les analyses, nous intéresser à des expériences très différentes des nôtres. La culture n'est alors plus un capital acquis une fois pour toutes mais un viatique qu'il nous faut sans cesse renouveler pour nous efforcer de comprendre le monde qui nous entoure avant de pouvoir juger et agir.

Conclusion

Ainsi, une culture académique ou trop spécialisée risque de nous empêcher d'émettre des jugements éclairés, ajustés aux réalités du monde d'aujourd'hui. La difficulté d'y voir clair dans un monde compliqué, ouvert à une infinité de possibles, nous invite à une nouvelle forme de culture : ouverts au monde, réactifs, attachés à nous informer, il nous faut sans cesse prendre la mesure de la diversité des choix possibles pour éviter le rejet aveugle et la condamnation hâtive de tout ce qui diffère de nous. Lorsque Blaise Pascal écrivait : « Plaisante justice qu'une rivière borne ! Vérité au-deça des Pyrénées, erreur au-delà. », il exerçait une critique sévère à l'encontre de la justice en soulignant qu'elle ne saurait être universelle. Cette pensée nous invite aujourd'hui à nous cultiver sans trêve pour porter un regard juste, ajusté, sur le monde et y agir en citoyens éclairés.

III. Le commentaire de texte

Nous préciserons d'abord la nature du commentaire de texte, en insistant particulièrement sur le contexte et la contestation du texte.

Nous proposerons ensuite une méthode, fondée sur la lecture globale puis analytique du texte, en soulignant l'importance des mots-clés, de l'identification du raisonnement de l'auteur, de la détermination du contexte et de la prolongation de la contestation ; nous nous attacherons alors à montrer comment organiser le commentaire.

A. Le champ des connaissances

1. Les annales
2. Que cherche-t-on à apprécier chez le candidat ?
3. Comment se préparer ?
– Les auteurs et les œuvres
– Les thèmes

B. Qu'est-ce qu'un commentaire de texte ?

1. Le texte
– Le texte n'est pas prétexte
– Tout le texte, mais plus que le texte

2. Le commentaire

3. Au-delà du texte
– Le contexte
– La « contestation »

C. Une méthode

1. Lire le texte
– Une lecture globale
– Une lecture analytique
2. Analyser
– La définition des mots clés

A. Le champ des connaissances

▶ Les annales ◀

Afin de permettre au candidat de mesurer le champ des connaissances requises dans cette épreuve et de s'entraîner à la mise en œuvre des conseils de méthode ci-après, nous reproduisons ici les textes proposés au commentaire des candidats depuis 1987.

Quoi qu'il en fasse, on ne peut que conseiller au candidat la lecture de ces textes dans lesquels il trouvera au moins des idées – au mieux des citations – qu'il pourra utiliser en dissertation comme en commentaire.

À la suite de chaque texte, l'indication du thème, de la thèse et une présentation synthétique de l'auteur permettront d'appréhender précisément le « programme » de l'épreuve.

– 1987

« La politique n'a guère changé et ne changera guère. C'est que la structure de l'homme est toujours la même et ce qu'en disait Platon est encore vrai aujourd'hui. Toujours une tête, et la même, et toujours apte aux mêmes combinaisons. Toujours une poitrine, et la même, lieu d'explosion, centre de colère et de courage. Quand le moteur s'emporte, la sagesse supérieure est réduite au rôle d'exécutant, au mieux elle sauve les projets fous. C'est ainsi que le cœur usurpe, et nous l'éprouvons dix fois par jour. Convenons maintenant que le ventre porte et soutient tout cela, et qu'en un sens il gouverne tout ; car faute de nourriture, il n'y a plus ni courage ni pensée pour personne. En sorte que la pensée, si souvent et si promptement dominée par la colère, doit aussi compter avec la peur, qui est du ventre.

CULTURE GÉNÉRALE

L'homme étant ainsi, et pour toujours ainsi, nous n'en avons pas fini avec les difficultés, et jamais nous n'en aurons fini. Le projet le plus raisonnable n'ira jamais tout seul. L'économique, qui est du ventre, nous tiendra toujours serrés.

Toujours le besoin plaidera contre l'enthousiasme : si l'enthousiasme l'emporte, c'est l'enthousiasme alors qui plaidera contre la raison. Mais la raison, de son côté, ne peut gouverner passablement ses difficiles voisins que si d'abord elle les accepte, ainsi la pire injustice est celle de la raison, quand elle veut nier les deux autres personnages. Partant de là, vous dessinez aisément, et assez exactement, trois figures d'injustes, celui qui n'est que besoin et appétit, celui qui n'est que fureur, et celui qui n'est que raison. Cette vue est très simplifiée, mais on peut partir de là. La connaissance de soi et des autres n'est pas tellement avancée.

D'où je puis deviner trois politiques, éternelles [...]. Trois politiques. Car il y a celle de la raison toute pure, qui abonde en projets, mais qui par mépriser les autres, ne fait rien. Il y a la politique de la colère, qui fait toujours plus qu'elle ne veut, qui tue et se tue ; mais que d'honneur et que de bonheur ! Car il est beau d'entreprendre et d'oser ; cela enivre. Et partis, vous les distinguerez dans un syndicat, dans un gouvernement, dans un peuple, dans tout un homme. La vraie paix est dans l'homme, et entre ces trois personnages tête, poitrine et ventre, dont il est composé. Et parce que tous trois ont leurs fortes raisons, il faut négocier la paix, et pas seulement la formuler ; et la négociation durera toujours [...]. Il est toujours vrai que s'il y avait des vertus pures, il n'y aurait plus de vertu. Le fait est qu'il faut manger, mais non pas trop, et qu'il faut partir en guerre pour quelque chose, mais non pas trop ; et enfin honorer l'esprit en ses pénibles victoires, car c'est là qu'il est esprit. C'est pourquoi l'équilibre, le difficile équilibre, est ce qui m'intéresse dans un homme ; et non point la bavure. Bavure d'amour, bavure de gloire, bavure de raison, c'est tout un. Et celui qui a mené passablement la difficile négociation avec lui-même, au lieu de sottement s'ignorer et de sottement s'adorer, c'est celui-là que j'enverrai négocier pour nos biens et pour nos vies. Nous y serions presque si l'on enseignait la structure de l'homme au lieu d'enseigner à la tête, comme on fait si aisément et si inutilement. »

ALAIN, *Propos de politique*

Thème : La politique.

Thèse : Pour agir au mieux en politique, l'homme doit trouver un équilibre entre raison, passion, besoin.

L'auteur

Émile-Auguste Chartier (1868-1951), professeur de philosophie, s'est rendu célèbre sous le pseudonyme d'Alain, auteur des *Propos*.

Fils de vétérinaire, né à Mortagne-au-Perche, il monte à Paris, boursier, pour préparer au lycée de Vanves le concours d'entrée à l'École normale supérieure : son professeur de philosophie, Jules Lagneau, joue un rôle déterminant dans sa formation : « Il n'y a qu'une vérité absolue, c'est qu'il n'y a pas de vérité absolue. ».

À la sortie de l'École normale supérieure, agrégé, il enseigne en province et publie des articles dans un journal radical, *La Dépêche de Rouen*. Professeur de philosophie à Paris, il apprend à ses étudiants non pas ce qu'il faut penser, mais comment il faut penser.

L'expérience de la guerre de 1914, au cours de laquelle il sert dans l'artillerie, nourrit le pacifisme absolu qu'il exprime dans *Mars ou la Guerre jugée* (1921). Après la guerre, il reprend son activité d'écrivain et de professeur au lycée Henri-IV. Il se retire dans une petite demeure au Vésinet, dans les environs de Paris, où ses disciples viennent régulièrement lui rendre visite.

Ses principaux ouvrages sont : *Les Idées et les Âges* (1927), *Idées* (1932), *Les Dieux* (1947), et *Les Aventures du cœur* (1945). En 1951, l'impressionnant corpus de son œuvre est couronné par le premier Grand Prix national de littérature, seule distinction qu'il était disposé à accepter.

Uniques parmi ses écrits, forme originale de textes philosophiques propre à Alain, les *Propos* (1906-1951) allient une démarche journalistique, à partir d'un événement récent, d'un propos rapporté, à une démarche philosophique rigoureuse, réalisant ainsi l'ambition d'Alain : soumettre ce qui arrive au jugement. Ils constituent la plus grande partie de l'œuvre écrite d'Alain. Cinq mille articles apparaissent ainsi comme exemplaires par leur souci de soumettre les événements, même les plus insignifiants, à la pensée.

Une sélection de ses « propos » a été regroupée par thèmes : *Propos sur le bonheur*, *Éléments d'une doctrine radicale* (1925), *Le Citoyen contre les pouvoirs* (1926), *Propos de politique* (1934). Radical, Alain prône la vigilance du citoyen à l'égard de tous les pouvoirs et l'impossibilité pour l'esprit de se soumettre à une autorité quelconque : en démocratie, si le peuple est dit souverain, c'est que le pouvoir a cessé de l'être. « La bureaucratie dans la République, c'est la tyrannie dans l'État. » Le souverain impuissant et désarmé, « le Roi peuple », reste la source de toute légitimité.

Enfin, dans l'*Histoire de mes pensées* (1937), Alain revient sur son propre cheminement.

– 1988

« Le champ où la liberté a toujours été connue, non comme un problème certes, mais comme un fait de la vie quotidienne, est le domaine politique. Et même aujourd'hui, que nous le sachions ou non, la question de la politique et le fait que l'homme possède le don de l'action doivent toujours être présents à notre esprit quand nous parlons du problème de la liberté ; car l'action et la politique, parmi toutes les capacités et possibilités de la vie humaine, sont les seules choses dont nous ne pourrions même pas avoir l'idée sans présumer au moins que la liberté existe, et nous ne pouvons toucher à une seule question politique sans mettre le doigt sur une question où la liberté humaine est en jeu. La liberté, en outre, n'est pas seulement l'un des nombreux problèmes et phénomènes du domaine politique proprement dit comme la justice, le pouvoir ou l'égalité ; la liberté, qui ne devient que rarement – dans les périodes de crise ou de révolution – le but direct de l'action politique, est réellement la condition qui fait que des hommes vivent ensemble dans une organisation politique. Sans elle la vie politique comme telle serait dépourvue de sens. La *raison d'être* de la politique est la liberté, et son champ d'expérience est l'action.

Cette liberté, que nous prenons comme allant de soi dans toute théorie politique et que même ceux qui louent la tyrannie doivent encore prendre en compte, est l'opposée même de la liberté intérieure, cet espace intérieur dans lequel les hommes peuvent échapper à la contrainte extérieure et se *sentir* libres. Ce sentiment interne demeure sans manifestation externe, et de ce fait, par définition, ne relève pas de la politique. Quelle que puisse être sa légitimité, et si éloquemment qu'on ait pu le décrire dans l'Antiquité tardive, il est historiquement un phénomène tardif, et il fut à l'origine le résultat d'une retraite hors du monde dans laquelle des expériences mondaines furent transformées en expériences intérieures au moi. Les expériences de la liberté intérieure sont dérivées en cela qu'elles présupposent toujours un repli hors du monde, où la liberté était refusée, dans une intériorité à laquelle nul autre n'a accès. […]

Par conséquent, en dépit de la grande influence que le concept d'une liberté intérieure non politique a exercé sur la tradition de la pensée, il semble qu'on puisse affirmer que l'homme ne saurait rien de la liberté intérieure s'il n'avait d'abord expérimenté une liberté qui soit une réalité tangible dans le monde. Nous prenons conscience d'abord de la liberté ou de son contraire dans notre commerce avec d'autres, non dans le commerce avec nous-mêmes. »

Hannah ARENDT, La Crise de la culture

Thème : La liberté.

Thèse : La liberté, en permettant aux hommes de vivre ensemble, est le fondement de la politique.

L'auteur

Philosophe américaine d'origine allemande, née à Hanovre, Hannah Arendt (1906-1975), disciple de Heidegger, de Jaspers et de Husserl, est surtout connue pour ses travaux sur le totalitarisme. Juive, elle fuit le nazisme en quittant l'Allemagne en 1933, s'installe en France, puis aux États-Unis en 1941, où elle enseigne à l'université de Chicago puis à New York.

Dans *Les Origines du totalitarisme* (1951), elle analyse le totalitarisme comme la conséquence de la disparition des classes sociales et de la dépolitisation du monde moderne : « Les mouvements totalitaires sont des organisations massives d'individus atomisés et isolés. ». Dans la *Condition de l'homme moderne* (1958), elle étudie le nouveau modèle de « vie active » qui s'est imposé contre le modèle « contemplatif » en développant des valeurs fondées sur « le travail, l'œuvre et l'action » et en contribuant à occulter les anciens repères inscrits dans la tradition. *La Crise de la culture* (1961) et l'*Essai sur la révolution* (1963) analysent comment les révolutions démocratiques modernes ont transformé une société fondée sur des valeurs de liberté en une société reposant sur la toute-puissance de l'État et de la bureaucratie.

– 1989

« Il n'y aurait qu'à jouir de ces beaux fruits de l'art historique et nulle objection ne s'élèverait contre leur usage, si la politique n'en était tout influencée. Le passé, plus ou moins fantastique, ou plus ou moins organisé après coup, agit sur le futur avec une puissance comparable à celle du présent même. Les sentiments et les ambitions s'excitent de souvenirs de lectures, de souvenirs de souvenirs, bien plus qu'ils ne résultent de perceptions et de données actuelles. Le caractère réel de l'histoire est de prendre part à l'histoire même. L'idée du passé ne prend un sens et ne constitue une valeur que pour l'homme qui se trouve en soi-même une passion de l'avenir. L'avenir, par définition, n'a point d'image. L'histoire lui donne les moyens d'être pensé. Elle forme pour l'imagination une table de situations et de catastrophes, une galerie d'ancêtres, un formulaire d'actes, d'expressions, d'attitudes, de décisions, offerts à notre instabilité et à notre incertitude, pour nous aider à devenir. Quand un homme ou une assemblée, saisis de circonstances pressantes ou embarrassantes, se trouvent contraints d'agir, leur délibération considère bien moins l'état même des choses en tant qu'il ne s'est jamais présenté jusque-là, qu'elle ne consulte ses souvenirs imaginaires. Obéissant à une sorte de loi de moindre action, répugnant à créer, à répondre par l'invention à l'originalité de la situation, la pensée hésitante tend à se rapprocher de l'automatisme ; elle sollicite les précédents et se livre à l'esprit historique qui l'induit à se souvenir d'abord, même quand il s'agit de disposer pour un cas tout à fait nouveau. L'histoire alimente l'histoire. »

Paul VALÉRY

Thème : L'histoire.

Thèse : L'homme politique recherche dans le passé des recettes pour agir sur le présent et l'avenir.

L'auteur

Paul Valéry, poète et essayiste français (1871-1945), passionné de poésie (Hugo, Baudelaire, Verlaine, Mallarmé…), renonce à la poésie en 1892. Rédacteur au ministère de la Guerre, puis secrétaire à l'agence Havas, il lit, réfléchit, étudie les mathématiques. Il publie en 1919 *La Soirée avec M. Teste*, témoin de lui-même, figure de l'esprit qui se construit en réfléchissant comme le fait quotidiennement Valéry dans ses deux cent cinquante-sept cahiers (psychologie, épistémologie, méthodologie, réflexions sur l'histoire, les techniques, les civilisations…).

Sous l'influence d'André Gide, Valéry publie en 1920 ses poèmes de jeunesse dans *L'Album de vers anciens* auquel il ajoute *La Jeune Parque*, long poème en alexandrins, allégorie de la lutte entre l'intelligence et l'instinct. En 1929, Valéry publie un nouveau recueil, *Charmes*, qui contient *Le Cimetière marin*, tragédie de l'intelligence dont chaque poème constitue un pas vers la connaissance.

Valéry produit ensuite des essais, articles, préfaces, conférences, rassemblés dans *Variété* (de *I* en 1924 à *V* en 1944) et *Tel Quel*. Partagé entre le refus du monde et la vie mondaine, l'ascèse et la sensualité, il apparaît comme un précurseur de nouvelles formes d'écriture, comme l'OuLiPo, Ouvroir de Littérature Potentielle.

– 1990

« Je n'ignore pas cette croyance fort répandue : les affaires de ce monde sont gouvernées par la fortune et par Dieu ; les hommes ne peuvent rien y changer, si grande soit leur sagesse ; il n'existe même aucune sorte de remède ; par conséquent, il est tout à fait inutile de suer sang et eau à vouloir les corriger, et il vaut mieux s'abandonner au sort. Opinion qui a gagné du poids en notre temps, à cause des grands bouleversements auxquels on assiste chaque jour, et que nul n'aurait jamais pu prévoir. Si bien qu'en y réfléchissant moi-même, il m'arrive parfois de l'accepter. Cependant, comme notre libre arbitre ne peut disparaître, j'en viens à croire que la fortune est maîtresse de la moitié de nos actions, mais qu'elle nous abandonne à peu près l'autre moitié. Je la vois pareille à une rivière torrentueuse qui dans sa fureur inonde les plaines, emporte les arbres et les maisons, arrache la terre d'un côté, la dépose de l'autre ; chacun fuit devant elle, chacun cède à son assaut, sans pouvoir dresser aucun obstacle. Et bien que sa nature soit telle, il n'empêche que les hommes, le calme revenu, peuvent prendre certaines dispositions, construire des digues et des remparts, en sorte que la nouvelle crue s'évacuera par un canal ou causera des ravages moindres. Il en est de même de la fortune : elle fait la démonstration de sa puissance là où aucune vertu ne s'est préparée à lui résister ; elle tourne ses assauts où elle sait que nul obstacle n'a été construit pour lui tenir tête. Si maintenant vous considérez l'Italie, siège et berceau de ces bouleversements, vous verrez que c'est une campagne sans digues et sans remparts d'aucune sorte ; car si elle était protégée par une solide vertu, comme le sont l'Allemagne, l'Espagne, la France, l'inondation n'aurait pas produit de si grands ravages ; sans doute n'aurait-elle pas eu lieu.

Je ne veux rien ajouter sur les moyens d'endiguer la fortune en général. Mais si j'en viens au particulier, je vois tel prince être aujourd'hui heureux et demain ruiné sans avoir entre-temps changé de politique. Cela vient d'abord, me semble-t-il, des raisons longuement exposées ci-dessus : ce prince s'appuie totalement sur la fortune, et il tombe quand elle tourne. Ensuite celui qui sait adapter sa conduite aux circonstances sera plus sûrement heureux que son collègue qui n'a pas appris cet art. Chaque homme vise aux mêmes buts, qui sont les honneurs et la richesse mais ils emploient pour les atteindre des moyens variés : l'un la prudence, l'autre la fougue, l'un la violence, l'autre l'astuce ; celui-ci la patience, celui-là la promptitude et toutes ces méthodes sont bonnes en soi. »

MACHIAVEL, Le Prince

Thème : Le destin.

Thèse : L'homme, s'il ne maîtrise pas le destin, peut exercer son libre arbitre pour transformer ce destin en dessein.

L'auteur

Niccolo Machiavelli, dit Machiavel (1469-1527) : Florentin, secrétaire de la république de Florence sous César Borgia (1475-1507), investi d'importantes missions diplomatiques, il est écarté de la vie politique par les Médicis, et écrit *Le Prince* en 1513. Son œuvre rompt avec la tradition médiévale en fondant l'action du Prince non sur la vertu mais sur l'efficacité, autour de la question centrale qui fait la modernité du *Prince :* comment conquérir et exercer le pouvoir ? La fabrication du mot « machiavélique » à partir de son nom prouve combien cette œuvre fascine.

Pour fonder un État stable capable de faire respecter l'ordre, le Prince doit être « un homme habile ou bien secondé par la fortune » (du latin *fortuna*, le sort, que l'on trouve dans l'expression « faire contre mauvaise fortune bon cœur » ; on retrouve ce mot dans le texte ci-dessus) ; il doit savoir s'entourer (« Il est plus sûr d'être craint que d'être aimé ») et bien pratiquer la cruauté afin d'asseoir son pouvoir ; mauvaises seraient des cruautés répétées tout au long de son règne : elles entretiendraient un sentiment d'insécurité. Soucieux de sa réputation, le Prince doit savoir manipuler l'opinion. « Ce que l'on considère, c'est le résultat. » : s'il parvient à rester au pouvoir, non pas tant pour l'exercice du pouvoir lui-même que dans l'intérêt de son peuple, « tous les moyens qu'il aura pris seront jugés honorables ». En termes plus modernes, la fin justifie les moyens…

– 1991

« Le gouvernement arbitraire d'un prince juste et éclairé est toujours mauvais. Ses vertus sont la plus dangereuse et la plus sûre des séductions : elles accoutument insensiblement un peuple à aimer, à respecter, à servir son successeur quel qu'il soit, méchant et stupide. Il enlève au peuple le droit de délibérer, de vouloir ou ne vouloir pas, de s'opposer même à sa volonté, lorsqu'il ordonne le bien ; cependant ce droit d'opposition, tout insensé qu'il est, est sacré : sans quoi les sujets ressemblent à un troupeau dont on méprise la réclamation, sous prétexte qu'on le conduit dans de gras pâturages. En gouvernant selon son bon plaisir, le tyran commet le plus grand des forfaits. Qu'est-ce qui caractérise le despote ? Est-ce la bonté ou la méchanceté ? Nullement ; ces deux notions n'entrent pas seulement dans sa définition. C'est l'étendue et non l'usage de l'autorité qu'il s'arroge. Un des grands malheurs qui pût arriver à une nation, ce serait deux ou trois règnes d'une puissance juste, douce, éclairée, mais arbitraire : les peuples seraient conduits par le bonheur à l'oubli complet de leurs privilèges, au plus parfait esclavage. Je ne sais si jamais un tyran et ses enfants se sont avisés de cette redoutable politique ; mais je ne doute aucunement qu'elle ne leur eût réussi. Malheur aux sujets en qui on anéantit tout ombrage sur leur liberté, même par les voies les plus louables en apparence. Ces voies n'en sont que plus funestes pour l'avenir. C'est ainsi que l'on tombe dans un sommeil fort doux, mais dans un sommeil de mort, pendant lequel le sentiment patriotique s'éteint, et l'on devient étranger au gouvernement de l'État. »

DIDEROT, *Réfutation de l'homme d'Helvétius*

Thème : Le despotisme.

Thèse : Le pire despote est celui qui, se faisant aimer, fait oublier au peuple qu'il a vocation à décider et à s'opposer.

L'auteur

Denis Diderot (1713-1784), philosophe et écrivain français, est le maître d'œuvre de l'*Encyclopédie ou Dictionnaire raisonné des sciences, des arts et des métiers, par une société de gens de lettres*, plus généralement appelée l'*Encyclopédie*.

Fils aîné d'une famille de couteliers, promis à l'état ecclésiastique auquel il renonce, il étudie les mathématiques, les langues anciennes, l'anglais, vit d'expédients.

En 1746, il fait paraître ses *Pensées philosophiques* et entreprend en 1747 la publication de l'*Encyclopédie*, parue de 1751 à 1772, certainement l'œuvre la plus représentative du XVIIIe siècle, baptisé « siècle des Lumières » : rejetant les vérités indémontrables (théologie, métaphysique) et la tradition, les « philosophes » de ce siècle cherchent à éclairer de la lumière de la raison les fondements de la vie de l'homme en société ; leur entreprise repose sur leur confiance dans la raison humaine pour répondre à toutes les questions et sur leur foi dans le progrès qui rendra les hommes plus heureux : la connaissance n'est plus réservée à quelques-uns, mais, proposée à tous, elle sera l'instrument du bonheur de l'homme, dont l'esprit a vocation à embrasser l'ensemble des savoirs.

Pour rédiger cette Encyclopédie, Diderot fait appel à des « spécialistes » célèbres comme Jean Le Rond d'Alembert, physicien et mathématicien français (1717-1783), Charles de Secondat, baron de la Brède et de Montesquieu, homme de lettres et philosophe (né en 1689, tout juste un siècle avant la Révolution française, mort en 1755), célèbre auteur des *Lettres persanes* (1721) et *De l'esprit des lois* (1748, tout juste un siècle avant la révolution de 1848).

Parallèlement, Diderot publie *Les Bijoux indiscrets*, roman libertin et satirique, en 1748, *La Lettre sur les aveugles à l'usage de ceux qui voient*, en 1749, qui cherche à réfuter les arguments prouvant l'existence de Dieu et lui vaut quelques mois d'emprisonnement à Vincennes.

CULTURE GÉNÉRALE

Auteur dramatique (*Le Fils naturel*, *Le Père de famille*) et critique d'art, il compose ensuite ses œuvres restées les plus célèbres, *La Religieuse* (1760), *Le Neveu de Rameau* (1762, puis 1777), *Le Rêve de d'Alembert* (1769), *Le Paradoxe sur le comédien* (1770, remanié en 1773 et 1778), *Le Supplément au voyage de Bougainville* (1772) et *Jacques le Fataliste et son maître* (1765, remanié en 1773).

– 1992

« Je me résume, Messieurs. L'homme n'est esclave ni de sa race, ni de sa langue, ni de sa religion, ni du cours des fleuves, ni de la direction de chaînes de montagnes. Une grande agrégation d'hommes, saine d'esprit et chaude de cœur, crée une conscience morale qui s'appelle une nation. Tant que cette conscience morale prouve sa force par les sacrifices qu'exige l'abdication de l'individu au profit d'une communauté, elle est légitime, elle a le droit d'exister. Si des doutes s'élèvent sur ses frontières, consultez les populations disputées. Elles ont bien le droit d'avoir un avis sur la question. Voilà qui fera sourire les transcendants de la politique, ces infaillibles qui passent leur vie à se tromper et qui, du haut de leurs principes supérieurs, prennent en pitié notre terre-à-terre. "Consulter les populations, fi donc ! Quelle naïveté ! Voilà bien ces chétives idées françaises qui prétendent remplacer la diplomatie et la guerre par des moyens d'une simplicité enfantine." – Attendons, Messieurs ; laissons passer le règne des transcendants ; sachons subir le dédain des forts. Peut-être, après bien des tâtonnements infructueux, reviendra-t-on à nos modestes solutions empiriques. Le moyen d'avoir raison dans l'avenir est, à certaines heures, de savoir se résigner à être démodé. »

Ernest RENAN

Thème : La nation.

Thèse : N'en déplaise aux penseurs politiques, une communauté d'hommes constitués en nation peut décider elle-même de son devenir.

L'auteur

Ernest Renan (1823-1892), philologue français et historien des religions, mène une brillante carrière universitaire : nommé professeur au Collège de France en 1862, il est révoqué en 1864 par Napoléon III, à la suite de la publication de sa *Vie de Jésus*, premier des sept volumes de l'*Histoire des origines du christianisme* (1863-1883), suivis de l'*Histoire du peuple d'Israël* en cinq volumes (1887-1893). L'ouvrage connaît un immense retentissement en Europe, suscite d'innombrables controverses et contribue de façon décisive à désacraliser la critique biblique et à fonder une exégèse laïque en France.

Élu à l'Académie française en 1878, administrateur du Collège de France en 1883, il incarne à sa mort, en 1892, la figure de la culture universelle, laïque et républicaine.

Dans *L'Avenir de la science* (écrit en 1848 et publié en 1890), Renan développe l'idée que la philosophie gouvernera le monde et fera disparaître la politique : une révolution morale, religieuse, renouvellera le monde.

La Réforme intellectuelle et morale de la France (1871) analyse les causes de la défaite française : « Un pays démocratique ne peut être bien gouverné, bien administré, bien commandé. » Au-delà de corrections indispensables à la démocratie (suffrage indirect, décentralisation, colonisation, Chambre des intérêts et des capacités…), il faut conduire une réforme « intellectuelle et morale » qui suppose notamment une réforme de l'enseignement.

Le 11 mars 1882, Renan prononce à la Sorbonne sa célèbre conférence : « Qu'est-ce qu'une nation ? » dans laquelle il fait reposer celle-ci non seulement sur la langue, la géographie, la race... mais aussi sur une volonté de vivre ensemble fondée sur un passé commun et un avenir à bâtir : « C'est l'aboutissement d'un long passé d'efforts, de sacrifices et de dévouements, avoir des gloires communes dans le passé, une volonté commune dans le présent, avoir fait de grandes choses ensemble, vouloir en faire encore, voilà les questions essentielles pour être un peuple ». « L'existence d'une nation est un plébiscite de tous les jours. » En même temps, la nation est décrite comme un patrimoine à faire fructifier : « La possession en commun d'un riche legs de souvenirs. », « faire valoir l'héritage qu'on a reçu indivis ».

– 1993

« La plupart des erreurs relatives au beau naissent de la fausse conception du XVIIIᵉ siècle relative à la morale. La nature fut prise en ce temps-là comme base, source et type de tout bien et de tout beau possibles. La négation du péché originel ne fut pas pour peu de chose dans l'aveuglement général de cette époque. Si toutefois nous consentons à en référer simplement au fait visible, à l'expérience de tous les âges et à la *Gazette des tribunaux*, nous verrons que la nature n'enseigne rien, c'est-à-dire qu'elle contraint l'homme à dormir, à boire, à manger, à se garantir tant bien que mal contre les hostilités de l'atmosphère. C'est elle aussi qui pousse l'homme à tuer son semblable, à le manger, à le séquestrer, à le torturer ; car, sitôt nous sortons de l'ordre des nécessités et des besoins pour entrer dans celui du luxe et des plaisirs, nous voyons que la nature ne peut conseiller que le crime. C'est cette infaillible nature qui a créé l'homicide et l'anthropophagie, et mille autres abominations que la pudeur et la délicatesse nous empêchent de nommer. C'est la philosophie – je parle de la bonne –, c'est la religion qui nous ordonnent de nourrir des parents pauvres et infirmes. La nature – qui n'est pas autre chose que la voix de nos intérêts – nous commande de les assommer. Passez en revue, analysez tout ce qui est naturel, toutes les actions et tous les désirs du pur homme naturel, vous ne trouverez rien que d'affreux. Tout ce qui est beau et noble est le résultat de la raison et du calcul. Le crime, dont l'animal humain a puisé le goût dans le ventre de sa mère, est originellement naturel. La vertu au contraire est *artificielle*, surnaturelle, puisqu'il a fallu, dans tous les temps et dans toutes les nations, des dieux et des prophètes pour l'enseigner à l'humanité animalisée, et que l'homme *seul* eût été impuissant à le découvrir. Le mal se fait sans effort, *naturellement* par fatalité ; le bien est toujours le produit d'un art. »

Charles BAUDELAIRE, *Le Peintre de la peinture moderne* (1860)

Thème : Nature et culture.

Thèse : L'homme naît naturellement mauvais, la culture peut le rendre bon.

L'auteur

L'histoire de Charles Baudelaire (1821-1867) est suffisamment connue pour qu'on ne l'évoque que brièvement : il a 7 ans lorsque sa mère, devenue veuve, épouse le commandant Aupick. À 20 ans, son beau-père le contraint à s'embarquer pour les Indes : il rentre en France en 1842 après s'être arrêté à la Réunion et rencontre Jeanne Duval, « Vénus noire ». L'héritage paternel lui permet de mener une vie de dandy avant d'être placé sous tutelle et contraint de travailler.

Critique d'art, traducteur d'Edgar Allan Poe, il fait paraître en 1857 le recueil *Les Fleurs du mal* et se voit intenter un procès pour « outrage à la morale publique et aux bonnes mœurs » qui le condamne à une forte amende et au retrait de six poèmes. Il s'inscrit en rupture avec la tradition poétique en faisant jaillir le sublime (« fleur ») du trivial (« le mal »), mêlant le lyrisme à la recherche de la perfection de la forme. Pour échapper au « spleen » (ennui et dégoût de la vie), il recourt au langage poétique seul capable de transformer la « boue » en « or ».

« La sottise, l'erreur, le péché, la lésine,
Occupent nos esprits et travaillent nos corps,
Et nous alimentons nos aimables remords,
Comme les mendiants nourrissent leur vermine. [...]
Si le viol, le poison, le poignard, l'incendie,
N'ont pas encor brodé de leurs plaisants dessins
Le canevas banal de nos piteux destins,
C'est que notre âme, hélas ! n'est pas assez hardie. [...] »

Moins célèbre, son œuvre critique est considérable : ses critiques littéraires (Poe, Gautier, Flaubert, Victor Hugo) sont regroupées dans *L'Art romantique* (1869), ses critiques d'art dans *Curiosités esthétiques* (comptes rendus des Salons de 1845, de 1846 et de 1859, de l'Exposition universelle de 1855, sur Constantin Guys, *Le Peintre de la vie moderne*, sur Eugène Delacroix).

Chantre de la modernité (une toile doit représenter son époque, concilier le transitoire et l'universel) et du « bizarre » (« le Beau contient toujours un peu de bizarrerie, de bizarrerie naïve, non voulue, inconsciente, et c'est cette bizarrerie qui le fait être particulièrement beau. », *Exposition universelle de 1855*), il valorise l'exagération, la « tricherie heureuse » comme principe esthétique (Daumier, Goya, Delacroix).

– 1994

« J'avoue que je ne m'accommode pas bien de l'expression dont se servent des hommes pourtant avisés : tel peuple (que l'on conçoit en train d'élaborer sa liberté légale) n'est pas mûr pour la liberté, les serfs d'un propriétaire terrien ne sont pas encore mûrs pour la liberté ; et ainsi de même : les hommes en général ne sont pas encore mûrs pour la liberté de croire. Mais suivant une telle hypothèse la liberté ne surgira jamais. Car on ne peut pas *mûrir* pour la liberté si l'on n'a pas été préalablement mis en liberté (on doit être libre pour se servir utilement de ses forces dans la liberté). Les premières tentatives seront sans doute grossières et généralement liées à un état plus pénible et plus périlleux que si l'on se trouvait sous les ordres, mais aussi sous la prévoyance d'autrui ; seulement on ne mûrit jamais pour la raison autrement que par ses *propres* tentatives (qu'on doit être libre d'entreprendre). Je ne suis pas opposé à ce que ceux qui détiennent le pouvoir entre leurs mains, contraints par les circonstances, renvoient encore loin et même très loin l'affranchissement de ces trois chaînes. Mais ériger en principe que la liberté en général ne vaut rien pour ceux qui se sont trouvés soumis à eux, et que l'on soit autorisé de les en écarter pour toujours, c'est là une atteinte aux droits régaliens [1] de la divinité elle-même, qui a créé l'homme

---

1. Droits attachés à la souveraineté : « régalien » est une forme ancienne pour « royal », qui a subsisté dans le vocabulaire juridique.

pour la liberté. Évidemment il est plus commode de gouverner dans l'État, la famille et l'Église, quand on peut faire aboutir un pareil principe. Mais est-ce plus juste ? »

Emmanuel KANT

Thème : La liberté des peuples et des personnes.

Thèse : Il serait injuste de priver trop longtemps les peuples et les personnes de l'usage de la liberté sous prétexte qu'ils n'y sont point prêts.

L'auteur

Nous n'avons pas l'ambition de retraduire ici en quelques lignes la philosophie d'Emmanuel Kant, mais quelques repères sur cet auteur souvent retenu pour les épreuves d'examens et de concours semblent s'imposer...

Emmanuel Kant (1724-1804), philosophe allemand, est né à Königsberg en Prusse-Orientale (aujourd'hui Kaliningrad en Russie) ; premier grand philosophe à enseigner régulièrement à l'université, sa vie entière est consacrée à l'enseignement et à l'étude.

Son œuvre maîtresse, *Critique de la raison pure*, fruit de onze ans de travail, paraît en 1781, suivie de *Critique de la raison pratique* (1788) et de *Critique de la faculté de juger* (1790).

Sa philosophie est une philosophie de la liberté, qui arrache l'homme au déterminisme pour le faire accéder à l'autonomie intellectuelle et morale. Elle récuse la théologie traditionnelle et le principe de Dieu comme raison suffisante, cause explicative de l'univers.

Sa pensée s'oriente vers la philosophie pratique et porte sur le rapport de l'expérience humaine aux idées et aux concepts, les repoussant lorsqu'ils tendent à enfermer, altérer ou réduire celle-ci. La philosophie n'est plus un savoir qui pourrait sauver l'homme ou qui le délivrerait de toutes choses, comme chez Platon ou Spinoza, mais une critique du savoir comme substitut de l'expérience.

Dans *Le Conflit des facultés*, Kant voit dans l'enthousiasme révolutionnaire de 1789 l'exercice d'« une disposition morale du genre humain » : la constitution d'un peuple en république assure « négativement le progrès du genre humain, malgré toute son activité, en lui garantissant que, du moins, il ne sera pas entravé dans son progrès ».

Pour Kant, chaque génération a vocation à en éduquer une autre (l'homme n'est pas naturellement mauvais : l'éducation n'a pas à combattre ses instincts mais à le guider dans son développement), permettant ainsi les progrès de l'humanité. Vision optimiste d'une humanité qui, comme l'homme, a vocation à progresser vers le bien...

– 1995

« La vraie vie, la vie enfin découverte et éclaircie, la seule vie par conséquent réellement vécue, c'est la littérature ; cette vie qui, en un sens, habite à chaque instant chez tous les hommes aussi bien que chez l'artiste. Mais ils ne la voient pas, parce qu'ils ne cherchent pas à l'éclaircir. Et ainsi leur passé est encombré d'innombrables clichés qui restent inutiles parce que l'intelligence ne les a pas "développés". Notre vie, et aussi la vie des autres. Le style pour l'écrivain, aussi bien que la couleur pour le peintre, est une question non de technique, mais de vision. Il est la révélation qui serait impossible par des moyens directs et conscients, de la différence qualitative qu'il y a dans la façon dont nous apparaît le monde, différence qui, s'il n'y avait pas l'art, resterait le secret éternel de chacun. Par

l'art seulement nous pouvons sortir de nous, savoir ce que voit un autre de cet univers qui n'est pas le même que le nôtre, et dont les paysages nous seraient restés aussi inconnus que ceux qu'il peut y avoir dans la lune. Grâce à l'art, au lieu de voir un seul monde, le nôtre, nous le voyons se multiplier, et, autant qu'il y a d'artistes originaux, autant nous avons de mondes à notre disposition, plus différents les uns des autres que ceux qui roulent dans l'infini et, bien des siècles après qu'est éteint le foyer dont il émanait, qu'il s'appelât Rembrandt ou Vermeer, nous envoient encore leur rayon spécial. »

Marcel PROUST

Thème : L'art, la littérature.

Thèse : La fréquentation des œuvres d'art et des œuvres littéraires nous permet d'accéder à d'autres visions du monde que la nôtre.

L'auteur

Là encore, quelques points de repère…

Marcel Proust (1871-1922), fils d'un médecin et d'une mère issue de la grande bourgeoisie juive, grandit à Paris et à Illiers, village de la Beauce dans lequel il passe ses vacances. Très jeune, il fréquente les milieux mondains parisiens.

C'est à partir de 1908 qu'il se consacre pleinement à ce qui deviendra *À la recherche du temps perdu : Du côté de chez Swann* d'abord publié à compte d'auteur en 1913 après avoir été refusé par plusieurs éditeurs, *À l'ombre des jeunes filles en fleurs* en 1919 (il obtient le prix Goncourt), les deux tomes du *Côté de Guermantes* (1920 et 1921) et de *Sodome et Gomorrhe* (1921 et 1922). Les derniers volumes sont publiés après sa mort : *La Prisonnière* en 1923, *Albertine disparue* en 1925, *Le Temps retrouvé* en 1927, *Jean Santeuil*, roman de jeunesse, en 1952, *Contre Sainte-Beuve* en 1954.

À la recherche du temps perdu est une somme romanesque, tout à la fois roman psychologique, sociologique, initiatique, poétique, philosophique, autobiographique… qui s'attache à faire revivre un milieu bourgeois en pleine mutation. L'auteur écrit à la première personne (sauf *Un amour de Swann*), et son œuvre s'achève sur la décision du narrateur d'écrire le roman que l'on vient de lire.

À la recherche est ainsi le récit du temps écoulé entre l'instant vécu et l'écriture de cet instant, en même temps que le récit d'une vocation en train de se trouver. On a parlé d'une véritable « révolution proustienne », déterminante pour tous ceux qui ont écrit après Proust.

– 1996

« Nous ne nous tenons jamais au temps présent. Nous anticipons l'avenir comme trop lent à venir, comme pour hâter son cours, ou nous rappelons le passé pour l'arrêter comme trop prompt, si imprudents que nous errons dans des temps qui ne sont point nôtres, et ne pensons point au seul qui nous appartient, et si vains que nous songeons à ceux qui ne sont rien, et échappons sans réflexion le seul qui subsiste. C'est que le présent d'ordinaire nous blesse. Nous le cachons à notre vue parce qu'il nous afflige, et s'il nous est agréable nous regrettons de le voir échapper. Nous tâchons de le soutenir par l'avenir, et pensons disposer les choses qui ne sont pas en notre puissance pour un temps où nous n'avons aucune assurance d'arriver.

Que chacun examine ses pensées. Il les trouvera toutes occupées au passé ou à l'avenir. Nous ne pensons presque point au présent, et si nous y pensons ce n'est que pour en prendre la lumière pour disposer de l'avenir. Le présent n'est jamais notre fin. Le passé et le présent sont nos moyens ; le seul avenir est notre fin. Ainsi nous ne vivons jamais, mais nous espérons de vivre, et nous disposant toujours à être heureux il est inévitable que nous ne le soyons jamais. »

Blaise PASCAL

Thème : La condition humaine.

Thèse : Regrettant le présent devenu passé, ou espérant en l'avenir, nous ne vivons jamais le présent.

L'auteur

Avec la même modestie que pour Kant, quelques repères sur Blaise Pascal (1623-1662) :

« Effrayant génie » (Chateaubriand) qui écrit à 11 ans un traité sur la propagation des sons, retrouve seul à 12 ans les trente-deux premières propositions d'Euclide, réalise la première machine à calculer, Pascal concilie ardeur religieuse (la famille Pascal se convertit à un christianisme austère, le jansénisme, en 1646) et études scientifiques, distinguant entre sciences d'autorité, pour lesquelles les vérités sont révélées dans les Écritures, et les sciences de raisonnement fondées sur la raison et l'expérimentation. Vérifiant les découvertes de Torricelli, il découvre l'existence du vide et la pesanteur de l'air.

Au terme d'une période mondaine de 1651 à 1654, il se retire à l'abbaye de Port-Royal en janvier 1655, après une méditation et une extase mystique consignées dans le *Mémorial* la nuit du 23 novembre 1654 : dans les *Provinciales* (1656-1657), il met son talent au service de la cause des jansénistes opposés aux jésuites à propos de la question de la grâce (pour les jansénistes, la grâce n'est pas donnée à tous les hommes, elle n'est pas donnée à tous les justes qui ont besoin de la miséricorde divine).

Plus abordables que les *Provinciales*, les *Pensées*, recueil de notes destinées à une *Apologie de la religion chrétienne* inachevée, combattues par les philosophes du XVIIIe siècle, réhabilitées par les romantiques au XIXe siècle, décrivent la misère de l'homme sans Dieu, perdu entre l'infiniment grand et l'infiniment petit, incapable de parvenir à la vérité, égaré par « les puissances trompeuses », imagination, coutume, amour-propre, incapable de concevoir la justice, réduit au « divertissement » (de *divertere*, se détourner de) pour se consoler de sa condition ; mais l'homme est aussi grand par sa pensée et son aspiration à l'infini. Seule la religion chrétienne, qui explique la double nature de l'homme par la chute originelle, peut réconcilier l'homme avec lui-même. L'homme a tout intérêt à parier que Dieu existe.

Grand par sa pensée ? « L'homme n'est qu'un roseau, le plus faible de la nature, mais c'est un roseau pensant. Il ne faut pas que l'univers entier s'arme pour l'écraser : une vapeur, une goutte d'eau, suffit pour le tuer. Mais, quand l'univers entier l'écraserait, l'homme serait encore plus noble que ce qui le tue, parce qu'il sait qu'il meurt, et l'avantage que l'univers a sur lui ; l'univers n'en sait rien. »

Le pari ? « Pesons le gain et la perte, en prenant croix que Dieu est. Estimons ces deux cas : si vous gagnez, vous gagnez tout ; si vous perdez, vous ne perdez rien. Gagez donc qu'il est, sans hésiter. »

« La machine, qui semble une force tout aristocratique par la centralisation des capitaux qu'elle suppose, n'en est pas moins, par le bon marché et la vulgarisation de ses produits, un très puissant agent du progrès démocratique ; elle met à la portée des plus pauvres une foule d'objets d'utilité, de luxe même et d'art, dont ils ne pouvaient approcher. La laine, grâce à Dieu, a descendu partout au peuple et le réchauffe. La soie commence à le parer. Mais la grande et capitale révolution a été l'indienne. Il a fallu l'effort combiné de la science et de l'art pour forcer un tissu rebelle, ingrat, le coton, à subir chaque jour tant de transformations brillantes, puis transformé ainsi, le répandre partout, le mettre à la portée des pauvres. Toute femme portait jadis une robe bleue ou noire qu'elle gardait dix ans sans la laver, de peur qu'elle ne s'en allât en lambeaux. Aujourd'hui, son mari, pauvre ouvrier, au prix d'une journée de travail, la couvre d'un vêtement de fleurs. Tout ce peuple de femmes qui présente sur nos promenades un éblouissant iris de mille couleurs, naguère était en deuil.

Ces changements, qu'on croit futiles, ont une portée immense. Ce ne sont pas là de simples améliorations matérielles, c'est un progrès du peuple dans l'extérieur et l'apparence, sur lesquels les hommes se jugent entre eux ; c'est, pour ainsi parler, l'égalité visible. Il s'élève par là à des idées nouvelles qu'autrement il n'atteignait pas ; la mode et le goût sont pour lui une initiation dans l'art. Ajoutez, chose plus grave encore, que l'habit impose à celui même qui le porte ; il veut en être digne, et s'efforce d'y répondre par sa tenue morale.

Il ne faut pas moins, en vérité, que ce progrès de tous, l'avantage évident des masses, pour nous faire accepter la dure condition dont il faut l'acheter, celle d'avoir, au milieu d'un peuple d'hommes, un misérable petit peuple d'hommes-machines qui vivent à moitié, qui produisent des choses merveilleuses, et qui ne se reproduisent pas eux-mêmes, qui n'engendrent que pour la mort, et ne se perpétuent qu'en absorbant sans cesse d'autres populations qui se perdent là pour toujours. »

Jules MICHELET

Thème : Le progrès technique.

Thèse : La machine contribue à l'égalité des hommes en permettant au plus grand nombre de jouir de biens jusqu'alors réservés à une minorité.

L'auteur

Jules Michelet (1798-1874), historien français, spécialiste de la Révolution française.

Né à Paris d'un petit artisan imprimeur qui se sacrifie pour assurer l'instruction de son fils, licencié et docteur ès lettres, il choisit d'enseigner et obtient l'agrégation en 1821. Après dix années pendant lesquelles il pratique, en marge de son enseignement, l'« héroïsme de l'esprit », il publie en 1830 son *Histoire romaine*, et, en 1831, son *Introduction à l'histoire universelle*, dans laquelle il conçoit la suite des siècles comme un combat de la liberté contre la fatalité, un « Juillet éternel ».

De 1833 à 1844, il publie les six premiers tomes de l'*Histoire de France*, du Moyen Âge à la mort de Louis XI, véritable épopée du peuple français né d'un mélange de races s'enracinant dans une terre qui détermine son destin. Depuis 1838, il enseigne l'histoire au Collège de France où ses cours font rapidement scandale par leur anticléricalisme et leur libéralisme affichés. Il écrit ensuite, de 1847 à 1853, l'*Histoire de la Révolution française*.

À la différence de ses contemporains, comme Thiers, Guizot, Lamartine, Michelet donne au peuple, pris comme un acteur collectif essentiel, un rôle prépondérant dans l'histoire de la Révolution. Proche des Montagnards, il accorde une place centrale aux journées révolutionnaires et aux mouvements sociaux, qu'il retrace avec un souffle épique. Il privilégie les archives manuscrites (Préfecture de police de Paris et Archives nationales), et recueille de nombreux témoignages oraux.

Dans *Les Jésuites* (1844) puis dans *Le Prêtre*, Michelet dénonce la trahison du peuple par l'Église romaine : il voit en la Révolution une seconde Révélation qui inaugure l'ère de la justice. Il prône un enseignement républicain pour promouvoir cette nouvelle religion.

Michelet perd sa chaire au Collège de France pour avoir refusé de prêter serment après le coup d'État de Louis Napoléon Bonaparte le 2 décembre 1851 et achève à Nantes la rédaction de l'*Histoire de la Révolution*.

Dans *La Sorcière* (1862), il analyse le rôle salutaire de la sorcellerie dans la culture médiévale, servant la nature et préférant le sabbat à la culture d'Église officielle.

Les neuf derniers volumes (dix-sept au total) de l'*Histoire de France* paraissent de 1856 à 1869 : son analyse de l'œuvre des philosophes des Lumières y est plus éclairante que son approche de la monarchie.

Reconnu à la fois comme historien et comme écrivain, Jules Michelet peut être considéré comme le fondateur de l'histoire scientifique française.

– 1998

« Mieux vaudrait n'avoir aucune idée de Dieu qu'une idée indigne de lui ; car si l'une est incroyance, l'autre est insolence, et la superstition, sans nul doute, est un blâme à la divinité. Plutarque à ce propos dit très justement : "Je préférerais certes de beaucoup qu'on dise que Plutarque n'a pas existé, plutôt que de dire qu'il y eût un certain Plutarque, lequel dévorait ses enfants dès leur naissance", comme les poètes le racontent de Saturne. Et plus l'insolence est grande à l'égard de Dieu, plus elle est dangereuse à l'égard des hommes. L'athéisme laisse à l'homme le bon sens, la philosophie, la charité naturelle, les lois et l'honneur, qui peuvent tous, à défaut de religion, lui servir de guides vers une moralité extérieure ; mais la superstition les détrône tous pour ériger dans leurs âmes une monarchie absolue. C'est pourquoi l'athéisme n'a jamais troublé les États, car il rend les hommes prudents pour eux-mêmes, puisqu'ils n'ont point d'au-delà, et l'on constate que des époques qui inclinent à l'athéisme, comme celles d'Auguste, furent des époques paisibles. Mais la superstition a causé la ruine de bien des États, et elle introduit un nouveau *Primum mobile*[1], qui entraîne toutes les sphères du gouvernement. »

Francis BACON

Thème : La superstition.

Thèse : L'athéisme est de loin préférable à la superstition, qui met en péril les hommes et les États.

_____
1. Premier moteur

L'auteur

Francis Bacon (1561-1626), philosophe anglais, naît à Londres le 22 janvier 1561, étudie à Cambridge, devient conseiller de la reine d'Angleterre, Elisabeth Ire puis de James Ier. Accusé de corruption en 1620 par le Parlement, il est réhabilité par le roi en 1621 mais interdit d'activité politique.

Auteur d'ouvrages philosophiques, *L'Avancement des sciences* (1605), *Novum Organum ou De l'interprétation de la nature* (1620), il décrit la nature comme régie par des lois qui existent antérieurement et indépendamment des fictions que l'esprit humain peut créer à son propos : la connaissance est victime de « distorsions », les « idoles de la tribu » (croyances communes à tous les hommes), les « idoles de la caverne » (distorsions liées aux aptitudes intellectuelles de chacun), les « idoles de la place publique » (représentations populaires véhiculées par le langage populaire), les « idoles du théâtre » (artifices liés aux règles de présentation du savoir).

Il fonde une méthode d'expérimentation scientifique indissociable du compte rendu des expériences (fondements de l'empirisme) qui permet la continuité du travail scientifique : les sciences ne se développent pas en un siècle, mais sur plusieurs siècles (idée de « progrès scientifique »). La recherche doit être utile au genre humain. Les États ont la responsabilité de créer les institutions correspondantes et de reconnaître les mérites de ceux qui font progresser la connaissance. Son œuvre philosophique et scientifique inspire Descartes, Spinoza, Leibniz.

En matière politique, Bacon développe des thèses sur la tolérance et la modération politique : arrivé à Paris peu de temps après le massacre de la Saint-Barthélemy, il est très frappé par les violences religieuses et affirme que l'uniformité religieuse n'est pas une nécessité, que les pouvoirs temporels ne doivent intervenir que très prudemment dans les affaires spirituelles ; les souverains ne doivent pas exiger trop d'uniformité chez leurs sujets, sous peine de les désespérer et de les conduire à des actes désespérés. Les excès de zèle religieux sont plus dangereux que l'athéisme.

Les *Essais*, œuvre littéraire, sont publiés entre 1597 et 1625. Dans *La Nouvelle Atlantide*, œuvre pleine d'imagination, Bacon propose de constituer des académies scientifiques. Ses travaux professionnels comprennent *Les Maximes des lois* (1630), *Leçon sur le statut des coutumes* (1642), des plaidoyers et des discours tenus au Parlement.

– 1999

« Rien n'est aussi dangereux que la certitude d'avoir raison. Rien ne cause autant de destruction que l'obsession d'une vérité considérée comme absolue. Tous les crimes de l'histoire sont la conséquence de quelque fanatisme. Tous les massacres ont été accomplis par vertu, au nom de la religion vraie, du nationalisme légitime, de la politique idoine, de l'idéologie juste ; bref, au nom du combat contre Satan. Cette froideur et cette objectivité qu'on reproche si souvent aux scientifiques, peut-être conviennent-elles mieux que la fièvre et la subjectivité pour traiter certaines affaires humaines. Car ce ne sont pas les idées de la science qui engendrent les passions. Ce sont les passions qui utilisent la science pour soutenir leur cause. La science ne conduit pas au racisme et à la haine. C'est la haine qui en appelle à la science pour justifier son racisme. On peut reprocher à certains scientifiques la fougue qu'ils apportent parfois à défendre leurs idées. Mais aucun génocide n'a encore été perpétré pour faire triompher une théorie scientifique. À la fin de ce xxe siècle, il devrait être clair pour chacun qu'aucun système n'expliquera le monde dans tous ses aspects et tous ses détails. Avoir contribué à casser l'idée d'une vérité intangible et éternelle n'est peut-être pas l'un des moindres titres de gloire de la démarche scientifique. »

François JACOB

Thème : La vérité.

Thèse : Les hommes cherchent à utiliser la science pour prouver qu'ils ont raison et opprimer au nom de leur vérité alors que la science a contribué à la découverte qu'il n'existe pas une mais des vérités.

L'auteur

François Jacob (né en 1920), médecin, biologiste, généticien français, est lauréat du prix Nobel 1965 de médecine avec André Lwoff et Jacques Monod pour leurs travaux communs en matière de génétique. Il est académicien (Académie des sciences) depuis 1976.

Né à Nancy, François Jacob est devenu docteur en médecine avant d'entrer en 1950 à l'Institut Pasteur. Chef de laboratoire en 1956, puis chef du service de génétique cellulaire en 1960, l'essentiel de ses travaux porte sur les mécanismes génétiques de la cellule bactérienne et des virus bactériophages. Depuis 1964, il occupe au Collège de France une chaire de biologie cellulaire spécialement créée pour lui.

Il est l'auteur de plusieurs ouvrages, notamment *La Logique du vivant, une histoire de l'hérédité* (1970) et *Le Jeu des possibles* (1981).

– 2001

« Quoi ! ne faut-il donc aucun spectacle dans une république ? Au contraire, il en faut beaucoup. C'est dans les républiques qu'ils sont nés, c'est dans leur sein qu'on les voit briller avec un véritable air de fête. À quels peuples convient-il mieux de s'assembler souvent et de former entre eux les doux liens du plaisir et de la joie, qu'à ceux qui ont tant de raisons de s'aimer et de rester à jamais unis ? Nous avons déjà plusieurs de ces fêtes publiques ; ayons-en davantage encore, je n'en serai que plus charmé. Mais n'adoptons point ces spectacles exclusifs qui renferment tristement un petit nombre de gens dans un antre obscur ; qui les tiennent craintifs et immobiles dans le silence et l'inaction ; qui n'offrent aux yeux que cloisons, que pointes de fer, que soldats, qu'affligeantes images de la servitude et de l'inégalité. Non, peuples heureux, ce ne sont pas là vos fêtes. C'est en plein air, c'est sous le ciel qu'il faut vous rassembler et vous livrer au doux sentiment de votre bonheur. Que vos plaisirs ne soient efféminés ni mercenaires, que rien de ce qui sent la contrainte et l'intérêt ne les empoisonne, qu'ils soient libres et généreux comme vous, que le soleil éclaire vos innocents spectacles ; vous en formerez un vous-même, le plus digne qu'il puisse éclairer. Mais quels seront enfin les objets de ces spectacles ? Qu'y montrera-t-on ? Rien, si l'on veut. Avec la liberté, partout où règne l'affluence, le bien-être y règne aussi. Plantez au milieu d'une place un piquet couronné de fleurs, rassemblez-y le peuple, et vous aurez une fête. Faites mieux encore : donnez les spectateurs en spectacle ; rendez-les acteurs eux-mêmes ; faites que chacun se voie et s'aime dans les autres, afin que tous en soient mieux unis. »

Jean-Jacques ROUSSEAU

Thème : La fête

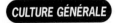

Thèse : La République a besoin de fêtes dont les spectateurs deviennent eux-mêmes acteurs.

L'auteur

Jean-Jacques Rousseau (1712-1778) est né à Genève le 28 juin 1712 dans une famille protestante d'origine française. Fils d'horloger, orphelin de mère, celle-ci meurt en le mettant au monde, il est très tôt abandonné à lui-même. Sa jeunesse se passe entre errance et accueil chez de riches protectrices. Il ne devient célèbre qu'en 1750 lorsqu'il reçoit le prix de l'Académie française pour son *Discours sur les sciences et les arts*, dont la philosophie est précisée dans le *Discours sur l'origine de l'inégalité* : les maux dont souffrent les hommes viennent de la vie sociale, les hommes étant naturellement faits pour vivre seuls. On connaît la peinture que fait Rousseau des bons sauvages, « libres, sains, bons et heureux ». La propriété, en donnant naissance à la société, a corrompu les hommes et engendré l'inégalité.

En 1762, il publie l'*Émile* et *Le Contrat social* :

Dans l'*Émile, ou De l'éducation*, il expose les principes d'une éducation qui, pour réussir, doit être fidèle aux préceptes de la nature : « Tout est bien sortant des mains de l'Auteur des choses, tout dégénère entre les mains de l'homme ». Pour protéger l'enfant contre les méfaits de la civilisation, il faut l'éduquer à la campagne et le laisser libre ; afin de devenir un jour citoyen, il devra avant tout former son propre jugement.

Il faut donc éduquer d'abord les sens de l'enfant, puis son jugement, grâce à l'observation directe, en se gardant de lui transmettre les défauts qui naissent en société, envie, mensonge, goût du pouvoir...

Si l'ouvrage s'apparente parfois aux « rêveries d'un visionnaire », comme le dit Rousseau, si l'hypothèse d'un homme naturellement bon est évidemment très contestable, l'*Émile* est une mine de trouvailles qui a largement inspiré la pédagogie moderne.

Le Contrat social part également du constat que la société aliène l'homme : « L'homme est né libre et partout il est dans les fers. ». Il faut donc que les hommes adhèrent librement à un nouveau contrat social qui leur assure liberté et égalité. La volonté générale, qui s'inscrit dans une loi universelle, doit être animée par le souci de l'intérêt général ; inaliénable, elle doit s'exprimer directement sans que le peuple aliène son pouvoir législatif ; seul le pouvoir exécutif pourra être confié au « prince », à tout moment révocable.

– 2002

« La crise contemporaine de la civilisation occidentale peut être décrite comme identique au paroxysme de la crise de l'idée de progrès au sens plein et emphatique du terme. Cette idée, je le répète, est constituée des éléments suivants : le développement de la pensée humaine dans sa totalité est un développement progressif ; l'émergence de la pensée moderne depuis le XVIIe siècle marque certainement un progrès sans réserve sur toute pensée antérieure ; il y a un parallélisme fondamental et nécessaire entre progrès intellectuel et progrès social ; un progrès intellectuel et social infini est en fait possible ; une fois que l'humanité a atteint un certain stade de développement, il existe un seuil solide au-dessous duquel il n'est guère possible de descendre. Tous ces éléments ont été mis en doute, je crois, par nous tous. Pour ne mentionner qu'un point, le plus massif peut-être, je dirais que l'idée de progrès était liée à celle de conquête de la nature, l'homme se transformant en maître et possesseur de la nature afin d'améliorer la condition de l'homme. Les moyens pour atteindre ce but furent la nouvelle science. Nous connaissons tous les immenses succès de la nouvelle science et de la technologie qui en est issue, et nous pouvons tous constater l'énorme accroissement de la puissance de l'homme. L'homme moderne est un géant, comparé à l'homme d'autrefois. Mais il nous faut aussi noter qu'il n'y a aucun progrès équivalent en sagesse et en bonté. L'homme moderne est un géant dont nous ne savons pas s'il est meilleur ou pire que l'homme d'autrefois. De plus, ce développement de la société moderne a culminé avec la conception selon laquelle l'homme n'est pas capable, de manière digne de confiance, de distinguer le bien et le mal – le fameux "jugement de valeur". On ne peut rien dire de sérieux sur l'usage correct de cet immense pouvoir. L'homme moderne est un géant aveugle. »

Leo STRAUSS

Thème : Le progrès.

Thèse : L'homme est capable de dompter la nature mais incapable de distinguer le bien du mal.

L'auteur

Leo Strauss (1899-1973), philosophe et historien allemand, étudiant d'Edmund Husserl et de Martin Heidegger, quitte l'Allemagne en 1932 pour la France puis pour les États-Unis, où il enseigne à Chicago.

Il travaille sur la philosophie grecque, sur Spinoza mais surtout sur la politique. Étudiant l'origine du droit naturel dans les œuvres de Platon, de Thucydide, et de Hobbes, et sur la crise du droit moderne *(Droit naturel et Histoire,* 1963), il analyse l'histoire de la pensée politique grecque *(La Cité et l'Homme,* 1964). Il s'intéresse par ailleurs à l'histoire de la naissance de la modernité *(Essais politiques,* 1975).

Pour lui, trois philosophes marquent le passage entre la pensée antique et la pensée moderne : Machiavel, et son héritier Hobbes, par sa réduction du problème moral à une technique, puis Rousseau, qui oppose nature et histoire, et enfin Nietzsche par la volonté de puissance et le renversement des valeurs qu'il préconise pour l'arrivée du Surhomme, fondement théorique pour Leo Strauss du fascisme.

– 2003

« Chaque fois que l'art languit, on le renvoie à la nature, comme on mène un malade aux eaux. La nature hélas ! n'y peut mais : il y a quiproquo. Je consens qu'il soit bon parfois que l'art se remette au vert, et s'il pâlit d'épuisement, qu'il quête dans les champs, dans la vie, quelque regain de vigueur. Mais les Grecs nos maîtres savaient bien qu'Aphrodite ne naît point d'une fécondation naturelle. La beauté ne sera jamais une production naturelle ; elle ne s'obtient que par une artificielle contrainte. Art et nature sont en rivalité sur la terre. Oui, l'art embrasse la nature, il embrasse toute la nature, et l'étreint ; mais se servant du vers célèbre il pourrait dire : "J'embrasse mon rival, mais c'est pour l'étouffer." L'art est toujours le résultat d'une contrainte. Croire qu'il s'élève d'autant plus haut qu'il est plus libre, c'est croire que ce qui retient le

CULTURE GÉNÉRALE

cerf-volant de monter, c'est sa corde. La colombe de Kant, qui pense qu'elle volerait mieux sans cet air qui gêne son aile, méconnaît qu'il lui faut, pour voler, cette résistance de l'air où pouvoir appuyer son aile. C'est sur de la résistance, de même, que l'art doit pouvoir s'appuyer pour monter. Je parlais des trois unités dramatiques, mais ce que je dis à présent est vrai tout aussi bien pour la peinture, pour la sculpture, la musique et la poésie. L'art n'aspire à la liberté que dans les périodes malades ; il voudrait être facilement. Chaque fois qu'il se sent vigoureux, il cherche la lutte et l'obstacle. Il aime faire éclater ses gaines, et donc il les choisit serrées. N'est-ce pas dans les périodes où déborde le plus la vie, que tourmente le besoin des formes les plus strictes, les plus pathétiques génies ? De là, l'emploi du sonnet, lors de la luxuriante Renaissance, chez Shakespeare, chez Ronsard, Pétrarque, Michel-Ange même ; l'emploi des tierces-rimes chez Dante ; l'amour de la fugue chez Bach ; cet inquiet besoin de la contrainte de la fugue dans les dernières œuvres de Beethoven. Que d'exemples citer encore ! Et faut-il s'étonner que la force d'expansion du souffle lyrique soit en raison de sa compression ; ou que ce soit la pesanteur à vaincre qui permette l'architecture ?

Le grand artiste est celui qu'exalte la gêne, à qui l'obstacle sert de tremplin. C'est au défaut même du marbre que Michel-Ange dut, raconte-t-on, d'inventer le geste ramassé du Moïse. C'est par le nombre restreint des voix dont pouvoir à la fois disposer sur la scène que, contraint, Eschyle dut d'inventer le silence de Prométhée lorsqu'on l'enchaîne au Caucase. La Grèce proscrivit celui qui ajouta une corde à la lyre. L'art naît de contrainte, vit de lutte, meurt de liberté. »

André GIDE, « L'Évolution du théâtre », *in Nouveaux Prétextes*

Thème : L'art.

Thèse : L'art n'est en rien naturel : il n'existe que dans les efforts qu'il lui faut accomplir pour plier la nature à ses exigences.

L'auteur

André Gide (1869-1951), héritier d'une riche famille de protestants normands, décide en 1888, baccalauréat en poche, de se consacrer à la littérature.

Sa première œuvre, largement autobiographique, *les Cahiers d'André Walter* (1891), l'introduit dans les milieux littéraires de l'époque où il rencontre Maurice Barrès, Stéphane Mallarmé, Paul Valéry.

Les Nourritures terrestres (1897), *Le Prométhée mal enchaîné* (1899) et *L'Immoraliste* (1902) prônent la recherche du plaisir et affirment la valeur de l'individu voué à cette recherche qui n'est cependant pas sans limites. Le premier de ses livres qui atteint le grand public est *La Porte étroite* (1909), inspiré d'un amour de jeunesse, dans lequel il dénonce les risques du mysticisme.

En 1909, il fonde avec Jacques Copeau et Jean Schlumberger la *Nouvelle Revue française,* qui donne naissance aux éditions Gallimard. En 1914, il publie *Les Caves du Vatican,* dans lequel Lafcadio commet le fameux « acte gratuit », qui fascinera les surréalistes.

Après *La Symphonie pastorale* (1919), *Corydon* (1924), *Si le grain ne meurt* (1920-1924), récit autobiographique, paraissent *Les Faux-Monnayeurs* (1926) qui bouleversent l'art du roman. Roman d'apprentissage, roman policier, roman philosophique, études de mœurs, il inaugure la fameuse « mise en abyme » (ici une réflexion sur le genre romanesque) que de nombreux auteurs pratiqueront après lui.

Gide est également un intellectuel engagé, dans la lignée de Voltaire ou de Zola : contre le colonialisme *(Voyage au Congo,* 1927 ; *Retour du Tchad,* 1928), contre le fascisme, contre le régime soviétique *(Retour de l'URSS,* 1936).

Prix Nobel de littérature en 1947, il meurt à Paris le 19 février 1951.

▶ Que cherche-t-on à apprécier chez le candidat ? ◀

Les appréciations des correcteurs de l'épreuve sont éclairantes :

« Les plus graves dérives naissent du manque d'**attention** à la lecture du texte. »

« Que les candidats cultivent leur faculté d'**étonnement** et qu'ils n'hésitent pas non plus à exercer leur **bon sens**, autre nom de **jugement**… »

« En un mot, on attend des candidats qu'ils **osent** affronter le sujet proposé dans ses exigences propres et dans sa singularité et qu'ils fassent preuve de **culture**, certes, mais aussi et surtout qu'ils exercent leur **jugement.** »

« **Attention** », « **bon sens** », « **jugement** » : la capacité du candidat à **analyser** le contenu d'un texte dont ni l'auteur ni le propos ne lui sont forcément familiers est la première qualité que l'on cherche à évaluer. Bien évidemment, cette capacité à analyser ne sera perceptible que si le candidat, après avoir exercé son esprit d'analyse sur le texte, est aussi capable de présenter ses idées sous une forme organisée, faisant alors preuve d'esprit de **synthèse**.

Plus précisément, l'analyse doit s'exercer avec « **étonnement** », c'est-à-dire que le candidat ne doit pas être candide (du latin *candidus*, blanc), mais capable de prendre du recul pour comprendre et, le cas échéant, adopter une position critique par rapport aux analyses de l'auteur : on ne lui demande ni d'être en totale opposition avec l'auteur (il y a tout lieu de craindre qu'un candidat qui rejette en bloc toutes les analyses de Pascal ou de Kant ne s'affirme contre que pour se dispenser de comprendre !), ni d'être complètement d'accord avec lui par déférence à son égard : comme en dissertation, le candidat doit adopter la posture du « oui, mais », éventuellement du « non, mais ».

La « **culture** » est d'abord, dans toute la mesure du possible, capacité à replacer l'auteur du texte dans son époque, éventuellement le titre dans l'œuvre, voire le passage dans le titre ; c'est aussi la capacité à mobiliser des définitions opérationnelles de mots clés du texte.

À titre d'exemple :

– Le texte de Kant (sujet 1994) pouvait être utilement éclairé par une remise dans le contexte du siècle des Lumières et de la Révolution française.

– Un candidat qui ne rendrait pas compte de l'optimisme du XIXe siècle quant au progrès des sciences et des techniques passerait à côté d'une dimension intéressante du texte de Michelet (sujet 1997).

– Un candidat qui ferait erreur sur le sens du mot « fortune » dans le texte de Machiavel (sujet 1990) en le définissant comme « possession de richesses » et non comme « sort, hasard » (du latin *fortuna*) commettrait un contresens transformant le sens du texte.

CULTURE GÉNÉRALE

– Le sens du mot « athéisme » est indispensable à la compréhension du texte de Bacon (sujet 1998).

▶ Comment se préparer ? ◀

Outre l'appropriation des conseils méthodologiques ci-après, le candidat peut se préparer lui-même :

– En s'exerçant quotidiennement à l'analyse de texte à l'occasion de la lecture de la presse : le candidat peut pratiquer une **lecture non de survol mais utile** (nécessaire également à la connaissance de l'actualité) en s'astreignant, après lecture d'un article de presse, à identifier le **thème** et la **thèse** du texte et à **exercer un regard critique** sur le texte (quelles autres illustrations possibles de la thèse ? Cette thèse ne peut-elle pas être nuancée, contredite ?).

– En élaborant et en mémorisant des définitions à l'intérieur des thèmes « viviers » de sujets (*cf.* méthode de la dissertation).

– En mobilisant des connaissances (littéraires) sur les auteurs au programme des études secondaires et des références (historiques, économiques, sociales…) sur l'époque à laquelle ces auteurs ont vécu. La « mise en perspective » est particulièrement intéressante.

Exemple :

En quoi l'évolution économique de la deuxième moitié du XIXᵉ siècle éclaire-t-elle le texte de Michelet ? (sujet 1997)

Le parcours des annales permet en effet de mesurer le champ des connaissances requises.

Les auteurs et les œuvres

Un coup d'œil sur les annales de l'examen d'entrée en première année à l'IEP de Paris permet d'appréhender dans quels viviers on va puiser les sujets ; à partir de là, on peut deviner d'autres auteurs possibles :

– Des auteurs « classiques » du XVIᵉ au XXᵉ siècle.

– Des grands philosophes (Pascal, Descartes, Kant, Hegel, Nietzsche, Sartre, Foucault…).

– Les principaux penseurs politiques (Machiavel, Hobbes, Montesquieu, Rousseau, Tocqueville, Marx, Engels…).

Auteur	Qualité	Dates	Thème
Machiavel	Penseur politique, homme d'État	1469-1527	Le destin
Francis Bacon	Philosophe, homme d'État	1561-1626	La superstition
Blaise Pascal	Scientifique, philosophe	1623-1662	La condition humaine
Denis Diderot	Écrivain, philosophe	1713-1784	Le despotisme
Emmanuel Kant	Philosophe	1724-1804	La liberté
Jules Michelet	Historien	1798-1874	Le progrès technique
Charles Baudelaire	Poète	1821-1867	Nature, culture
Ernest Renan	Philologue, historien	1823-1892	La nation
Alain	Philosophe, penseur politique	1868-1951	La politique
Marcel Proust	Écrivain	1871-1922	L'art, la littérature
Paul Valéry	Poète, essayiste	1871-1945	L'histoire
Hannah Arendt	Philosophe	1906-1975	La liberté
François Jacob	Scientifique	Né en 1920	La vérité
Jean-Jacques Rousseau	Écrivain, philosophe	1712-1778	La fête
Leo Strauss	Philologue, historien	1899-1973	Le progrès

Les thèmes

La rédaction de **fiches** à partir d'un thème, comprenant à la fois des définitions de mots, des noms d'auteurs et des citations, apparaît extrêmement utile (ces fiches peuvent être assez facilement réalisées à partir, par exemple, d'un dictionnaire encyclopédique sur CD-Rom).

Exemple : **Éducation**

1. Des définitions

En matière d'*éducation*, on parle aujourd'hui de l'*Éducation* nationale, qui a remplacé l'*Instruction* publique ; pourtant, les *instituteurs*, les *professeurs des écoles* (les plus jeunes sont issus de l'Institut universitaire de *formation* des maîtres), ceux des collèges, des lycées, des universités, ne sont pas des *éducateurs*, *ni des instructeurs*, mais des *enseignants ;* certains disent *enseigner* l'*instruction* civique, d'autres l'*éducation* civique. Le choix de ces mots est déterminé par différentes conceptions de l'éducation.

– Ainsi, le mot **instruction**, qui peut être défini comme l'action de transmettre des connaissances nouvelles à quelqu'un et comme le savoir, les connaissances ainsi acquises, souffre certainement d'une connotation autoritaire liée à l'histoire (c'est en 1829, sous la Restauration, qu'on voit apparaître en France un ministère de l'Instruction publique) comme aux autres acceptions du mot : on parle de l'instruction militaire, formation dispensée aux jeunes recrues par l'instructeur, et l'instruction est aussi l'ordre de service d'un supérieur à un subordonné, sans parler de la phase de la procédure pénale pendant laquelle le juge recherche les preuves, les témoignages… On comprend que l'instruction civique soit aujourd'hui devenue éducation civique, traduisant une conception moins directive de l'enseignement que par le passé. L'éducation civique est obligatoire au collège depuis 1984, la « morale civique » le devient au lycée à partir de la rentrée 1998.

– L'**enseignement,** action et manière de transmettre des connaissances (du latin *insignire*, signaler), est dispensé au moyen des différentes branches de l'organisation scolaire et universitaire, enseignement primaire, secondaire, supérieur, technique, professionnel, qu'il soit délivré par des établissements privés (enseignement privé) ou publics (enseignement public).

– Le sens du mot **formation** n'est guère différent, mais la « forme » (prendre forme, donner forme) tire ce mot vers une acception assez proche de celle du mot instruction : former, c'est transmettre un ensemble de connaissances qui ne saurait être remises en question par celui à qui on les transmet, c'est faire entrer dans un moule préconçu dans lequel l'élève doit se couler.

– Le mot **éducation** (du latin *educatio*), lui, fait sortir la transmission de connaissances du cadre de l'enseignement : l'éducation, mise en œuvre des moyens propres à assurer la formation et le développement d'un être humain, incombe non seulement aux enseignants mais aussi aux parents, dont les enseignants déplorent souvent aujourd'hui qu'ils ne jouent plus suffisamment leur rôle d'éducateurs.

– La **pédagogie** (du grec *paidos*, enfant, *paidagogia*), c'est la science de l'éducation des enfants.

On retrouve *paidos*, accouplé à *philos*, ami de, celui qui aime, dans le mot pédophile ; le philosophe, lui, est étymologiquement l'ami de la sagesse, *sophia*.

– L'**initiation** (du latin *initiare*, commencer), c'est l'action de révéler ou de recevoir la connaissance d'une pratique, les premiers rudiments d'une discipline. Les sociétés « primitives » ou « sauvages » s'organisent autour de rites initiatiques qui marquent le passage de l'enfance à l'âge adulte ; les sociétés modernes « développées » adoptent, elles aussi, des pratiques qui peuvent être analysées comme des rites initiatiques, permis de conduire, baccalauréat, bizutage…

Bien d'autres mots éclairent ce thème, comme :

– Incapable de lire et d'écrire est celui qui est privé *(a* privatif) de l'alphabet : **analphabète**, l'individu est non seulement privé de l'accès aux mots par la lecture et l'écriture, mais, aux termes de la définition de l'Unesco, « est fonctionnellement analphabète une personne incapable d'exercer toutes les activités pour lesquelles l'alphabétisation est nécessaire dans l'intérêt du bon fonctionnement de son groupe et de sa communauté ». Largement répandu dans les pays dits en voie de développement (entre le tiers et la moitié de la population adulte), l'analphabétisme a presque totalement disparu dans les pays développés.

– On observe dans les pays développés un **illettrisme** qui marque un échec relatif du système éducatif : l'« illettré » est capable de déchiffrer un texte mais il n'en comprend pas le sens. On mesure l'illettrisme en testant la compréhension d'un texte simple et de données chiffrées à partir desquelles des calculs simples sont demandés.

En France, les tests psychotechniques systématiquement pratiqués dans le cadre des journées de préparation à la Défense (J.P.D.), ainsi que les tests pratiqués lors de l'entrée en sixième, permettent de mesurer cet illettrisme. On estime que 10 % des adultes sont illettrés.

– La **socialisation** est le processus par lequel l'enfant intériorise les règles sociales (valeurs, règles de conduite…). Différentes institutions y concourent : crèches, écoles… aux côtés de la famille. L'autre sens de ce mot (collectivisation des moyens de production et d'échange) explique sans doute qu'il soit plus volontiers utilisé par la gauche que par la droite…

– Les **« Hussards noirs de la République »** est une métaphore inventée par Charles Péguy (1873-1914), désignant les instituteurs de la IIIe République naissante, considérés comme les soldats d'une République qui doit vaincre les forces conservatrices, au premier rang desquelles se trouve l'Église catholique dont l'enseignement religieux maintient l'emprise sur les esprits. Le terme « noirs » fait certainement référence à la blouse des instituteurs, mais comment ne pas percevoir la connotation inquiétante de cette couleur ?

2. Des références historiques

Les grands principes du système éducatif français ont été affirmés par la Révolution française, directement inspirés par les réflexions des philosophes du siècle des Lumières : pour eux, les « progrès de l'esprit humain » nécessitent que l'instruction soit retirée aux clercs et confiée à l'État, qu'elle soit rendue accessible à tous par la gratuité et fondée moins sur la spéculation, le grec et le latin que sur l'étude concrète des sciences et techniques.

Marie Jean Antoine Nicolas de Caritat, marquis de Condorcet (1743-1794), philosophe, mathématicien et homme politique français, ami des encyclopédistes, présente en avril 1792 à l'Assemblée un rapport sur l'instruction publique qui préconise un enseignement laïque, gratuit, non obligatoire, fondé sur cinq degrés que les élèves franchissent en fonction de leur mérite. Si la période révolutionnaire ne permet pas l'édification d'un système scolaire, ces principes déterminent les institutions mises en place au XIXe siècle.

Le premier Empire concrétise l'idée que l'enseignement incombe à l'État en créant par la loi du 10 mai 1806 un corps regroupant tous les personnels chargés de l'enseignement dans l'« université » dotée du monopole de l'enseignement. Si cet enseignement repose pour l'essentiel sur des religieux, il vise à souder la nation française autour de l'Empereur : « Dieu et l'Empereur, voilà les deux noms qu'il faut graver dans le cœur des enfants, c'est à cette double pensée que doit se rapporter tout le système de l'éducation nationale. ». **Le baccalauréat est institué en 1808** (au Moyen Âge, déjà, les bacheliers pouvaient accéder à la licence puis au doctorat) ; à la fin de l'enseignement secondaire, il est requis pour accéder à l'enseignement supérieur : d'abord oral, il s'enrichit d'épreuves écrites au cours de son histoire.

Tout au long du XIXe siècle, l'Église, chaque fois que les circonstances politiques sont favorables, cherche à obtenir la remise en cause du principe du monopole d'État, grâce au droit de développer son propre enseignement et d'enseigner au sein des établissements publics : ainsi, la **loi Guizot du 28 juin 1833** crée la liberté de l'enseignement primaire en autorisant toute personne de plus de 18 ans à exercer la profession d'instituteur et de directeur d'une école primaire ; elle impose par ailleurs à chaque commune l'obligation de posséder au moins une école primaire (pour les garçons) ; elle oblige enfin chaque département à « entretenir une école normale primaire » pour la formation des maîtres. La **loi Falloux du 15 mars 1850** sur la liberté de l'enseignement reconnaît les écoles publiques et privées primaires et secondaires : dans le primaire, elle reconnaît la primauté de l'enseignement religieux sur celui de l'instituteur ; dans le secondaire, elle accorde l'indépendance aux établissements privés dits « libres ». Les autorités ecclésiastiques acquièrent un rôle prédominant dans la vie éducative puisque les évêques siègent aux conseils académiques qui décident des attributions de postes d'enseignants.

La coexistence de l'école publique et de l'école privée permet un accroissement considérable du nombre d'écoles primaires : 20 000 en 1817, 75 000 en 1880. Ainsi, à la veille des grandes lois républicaines sur l'enseignement auxquelles le nom de Jules Ferry reste attaché, la scolarisation s'est déjà très largement démocratisée.

Jules Ferry naît à Saint-Dié, dans les Vosges, en 1832. Avocat, fils d'avocat élevé dans le culte des Lumières, il refuse de servir sous le second Empire (1852-1870) et use de sa plume de journaliste pour pourfendre ce régime : il est notamment l'auteur des *Comptes fantastiques d'Haussmann* (le baron Georges Haussmann, 1809-1891, modernise Paris de 1853 à 1869 en perçant de larges boulevards depuis le centre de la capitale, jeu de mots sur les *Contes d'Hoffmann* (1776-1822)). Élu député républicain de Paris en 1869, maire de Paris de novembre 1870 à juin 1871 (juste avant la Commune), il est ensuite constamment élu député des Vosges de 1871 jusqu'à sa mort en 1893. Il devient ministre de l'Instruction publique et des Beaux-Arts en 1879, et occupe à plusieurs reprises le fauteuil de président du Conseil avant d'être écarté du pouvoir en 1885.

Sa politique est guidée par son attachement à une république démocratique, laïque, que les instituteurs, chargés de « l'enseignement du peuple », ont vocation à défendre aussi bien contre l'Église que contre les républicains révolutionnaires. Quelques lois donnent une idée de l'œuvre considérable qu'il accomplit en moins de cinq ans :

– La loi du 9 août 1879 prévoit l'ouverture d'une École normale d'institutrices par département dans un délai de cinq ans.

– La loi du 27 février 1880 exclut les non-universitaires du Conseil supérieur de l'Instruction publique (qui donne un avis sur tous les textes relatifs à l'enseignement).

– La loi du 18 mars 1880 donne à l'université publique le monopole de la collation des grades.

– La loi du 21 décembre 1880 crée l'enseignement secondaire pour les jeunes filles.

– La loi du 16 juin 1881 instaure la gratuité de l'enseignement primaire public et exige un brevet de capacité de tous les maîtres ; l'entretien des écoles et des maîtres est mis à la charge des communes (avec des subventions de l'État). À partir de 1889, l'État rémunère directement les maîtres.

– La loi du 26 juillet 1881 crée l'École normale supérieure de jeunes filles de Sèvres.

– La loi du 28 mars 1882 affirme la neutralité des écoles publiques (l'enseignement religieux y est remplacé par la morale) et l'obligation scolaire pour les garçons et les filles de 6 à 12 ans. Elle sera portée à 14 ans en 1936, à 16 ans en 1959 (ordonnance applicable en 1967).

Ainsi est mis en place un enseignement également ouvert aux filles et aux jeunes femmes, dispensé par des enseignants formés, sous le contrôle du personnel d'État. Les citoyens ainsi formés sont mis à même d'exercer les nouveaux droits que la République leur reconnaît :

– la loi du 30 juin 1881 accorde la liberté de réunion : l'autorisation préalable est supprimée, il suffit de former un bureau de trois personnes et de faire une déclaration ;

– la loi du 29 juillet 1881 reconnaît la liberté de la presse, en supprimant l'autorisation préalable, le cautionnement, la censure ;

– la loi du 21 mars 1884 instaure la liberté d'association professionnelle (c'est-à-dire le droit de se constituer en syndicat), en abrogeant la loi Le Chapelier de 1791 ;

– la loi du 5 avril 1884 instaure pour toutes les communes, sauf Paris, l'élection du maire par le conseil municipal.

La démocratisation de l'enseignement n'en est pas pour autant achevée, puisque deux écoles coexistent, l'école primaire et primaire supérieure pour le peuple, l'enseignement secondaire et supérieur pour la bourgeoisie, sans passage de l'une à l'autre. **Il faut attendre 1933 pour que l'enseignement secondaire devienne entièrement gratuit.**

Du rapport de la commission Langevin-Wallon en juin 1947 au collège unique de la **loi Haby du 11 juillet 1975** et à ses adaptations successives, l'institution scolaire s'efforce de permettre l'accès de tous à l'enseignement secondaire : cet effort est d'autant plus exigeant que l'explosion démographique de l'après-guerre et l'allongement à 16 ans de la scolarité obligatoire (ordonnance du 6 janvier 1959 applicable en 1967) accroissent considérablement les effectifs : on compte 390 000 enfants en maternelle en 1950, 2,6 millions en 1995 ; en primaire, 2 millions en 1950, un peu moins de 4 millions aujourd'hui ; dans le secondaire, 800 000 élèves en 1950, 4,6 millions aujourd'hui ; 130 000 étudiants en 1950, 2,2 millions aujourd'hui.

Si les relations entre l'État et l'enseignement privé (pour l'essentiel catholique) ont connu de nombreuses crises tout au long du XXe siècle, celui-ci ne s'en est pas moins considérablement développé : le siècle s'ouvre avec une politique anticléricale qui aboutit à l'interdiction de l'enseignement aux congrégations et à la séparation de l'Église et de l'État (1905). L'enseignement privé connaît des difficultés financières entre les deux guerres avant de se voir favorisé par le régime de Vichy. L'importance du Mouvement républicain populaire (MRP) dans la vie politique jusqu'à la fin de la IVe République (1958) permet un développement du financement public de l'enseignement privé qui trouve son aboutissement dans la **loi Debré du 31 décembre 1959** : reconnaissant un « service public d'enseignement », elle institue le contrat d'association qui permet à l'État de prendre en charge la rémunération des enseignants et une partie des frais de fonctionnement, l'établissement adoptant les programmes de l'enseignement public, ainsi que le contrat simple (l'État ne prend à sa charge que les salaires des enseignants, l'établissement adopte sa propre pédagogie). En 1960, plus de 10 millions de partisans de l'école laïque signent une pétition pour l'abrogation de cette loi.

Les passions semblent aujourd'hui largement apaisées mais la manifestation du 24 juin 1984 contre la **loi Savary** (22 mai 1984) instituant un « service public et laïque dépendant du ministère de l'Éducation nationale », la manifestation du 13 janvier 1994 contre la loi amendant la **loi Falloux de 1850** (afin de permettre l'augmentation des subventions publiques aux établissements privés) montrent que le sujet demeure sensible.

3. Des œuvres

– *L'Encyclopédie ou Dictionnaire raisonné des sciences, des arts et des métiers,* parue de 1751 à 1772, est certainement l'œuvre la plus représentative du XVIIIe siècle, baptisé « le siècle des Lumières » : rejetant les vérités indémontrables (théologie, métaphysique) et la tradition, les « philosophes » de ce siècle cherchent à éclairer de la lumière de la raison les fondements de la vie de l'homme en société ; leur entreprise repose sur leur confiance dans la raison humaine pour répondre à toutes les questions et sur leur foi dans le progrès qui rendra les hommes plus heureux : la connaissance n'est plus réservée à quelques-uns, mais, proposée à tous, elle sera l'instrument du bonheur de l'homme, dont l'esprit a vocation à embrasser l'ensemble des savoirs. Pour rédiger cette encyclopédie,

Denis Diderot (1713-1784) fit appel à des « spécialistes » célèbres comme Jean Le Rond d'Alembert, physicien et mathématicien français (1717-1783), Charles de Secondat, baron de la Brède et de Montesquieu, homme de lettres et philosophe (né en 1689, tout juste un siècle avant la Révolution française, mort en 1755), célèbre auteur des *Lettres persanes* (1721) et *De l'esprit des lois* (1748, tout juste un siècle avant la révolution de 1848).

– *Émile ou de l'Éducation* , œuvre de Jean-Jacques Rousseau (1712-1778) parue en 1762. « Tout est bien sortant des mains de l'Auteur des choses, tout dégénère entre les mains de l'homme. » : pour protéger l'enfant contre les méfaits de la civilisation, il faut l'éduquer à la campagne et le laisser libre ; afin de devenir un jour citoyen, il devra avant tout former son propre jugement.

Il faut donc éduquer d'abord les sens de l'enfant, puis son jugement, grâce à l'observation directe, en se gardant de lui transmettre les défauts qui naissent en société, envie, mensonge, goût du pouvoir…

Si l'ouvrage s'apparente parfois aux « rêveries d'un visionnaire », comme le dit Rousseau, si l'hypothèse d'un homme naturellement bon est évidemment très contestable, l'*Émile* sera toujours une mine de trouvailles qui a largement inspiré la pédagogie moderne.

– À partir de 1883, de nouveaux manuels apparaissent pour tous les niveaux d'études, fondant davantage l'enseignement sur la découverte et l'expérimentation : l'un d'eux, **Le Tour de la France par deux enfants** , de G. Bruno, édité pour la première fois en 1877, contient une préface très significative de la morale républicaine enseignée à l'école :

« Sans omettre dans cet ouvrage aucune des connaissances morales et pratiques que nos maîtres désirent trouver dans un livre de lecture courante, nous avons essayé d'en introduire une que chacun de nous considère aujourd'hui comme absolument indispensable dans nos écoles : la connaissance de la patrie. […] En racontant (à nos enfants) le voyage courageux de deux jeunes Lorrains à travers la France entière, nous avons voulu […] leur montrer comment chacun des fils de la mère commune arrive à tirer parti de richesses de sa contrée […]. En même temps ce récit place sous les yeux de l'enfant tous les devoirs en exemples, car les jeunes héros que nous y avons mis en scène ne parcourent pas la France en promeneurs désintéressés : ils ont des devoirs sérieux à remplir et des risques à courir. En les suivant le long de leur chemin, les écoliers sont initiés peu à peu à la vie pratique en même temps qu'à la morale ; ils acquièrent des notions usuelles sur l'industrie, sur l'agriculture, sur l'hygiène, sur les principales sciences et leurs applications. Ils apprennent aussi, à propos des diverses provinces, les vies les plus intéressantes des grands hommes qu'elles ont vus naître […]. En groupant ainsi toutes les connaissances morales et pratiques autour de l'idée de la France, nous avons voulu présenter aux enfants la patrie sous ses traits les plus nobles, et la leur montrer grande par l'honneur, par le travail, par le respect religieux du devoir et de la justice. »

4. Le candidat peut aussi choisir et mémoriser des citations sur le thème (voir p. 40).

B. Qu'est-ce qu'un commentaire de texte ?

▶ Le texte ◀

Le texte n'est pas prétexte

Trop souvent, les candidats utilisent le texte comme prétexte à un développement et se livrent, en fait, à une dissertation sur **le thème** du texte : ce n'est pas ce qu'on attend du candidat qui doit **comprendre** le texte et **faire comprendre** qu'il a compris.

Le candidat doit d'abord restituer une analyse du texte qui permette à une personne qui ne l'aurait pas lu d'en comprendre **la thèse**.

Tout le texte, mais plus que le texte

Il doit ensuite bien analyser l'ensemble du texte : cette analyse permet d'identifier une ou des idées principales ainsi qu'une ou des idées secondaires. Pour autant, il ne s'agit pas seulement d'analyser l'idée ou les idées secondaires mais toutes les idées du texte, « tout le texte ».

Cependant, un commentaire de texte qui ne serait qu'une analyse du texte apparaîtrait comme très insuffisant : le candidat doit également prendre position par rapport au texte, en évaluer le sens et la portée ; en bref, il doit adopter une attitude **critique**.

▶ Le commentaire ◀

Le mot commentaire est parfois mal compris des candidats qui pensent à tort qu'on leur demande de faire part librement des idées qui leur viennent à l'esprit et produisent une juxtaposition d'opinions inorganisées. L'exigence est la même qu'en dissertation : le commentaire doit être **organisé** par un **plan annoncé**.

De même, le style « prise de notes » est prohibé : comme une dissertation, le commentaire de texte doit être intégralement rédigé et l'utilisation de tirets (derrière lesquels le candidat s'autorise à écrire des phrases sans verbe) n'y est pas possible.

Commenter n'est pas non plus paraphraser, c'est-à-dire redire exactement la même chose que ce que dit l'auteur en substituant des synonymes aux mots que l'auteur emploie, ni rédiger des périphrases (du latin *peri*, autour) en employant plus de mots que l'auteur pour dire exactement la même chose.

Si le commentaire est évidemment personnel, il exclut, comme la dissertation, les « irruptions personnelles » ; le « je » y est haïssable, dans la forme comme dans le fond :

– Dans la forme, restez impersonnel, comme dans la dissertation : on sait que le commentaire est vôtre, inutile de formuler vos analyses et appréciations en utilisant un « je », voire un « nous » (pluriel de majesté « qui pèse et qui pose »).

– Dans le fond, interdisez-vous également les prises de position excessives qui rendent vos propos contestables parce que partiaux : là aussi, « de la nuance avant toute chose ». Vos prestations donnent parfois l'impression que vous jouez le jeu convenu du commentaire puis que, soudainement, vous « craquez » et vous livrez sans retenue à une attaque en règle de l'auteur et du texte. Bref, méfiez-vous de vous-même et livrez-vous à l'exercice sans laisser paraître d'indices de souffrance (souvent perceptibles lorsque vous analysez) ni de manifestations excessives de plaisir (évidentes lorsque vous taillez en pièces la thèse de l'auteur). On attend évidemment du futur élève de Sciences Po davantage d'objectivité et de nuance : si le fameux « balancement circonspect » a été parfois tourné en dérision, sachez que l'on n'attend de vous ni conformisme béat ni anticonformisme enthousiaste. Moins vous serez d'accord avec une thèse, plus vous devrez fonder votre désaccord sur des idées, des exemples... rendus irréfutables moins par la vigueur du ton que par la rigueur de vos analyses.

▶ Au-delà du texte ◀

Le contexte

Comme dans la dissertation, les candidats éprouvent souvent des difficultés à « trouver des idées » : ceci explique que les écueils de la paraphrase-périphrase (je redis la même chose que l'auteur avec d'autres mots) et de l'évasion (je vais dire d'autres choses à partir du thème) rendent souvent vaines les tentatives des candidats.

La connaissance du contexte (du latin *contexere*, tisser ensemble) est évidemment une source précieuse d'idées. Elle requiert cependant des connaissances précises dont le candidat peut ne pas disposer : si l'on peut légitimement attendre du candidat des connaissances sur Diderot, on ne peut lui en vouloir de ne pas connaître Bacon.

Toutefois, il serait très surprenant que le candidat ne puisse utiliser aucun des éléments suivants pour apporter un éclairage pertinent sur le texte proposé :

– L'auteur du passage à commenter.

– L'ouvrage dont est extrait le passage à commenter.

– L'œuvre dans laquelle prend place l'ouvrage.

– Le courant de pensée dans lequel s'inscrit l'œuvre.

– L'état des connaissances à l'époque de l'auteur.

– Les événements historiques (politiques, économiques, sociaux...) de l'époque de l'auteur.

– Les événements historiques (politiques, économiques, sociaux...) antérieurs et postérieurs à l'époque de l'auteur.

La « contestation »

Le candidat peut mettre en œuvre plusieurs modes de « contestation » pour critiquer le texte :

1. La contestation par l'auteur, par d'autres auteurs

– Contestation de l'auteur par d'autres auteurs de la même époque (auteurs du même courant de pensée, auteurs d'autres courants de pensée).

– Contestation de l'auteur par d'autres auteurs d'autres époques (auteurs du même courant de pensée, auteurs d'autres courants de pensée).

– Contestation de la thèse de l'auteur par lui-même (l'auteur a-t-il évolué ? A-t-il dit autre chose sur le même sujet ailleurs ? A-t-il dit d'autres choses sur d'autres sujets qui nuancent, contredisent... sa thèse ?).

– Contestation de la thèse de l'auteur par les thèses d'autres auteurs de la même époque.

– Contestation de la thèse de l'auteur par les thèses d'autres auteurs d'autres époques.

2. La contestation par le candidat lui-même

– Contestation des moyens mis en œuvre par l'auteur :

• Le ton de l'auteur : polémique, sarcastique, caricatural…

• L'argumentaire de l'auteur :
  – Il ne donne pas d'exemples, il aurait pu en donner.
  – Il donne un exemple, il aurait pu en donner d'autres.
  – Il interprète mal un phénomène qu'il analyse.
  – Il ne voit pas que, à son époque, …

– Apport d'autres moyens par le candidat : des exemples qui nuancent, relativisent la thèse de l'auteur.

– Contestation de la thèse de l'auteur par une autre thèse.

C. Une méthode

▶ Lire le texte ◀

Il suffit d'observer des candidats qui « planchent » pour constater que, trop souvent, ils ne prennent pas le temps de lire les sujets ! L'angoisse de la page blanche et du temps qui passe les fait généralement se précipiter et commencer à écrire avant même d'avoir complètement pris connaissance du texte.

Rappelons que le **choix de l'épreuve**, dissertation ou commentaire de texte, s'effectue sujet en main : première bonne raison de lire attentivement le texte avant d'arrêter son choix, sans s'abandonner à la séduction ou à la répulsion que peut exercer le seul nom de l'auteur. Le texte d'un auteur « facile » peut s'avérer beaucoup plus difficile qu'il n'y paraît, celui d'un auteur « difficile » plus abordable qu'on ne l'aurait cru…

Une lecture globale

Il ne s'agit nullement d'une lecture distraite, gratuite… mais d'une première **lecture de repérage** qui permet de répondre à une ou plusieurs des interrogations suivantes : qui parle, quand parle-t-il, à qui parle-t-il, pourquoi (dans quelle intention) parle-t-il ?

En toute hypothèse, au terme de cette première lecture, le candidat doit savoir « de quoi » parle le texte (thème) et ce que dit l'auteur sur ce thème (thèse). La seconde lecture lui permettra évidemment d'affiner cette approche essentielle.

Cette lecture donne déjà au candidat des indications sur la difficulté du texte : ce texte est-il « lisible » (au sens que l'on a donné à ce mot dans la méthode de dissertation) ? Contient-il un mot « difficile » dont le sens détermine tout le sens du texte ? Renferme-t-il un passage particulièrement difficile ? D'où cette difficulté vient-elle ?

Le **repérage de l'« illisible »** doit déterminer votre stratégie : si un mot, un passage… est particulièrement difficile, il faudra y revenir. La tentation de l'évitement serait regrettable : c'est sur ce mot, sur ce passage difficile – celui sur lequel la plupart des candidats vont buter, celui que les correcteurs ont repéré comme posant problème – que vous êtes attendu. En ne définissant pas le mot en question, en restant muet sur le passage concerné, vous risquez de fausser le sens du texte et vous perdez une occasion de vous distinguer.

Une lecture analytique

Les outils à mettre en œuvre vous appartiennent, mais vous pouvez utilement :

Souligner les mots clés (mots, concepts, notions, indicateurs des idées principales du texte).

Entourer les mots outils (tous les mots de liaison qui articulent le raisonnement).

Il n'est peut-être pas inutile de dresser ici un rapide inventaire de mots de liaison en précisant leur fonction. Instruments d'analyse, ils doivent évidemment être utilisés par le rédacteur du commentaire de texte comme de la dissertation pour la construction de sa propre argumentation.

CAUSALITÉ	Comme (alors), puisque (alors), car, parce que, pour cela, à cause de, en raison de, sous l'effet de, grâce à, faute de, vu que, attendu que, en effet, par là même…
CONSÉQUENCE	Donc, de ce fait, ainsi, d'où, de là, dès lors, en conséquence, par suite, c'est pourquoi, en sorte que, de sorte que, de manière à, si bien que, au point que, tant et si bien que…
CONCESSION	Malgré, en dépit de, bien que, quoique, encore que, quand bien même, même si…
OPPOSITION	Mais, or, cependant, toutefois, néanmoins, en revanche, au contraire, à l'inverse, alors que, tandis que, pourtant…
RECTIFICATION	En réalité, en vérité, en fait...
CONDITION	Si, même si, en admettant que, en supposant que, à moins que, à condition que, à condition de, dans l'hypothèse où, au cas où, pour peu que, selon que…
ADDITION *Pour commencer*	Commençons par, en premier lieu, tout d'abord, d'abord, avant tout, premièrement, d'une part (obligatoirement suivi de : d'autre part)…
Pour poursuivre	Poursuivons par, passons à présent à, en second lieu, après cela, ensuite, de plus, en outre, par ailleurs, de surcroît, deuxièmement, d'autre part (obligatoirement précédé de : d'une part)…
Pour terminer	Pour finir, pour conclure, nous terminons par, en conclusion, en dernier lieu, enfin, en somme, en fin de compte, au total, en définitive…
HIÉRARCHISATION	Non seulement… mais, encore, aussi, surtout, à plus forte raison, d'autant plus que, d'autant moins que, plus encore...
COMPARAISON	Comme, ainsi que, de même que.

Délimiter par des traits verticaux les étapes du raisonnement de l'auteur

Exemple : Introduction/Argument 1/1ʳᵉ illustration de l'argument 1/2ᵉ illustration de l'argument 1/Argument 2 (etc.).

Conseil pour conseil, ne figez pas votre analyse par des marques indélébiles sur le texte : vous avez pu vous méprendre, par exemple, sur l'emplacement d'une phrase conclusive ou valoriser abusivement un mot qui, réflexion faite, ne joue qu'un rôle très secondaire dans l'argumentation ; utilisez donc le crayon qui permet tous les repentirs plutôt que l'encre ou le « stabilo » : des textes entièrement colorés, de façon irrémédiable, en bleu, jaune et orange laissent dubitatif sur la pertinence du travail accompli et, surtout, sur l'utilisation qui pourra être faite de ce « travail » préalable.

Au terme de cette seconde lecture, le candidat, qui n'a encore rien écrit, sauf quelques repères sur le texte lui-même, a repéré les idées principales (toutes celles qui fondent l'idée directrice du texte), les mots clés sur lesquels reposent ces idées principales, les éléments secondaires (illustrations, énumérations, citations, digressions, allusions…).

Ne confondons cependant pas les outils et le résultat du travail : la distinction entre idées principales et idées secondaires, par exemple, n'est qu'un outil proposé au candidat pour l'aider dans sa compréhension du texte, résultat de l'usage de l'outil. Il est hors de question de réutiliser ces outils tels quels dans la rédaction du commentaire de texte. Ces outils sont d'ailleurs contestables : s'il est indubitable qu'un exemple illustratif est une idée secondaire, un exemple argumentatif (permettant un approfondissement de la réflexion et contenant une idée supplémentaire par rapport à celle qu'il illustre) peut être considéré comme une idée principale.

En toute hypothèse, à l'issue de la lecture analytique, plus aucune ambiguïté ne doit subsister sur la thèse du texte.

▶ Analyser ◀

Vous avez compris la thèse de l'auteur, son intention de démonstration. Il vous faut maintenant vous donner les moyens de faire comprendre cette thèse à votre lecteur-correcteur et, en même temps, esquisser les pistes critiques sans lesquelles votre commentaire ne serait pas un commentaire mais une simple analyse de texte. À ce stade, vous pouvez rédiger les éléments suivants qui, une fois organisés à l'intérieur d'un plan, constitueront votre commentaire de texte. Prenez bien soin, à chaque étape, d'adopter à la fois une approche analytique et une approche critique. Un conseil : utilisez une feuille pour l'analyse et une autre feuille pour la critique.

La définition des mots clés

Distinguez bien, le cas échéant, la définition que donne l'auteur aux mots qu'il emploie (définition rarement explicite, le plus souvent implicite et à mettre en lumière en prenant en compte d'autres éléments du texte, comme les illustrations grâce auxquelles l'auteur entend éclairer son propos) de la définition que vous pourriez en donner vous-même. Cet écart possible peut fonder une approche critique.

La distinction entre définition en compréhension (exemple : la liberté, c'est l'absence d'entrave) et définition en extension (la liberté comprend la liberté d'opinion, la liberté de conscience, la liberté de réunion…) peut vous aider à définir et peut également nourrir une approche critique (exemple : l'auteur entend seulement la liberté comme… alors qu'elle est aussi…).

L'identification du raisonnement de l'auteur

Pour rendre compte de la démarche de l'auteur, il vous faut identifier la manière dont

CULTURE GÉNÉRALE

est construite (si elle l'est) sa démonstration. Notez que toute faille dans cette construction constitue pour vous un élément critique que vous pouvez utiliser.

Le raisonnement peut être, par exemple, de type déductif (l'auteur construit un raisonnement rigoureux à partir de propositions qu'il tient pour vraies) ou inductif (l'auteur part d'expériences, d'observations, et il en tire des conséquences).

Pour contester un raisonnement déductif, on peut en remettre en cause les prémisses (propositions que l'auteur tient pour vraies) ; pour contester un raisonnement inductif, on peut remettre en cause à la fois les observations de l'auteur et les conséquences qu'il en tire.

Plus précisément, on peut identifier de nombreux types de raisonnement :

– Analyse d'un phénomène :
L'auteur analyse les causes : il part d'un constat (observation, expérience), puis en envisage les causes.
L'auteur analyse les conséquences : il part d'un constat (observation, expérience), puis en examine les conséquences.
L'auteur analyse les solutions : il part d'un problème et envisage des solutions.
L'auteur combine les trois approches précédentes : constat, causes, conséquences/constat, causes, solutions/constat, conséquences, solutions/constat, causes, conséquences, solutions.

– Analyse d'une opinion :
L'auteur oppose des points de vue (thèse, antithèse) puis relativise l'opposition (sa synthèse).
L'auteur concède qu'il y a du vrai dans l'antithèse (certes), avant d'exposer sa thèse.
L'auteur examine successivement des thèses opposées sans les récuser (paradoxe).
L'auteur compare des thèses dont il montre les ressemblances et les divergences.
(etc.)

La détermination du contexte
Prenez le temps de rédiger une fiche à partir des connaissances que vous avez éventuellement de l'auteur et de son époque.

La prolongation de la contestation
Le travail d'analyse que vous venez de faire peut déjà vous fournir plusieurs pistes critiques.

Il vous reste à mobiliser vos propres connaissances et à exercer votre jugement pour prolonger cette contestation (d'autres thèses, d'autres auteurs sur le même sujet, votre propre thèse, recevable dès qu'elle est fondée sur une démonstration solide et non sur de simples opinions).

▶ Organiser votre commentaire ◀

Le travail d'analyse auquel vous vous êtes livré vous a permis d'accumuler le matériau de votre commentaire, analyse d'une part et critique d'autre part. Il vous reste à procéder à la rédaction définitive après avoir déterminé le plan qui va organiser votre commentaire.

Un commentaire organisé

Il en va du commentaire de texte comme de la dissertation :

Un commentaire sans plan est illisible.

Un plan qui n'est pas annoncé n'est pas un plan.

Un plan annoncé qui n'est pas suivi n'est pas un plan.

Un plan suivi qui n'est pas annoncé n'est pas un plan.

Un plan qui n'est pas matérialisé n'est pas un plan (comme en dissertation, la numérotation des parties et sous-parties n'est pas admise, mais adoptez une présentation qui permette au correcteur de repérer l'organisation en parties, sous-parties et paragraphes).

Comme la dissertation, le commentaire de texte comprend une introduction et une conclusion.

Comme l'introduction de la dissertation, l'introduction du commentaire de texte se termine par l'annonce du plan.

Un plan

Tout ce qui a été dit sur l'introduction et la conclusion en dissertation est transposable au commentaire de texte.

L'introduction comprend

– Une entrée en matière (introduction du thème) : comme en dissertation, évitez le « de tous temps ». Efforcez-vous de « mettre en scène » le sujet, soit en vous servant de l'actualité, soit par un paradoxe, soit par la mise en place de quelques repères historiques…

– Une présentation générale de l'auteur, de l'œuvre ou du texte : si vous ne connaissez rien de l'auteur ni de son œuvre, essayez au moins de déterminer la « qualité » de l'auteur (écrivain, philosophe, poète, homme d'État, ethnologue, psychanalyste, peintre…) et son siècle (mieux vaut cependant ne pas « dater » si vous n'êtes pas sûr…) avant de vous livrer à une présentation générale du texte (thème, thèse, principaux moyens mis en œuvre par l'auteur).

– Une annonce de plan : comme en dissertation, **mieux vaut un plan « bateau » que pas de plan du tout**.
Les plans « bateau » les plus généralement adoptés, qui fonctionnent et n'empêchent pas d'atteindre une bonne note si les analyses qu'ils ordonnent sont pertinentes, sont les plans :

Analyse du texte/critique du texte.
Thèse de l'auteur/thèse du candidat.

On peut aussi essayer de bâtir un plan plus original autour des deux ou trois idées principales du texte : le traitement de chacune de ces idées est fondé à la fois sur une analyse du texte et sur un commentaire critique du texte (**voir ci-dessous l'analyse du sujet 2002**).

La conclusion

Comme en dissertation, elle comprend à la fois une **fermeture** qui peut insister sur la principale critique portée au texte, puis une **ouverture** qui peut utiliser une autre

thèse de l'auteur dans une autre œuvre, une autre thèse d'un autre auteur sur le même thème, une mise en perspective…

Les mots pour le dire

On l'a dit, l'exigence de style est la même qu'en dissertation. Vous devrez notamment éviter l'utilisation « FADE » des mots (Faire, Avoir, Dire, Être – voir méthodologie de la dissertation).

Dans le commentaire de texte, on rencontre une difficulté particulière avec le verbe « dire » dont la répétition (« l'auteur dit que », « il dit ensuite »…) doit être évitée. Quelques propositions pour éclairer la démarche de l'auteur en jouant sur le vocabulaire :

L'auteur démontre que,

L'auteur développe l'idée (la thèse) selon laquelle,

L'auteur présente le problème (la question) de,

L'auteur analyse (examine, étudie, approfondit) la question (le problème) de,

L'auteur constate, remarque, affirme, note, énonce,

L'auteur soutient que, prétend que, estime que, veut croire que, pense prouver que, croit prouver que,

L'auteur imagine, suggère, suppose, émet l'hypothèse, s'interroge sur, se demande si,

L'auteur conclut que, en arrive à la conclusion que, déduit que, constate que, en vient à constater que,

L'auteur précise, nuance son propos, revient sur son propos initial, corrige, rectifie,

L'auteur ajoute, poursuit, complète son propos initial, fait valoir en outre que, souhaite préciser,

L'auteur souligne, insiste, met le doigt sur, met en relief, place au premier plan, retient surtout,

L'auteur confirme, affirme son accord avec, va dans le sens de, approuve, acquiesce, prend le parti de, se range à l'avis de,

L'auteur récuse, réfute, refuse, nie, méconnaît, critique, dément,

L'auteur renonce à, ne va pas jusqu'au terme de, oublie de, omet,

L'auteur se refuse à voir que, se méprend, s'illusionne, ne veut pas convenir que,

L'auteur infléchit, déforme, caricature, ridiculise, tourne en dérision, s'oublie à, se laisse aller à, va jusqu'à, n'hésite pas à,

Etc.

D. Analyse d'un sujet 2002, IEP de Paris

▶ Sujet 2002 ◀

« La crise contemporaine de la civilisation occidentale peut être décrite comme identique au paroxysme de la crise de l'idée de progrès au sens plein et emphatique du terme. Cette idée, je le répète, est constituée des éléments suivants : le développement de la pensée humaine dans sa totalité est un développement progressif ; l'émergence de la pensée moderne depuis le XVIIᵉ siècle marque certainement un progrès sans réserve sur toute pensée antérieure ; il y a un parallélisme fondamental et nécessaire entre progrès intellectuel et progrès social ; un progrès intellectuel et social infini est en fait possible ; une fois que l'humanité a atteint un certain stade de développement, il existe un seuil solide au-dessous duquel il n'est guère possible de descendre. Tous ces éléments ont été mis en doute, je crois, par nous tous. Pour ne mentionner qu'un point, le plus massif peut-être, je dirais que l'idée de progrès était liée à celle de conquête de la nature, l'homme se transformant en maître et possesseur de la nature afin d'améliorer la condition de l'homme. Les moyens pour atteindre ce but furent la nouvelle science. Nous connaissons tous les immenses succès de la nouvelle science et de la technologie qui en est issue, et nous pouvons tous constater l'énorme accroissement de la puissance de l'homme. L'homme moderne est un géant, comparé à l'homme d'autrefois. Mais il nous faut aussi noter qu'il n'y a aucun progrès équivalent en sagesse et en bonté. L'homme moderne est un géant dont nous ne savons pas s'il est meilleur ou pire que l'homme d'autrefois. De plus, ce développement de la société moderne a culminé avec la conception selon laquelle l'homme n'est pas capable, de manière digne de confiance, de distinguer le bien et le mal – le fameux "jugement de valeur". On ne peut rien dire de sérieux sur l'usage correct de cet immense pouvoir. L'homme moderne est un géant aveugle. ».

Leo Strauss

Quelle analyse du texte ?

Afin de permettre de mesurer comment « trouver les idées » qui permettront de nourrir le commentaire, nous présentons en marge les premières réflexions suscitées par la lecture du texte.

Commentaire	Le texte
Crise, paroxysme de la crise : des notions à définir.	La crise contemporaine de la civilisation occidentale peut être décrite comme identique au paroxysme de la crise de l'idée de progrès au sens plein et emphatique du terme.
La crise de la civilisation occidentale : la manière dont Leo Strauss l'approche est-elle la seule envisageable ? Pour lui, la crise de l'Occident est liée à la crise de l'idée de progrès.	
Progrès : à définir également, d'autant que le sens que lui donne l'auteur est particulier : pour lui, le progrès est d'abord entendu comme développement progressif de la pensée.	Cette idée, je le répète, est constituée des éléments suivants : le développement de la pensée humaine dans sa totalité est un développement progressif ; l'émergence de la pensée moderne depuis le XVIIᵉ siècle marque certainement un progrès sans réserve sur toute pensée antérieure ; il y a un parallélisme fondamental et nécessaire entre progrès intellectuel et progrès social ; un progrès intellectuel et social infini est en fait
L'auteur poursuit son analyse en présentant plusieurs illustrations de l'idée de progrès « au sens plein et emphatique du terme », c'est-à-dire de manière très positive.	

CULTURE GÉNÉRALE

Commentaire	Le texte
Émergence de la pensée moderne depuis le XVIIᵉ siècle : à illustrer.	possible ; une fois que l'humanité a atteint un certain stade de développement, il existe un seuil solide au-dessous duquel il n'est guère possible de descendre. Tous ces éléments ont été mis en doute, je crois, par nous tous.
La foi en le progrès invite à établir un parallélisme entre progrès intellectuel et progrès social, à concevoir un progrès intellectuel et social infini ainsi qu'un seuil de développement au-dessous duquel on ne peut plus descendre.	
« Tous ces éléments ont été mis en doute, je crois, par nous tous » : l'auteur n'en disant guère plus, voilà une invitation, dans le commentaire, à « inquiéter » ces approches du progrès.	Pour ne mentionner qu'un point, le plus massif peut-être, je dirais que l'idée de progrès était liée à celle de conquête de la nature, l'homme se transformant en maître et possesseur de la nature afin d'améliorer la condition de l'homme.
Parmi toutes les remises en cause possibles de cette vision optimiste du progrès, l'auteur choisit d'en développer une, qu'il juge déterminante : le progrès a rendu l'homme maître de la nature (à illustrer), grâce à la science et à la technologie.	Les moyens pour atteindre ce but furent la nouvelle science. Nous connaissons tous les immenses succès de la nouvelle science et de la technologie qui en est issue, et nous pouvons tous constater l'énorme accroissement de la puissance de l'homme. L'homme moderne est un géant, comparé à l'homme d'autrefois. Mais il nous faut aussi noter qu'il n'y a aucun progrès équivalent en sagesse et en bonté. L'homme moderne est un géant dont nous ne savons pas s'il est meilleur ou pire que l'homme d'autrefois.
Mais, géant par sa capacité à maîtriser le monde, l'homme reste un nain en matière de qualités morales. Est-il meilleur ou pire que l'homme du passé ? Impossible à dire, tout ce qu'on peut, dire c'est que l'homme moderne ne sait pas discerner le bien du mal.	De plus, ce développement de la société moderne a culminé avec la conception selon laquelle l'homme n'est pas capable, de manière digne de confiance, de distinguer le bien et le mal – le fameux « jugement de valeur ». On ne peut rien dire de sérieux sur l'usage correct de cet immense pouvoir. L'homme moderne est un géant aveugle.
Cette dernière affirmation est à contester : ce qui fait la grandeur morale de l'homme, c'est qu'il est conscient de ses limites et se méfie de lui-même. Il est capable de mettre en place des garde-fous qui cherchent à rendre le pire impossible.	
N'est-ce pas justement la prise de conscience des dangers du progrès plus que l'inconscience humaine qui conduit à une crise de l'idée de progrès ?	

Les matériaux à utiliser

1. Des définitions :

La crise

À l'origine, le mot crise est un terme médical, *crisis* – en latin – étant la phase décisive d'une maladie, le mot étant dérivé du grec *krisis* qui signifie décision, jugement. Moment critique, la crise est donc un moment de trouble, de malaise (ce trouble peut aussi bien concerner un individu ou une société), d'où peut advenir le meilleur comme le pire. On privilégie souvent, dans la définition du mot crise, la notion de trouble, de désordre, en oubliant le bon, le neuf auquel la crise peut donner naissance.

Le progrès

Le progrès peut être, au sens large, défini comme le changement graduel d'une situation par amélioration ; il peut aussi concerner une personne. Un progrès, c'est donc une évolution, un changement positif. Notons que cette connotation positive, qui fait de l'évolution un progrès, n'est pas présente dans toutes les acceptions du mot : lorsque l'on parle des progrès d'une maladie, on décrit non l'amélioration de l'état du malade, mais au contraire son aggravation : on est alors très proche de l'étymologie latine du mot (*progressus*, du verbe *progredi*, avancer). On peut donc garder en mémoire ce double sens du mot, changement positif et évolution négative : le progrès serait à la fois (c'est ce que disait Ésope de la langue) la meilleure et la pire des choses. Cette découverte, dans notre tradition occidentale, est récente : on a très longtemps considéré que le progrès était par définition positif, on découvre depuis quelques décennies qu'il pourrait faire le malheur de l'homme...

2. Des arguments à illustrer

- L'émergence de la pensée moderne au XVIIe siècle :

Pour la plupart des philosophes de l'Antiquité, l'approche du monde est fondée sur l'idée d'unité, d'éternité, d'immutabilité de l'univers. L'histoire est généralement considérée comme cyclique (on retrouve là quelque chose qui ressemble aux mythes des sociétés primitives, ou sauvages).

Même si l'on trouve déjà chez Lucrèce (98-55 av. J.-C.) (« *De natura rerum* ») l'idée de progrès, pour lui, c'est l'affaiblissement des aptitudes naturelles de l'homme qui l'oblige à progresser en inventant des techniques.

Le catholicisme naissant soutient l'idée de progrès : l'histoire de l'humanité permet la réalisation progressive du plan de Dieu pour l'homme. Saint Augustin (354-430) compare la suite des générations à un seul homme qui « de l'enfance à la vieillesse poursuit sa carrière dans le temps en passant par tous les âges » : pour lui, la Providence divine fait passer l'homme de la jeunesse (absence de loi) à l'âge adulte (celui de la loi) puis à celui de la grâce. La croissance spirituelle de l'humanité permet de parvenir à la Cité de Dieu même si le temps historique, celui des hommes, demeure synonyme de corruption, d'effritement, de dégradation.

La Bible ne dit à peu près rien de la science. C'est la séparation radicale entre le monde de la nature et celui du divin, séparation propre au judéo-christianisme, qui a permis en Occident le développement considérable de la science. Le fossé, tout au long de l'histoire, n'a cessé de se creuser entre science et religion : Giordano Bruno a été emprisonné pendant huit ans par l'Inquisition et brûlé en 1600 (« Le contenu de tous mes livres en général est philosophique et j'y ai toujours parlé en philosophe, suivant la lumière naturelle, sans me préoccuper de ce que la foi nous commande d'admettre. »), Galilée a été condamné le 22 juin 1633 pour ses thèses affirmant l'héliocentrisme, l'Église a combattu les thèses de Darwin, critiqué la psychanalyse...

En même temps, paradoxalement, le message biblique (« Emplissez la terre et soumettez-la. ») donne à l'homme vocation à maîtriser le monde par l'usage de sa raison. René Descartes (1596-1650) dit la même chose lorsqu'il écrit : « L'homme, par la raison, peut se rendre maître et possesseur de la nature. ».

À partir de la Renaissance, la prise de conscience d'un accroissement des connaissances par découvertes successives conduit à la remise en cause d'une vision pessimiste de l'histoire humaine : « Il convient par propres inventions d'augmenter la doctrine des anciens, sans s'arrêter seulement aux versions, expositions, corrections et abrégés de leurs écrits. ».

L'idée d'un progrès illimité émerge peu à peu, en même temps que celle d'un enchaînement des connaissances. Pour Leibniz, « le meilleur des mondes se métamorphose au cours de la meilleure des histoires ».

Marie Jean Antoine Nicolas de Caritat, marquis de Condorcet (1743-1794), philosophe, mathématicien et homme politique français, collaborateur de l'*Encyclopédie*, académicien, député à l'Assemblée législative, où il présenta un plan d'organisation de l'instruction publique, Girondin jeté par la Terreur dans la prison où il se donne la mort par empoisonnement, « panthéonisé » en 1989, est notamment l'auteur de *Essai sur le calcul intégral* (1765), *Essai d'analyse* (1768) d'où est né son projet d'une « mathématique sociale » permettant d'établir des prévisions fiables pour l'humanité. Au-delà de ses essais mathématiques, l'*Esquisse d'un tableau historique des progrès de l'esprit humain*, paru en 1795 après sa mort, expose une théorie selon laquelle l'émancipation du genre humain, composée de neuf étapes, débute par la Réforme et l'invention de la presse et atteint son apogée dans la Révolution. La décadence et le retour à la barbarie continueront cependant à menacer l'humanité si le savoir est détenu par une caste fermée, car seule la diffusion des connaissances scientifiques lui permet d'accéder au stade supérieur du progrès. Il résume l'idéal des philosophes du siècle de Lumières en trois mots : raison, tolérance, humanité. Condorcet apparaît ainsi comme très représentatif du siècle des Lumières.

L'article « Progrès » du *Grand Dictionnaire universel du XIXe siècle* est significatif : « Cette idée que l'humanité devient de jour en jour meilleure est particulièrement chère à notre siècle : la foi du progrès est la vraie foi de notre âge. C'est là une croyance qui trouve peu d'incrédulité. ». Dans le même sens, Ernest Renan (1823-1892) affirme : « Ce n'est pas une exagération de dire que la science renferme l'avenir de l'humanité, qu'elle seule peut lui dire le mot de sa destinée et lui enseigner la manière d'atteindre sa fin. ».

- Le progrès a rendu l'homme maître de la nature :

L'esprit humain, capable de découvrir le code génétique de l'ADN, de modéliser le climat sur des millions d'années, de comprendre la naissance des galaxies… semble appelé à savoir toujours plus et toujours mieux. Comme l'écrit Jean Dausset, prix Nobel de médecine : « Il n'y a pas de limite à la connaissance ; c'est la fierté et l'honneur de l'espèce humaine. ». Les applications de ces savoirs semblent illimitées et rendent l'homme capable de faire le bonheur de l'humanité : il sait éradiquer des maladies, accroître sa longévité, rendre instantané l'accès à l'information.

C'est certainement dans le domaine de la génétique que les progrès sont les plus spectaculaires :

L'homme est ainsi capable d'insérer dans le bagage génétique d'un organisme une information génétique ponctuelle (un gène) venue d'un autre organisme. On obtient ainsi un « organisme génétiquement modifié » (OGM). On a par exemple introduit dans le maïs, qui possède une centaine de milliers de gênes, un gêne permettant la synthèse d'une toxine contre un insecte nuisible qui le rend résistant à cet insecte. On peut de la même façon rendre une plante résistante à un herbicide.

L'embryon humain débute sa vie par l'accouplement de deux gamètes, l'ovocyte et le spermatozoïde. Cette fécondation peut se réaliser in vitro, grâce à un prélèvement des ovocytes de la mère : l'embryon peut être immédiatement implanté dans l'utérus ou bien des année plus tard. Cette méthode appelée fivete (Fécondation In Vitro Et Transplantation d'Embryon) aide à la conception d'un enfant dans un projet parental et entre dans le cadre de la procréation médicalement assistée (PMA). Il est techniquement possible de cultiver un embryon en laboratoire : après division de la cellule unique obtenue après fécondation, on peut dissocier les cellules de l'embryon jusqu'au stade de huit cellules et réimplanter chacune d'elles dans des utérus. Chaque cellule dissociée (cellule souche totipotente) permet de créer un animal entier : les jumeaux obtenus sont des clones, êtres génétiquement identiques. On peut choisir parmi plusieurs embryons cultivés et ne réimplanter que ceux qui sont indemnes de maladies. À un stade plus avancé (cent cellules), l'embryon comprend des cellules périphériques (placenta) et des cellules internes (embryon), cellules embryonnaires pluripotentes, qui peuvent être reproduites à volonté, conservées, transformées en cellules musculaires, nerveuses, cutanées, hépatiques, etc. Cela nécessite encore des recherches : c'est pour cette raison que des scientifiques souhaitent pouvoir manipuler des embryons surnuméraires (obtenus in vitro, conservés par les laboratoires, abandonnés par les parents).

On est aussi aujourd'hui capable de prélever un ovocyte, d'en extraire le noyau et de le remplacer par le noyau d'une cellule d'une autre personne : réimplanté dans un utérus, cet ovocyte formerait un clone reproductif, être génétiquement identique à celui de la personne. C'est ce qu'on appelle le clonage thérapeutique, puisqu'il est possible de produire des cellules souches dont le patrimoine génétique est identique à celui du futur receveur.

- Géant par sa capacité à maîtriser le monde, l'homme reste un nain en matière de qualités morales :

Apprenti sorcier, l'homme semble bien peu se soucier des conséquences de ses actes : alors qu'il connaît de manière de plus en plus précise les effets néfastes de ses décisions, il ne réagit que très lentement et très faiblement, davantage guidé par la recherche du profit que par la volonté de préserver l'avenir de ses enfants.

Quelques exemples :

Les pays industrialisés rejettent annuellement des milliards de tonnes de polluants. L'atmosphère est notamment polluée par l'acide chlorhydrique (incinération des ordures ménagères), le monoxyde de carbone (combustion incomplète des carburants), le monoxyde d'azote (combustions à haute température), le dioxyde de soufre (combustion de carburant en présence d'humidité, dans les centrales électriques utilisant le charbon ou le pétrole), etc. Dans certaines agglomérations, comme Los Angeles, Athènes ou Paris, situées dans des régions ensoleillées, se forme fréquemment

un brouillard renfermant des gaz toxiques (« *smog* » anglais). Le mélange atmosphérique, qui permet la dilution des polluants dans l'atmosphère, est remis en question en cas d'inversion thermique (cas où une couche d'air froid se trouve au-dessous d'une couche d'air chaud) : les concentrations de polluants peuvent alors devenir très dangereuses. La pollution atmosphérique est responsable d'un nombre croissant d'affections respiratoires surtout chez les enfants et les adultes fragiles. À Londres, du 5 au 9 décembre 1952, le *smog* a été à l'origine de quatre mille décès.

L'effet de serre : la combustion des carburants fossiles (charbon, pétrole, gaz naturel) libère dans l'atmosphère une partie du carbone qui était stocké dans le sous-sol sous la forme de carbone fossile. La destruction des forêts tropicales, « poumon vert » de la planète, contribue également à la hausse de la teneur de l'atmosphère en gaz carbonique. La teneur de l'atmosphère en gaz carbonique était, semble-t-il, restée stable pendant des siècles et a augmenté depuis 1850. Ce changement est à l'origine du réchauffement de la température de la surface de la Terre : depuis 1850, cette température moyenne a augmenté de près de 1°C. Si l'augmentation de la teneur de l'atmosphère en gaz carbonique continue au rythme actuel, l'élévation de température pourrait être en 2100 de 6 °C. Le niveau des mers s'élèverait alors de 80 mètres en raison de l'accélération de la fonte des glaces polaires. La perturbation du régime des pluies devrait entraîner la désertification de zones actuellement tempérées. D'autres gaz, comme le méthane et les chlorofluorocarbones (CFC), contribuent également à l'effet de serre. On estime que le gaz carbonique y contribue à 49 %. Les États-Unis sont le premier pays émetteur de gaz carbonique, à raison de 20,1 tonnes par habitant et par an, à comparer aux 6,4 tonnes émises par la France.

De manière encore plus préoccupante, l'homme semble capable d'utiliser les pouvoirs que lui donne la science pour détruire sciemment d'autres hommes : si les armes de destruction massive relèvent aujourd'hui autant des fantasmes des pays occidentaux qui se sentent par elles menacés que de la réalité, on ne saurait oublier que ces armes ont déjà été réellement utilisées, des camps de concentration nazis à l'Irak, en passant par Hiroshima ou par le Vietnam.

On peut également craindre que le mercantilisme écarte tout scrupule en matière de production de clones humains : si l'annonce par les raéliens de la réussite du premier clonage humain a si largement défrayé la chronique bien qu'elle relevât de la supercherie, c'est que l'on sent bien que le clonage est à portée de main alors que l'on parvient à peine à imaginer les conséquences éthiques d'une telle découverte.

Des arguments à prolonger

Les autres maux qui minent le progrès, évoqués par l'auteur, mais non développés

- La remise en cause de la pensée moderne comme progrès par rapport à la pensée antérieure :

L'histoire aurait un sens (au double sens de signification et de direction) qui serait celui de l'amélioration progressive de la condition humaine.

Cette conception de l'histoire est propre aux civilisations occidentales et fondée sur la tradition dite « judéo-chrétienne », c'est-à-dire marquée par le christianisme. D'autres civilisations ont une autre vision de leur devenir que la nôtre : c'est le cas des sociétés dites « sauvages » à propos desquelles Claude Lévi-Strauss écrit : « Les peuples heureux n'ont pas d'histoire. ». Qu'est-ce que cela signifie ? Que certains peuples ont fondé leur devenir non sur le changement mais sur la répétition à l'infini : pas de science cherchant à comprendre le monde et à l'expliquer, pas de techniques nouvelles fondées sur la science, pas de bouleversement des rapports sociaux par l'évolution technique, bref, pas d'autre histoire que la répétition des manières de croire, de faire et de dire des ancêtres. Pour expliquer le monde et lui donner du sens, il suffit de se raconter les histoires, transmises par la tradition orale, que l'on a toujours racontées.

Notre civilisation au contraire, lorsqu'elle qualifie ces civilisations de primitives, affirme à la fois sa confiance dans le progrès, et sa conviction que d'autres civilisations sont restées à un stade antérieur du développement qui fut le nôtre et se développeront nécessairement un jour comme nous nous sommes nous-mêmes développés : notre civilisation a en effet longtemps pensé avoir vocation à devenir universelle, elle s'est conçue comme un modèle qui serait nécessairement suivi par d'autres civilisations tenues pour moins développées. C'est l'un des fondements du colonialisme : il repose évidemment sur l'exploitation des richesses des pays colonisés pour le compte des pays colonisateurs mais aussi sur l'acculturation des pays colonisés. L'ethnocentrisme, c'est-à-dire la tendance des individus à regarder les autres civilisations que la leur au travers des prismes de leur propre culture, peut ainsi aller jusqu'à l'ethnocide, destruction culturelle d'une société.

Lorsqu'un ethnologue comme Lucien Lévy-Bruhl écrit, en 1922, *La Mentalité primitive*, ses analyses sont sous-tendues par l'idée que les civilisations qu'il étudie se trouvent situées à un stade antérieur du développement et qu'elles ont vocation à devenir un jour aussi civilisées que la nôtre : pas d'autre évolution possible que le progrès tel que le conçoivent les Occidentaux, pas de progrès qui prenne une autre forme que celle découverte par l'Occident.

Lorsqu'un autre ethnologue, Claude Lévi-Strauss, célèbre auteur de *Tristes Tropiques*, écrit *La Pensée sauvage* en 1962, le titre choisi, malicieusement illustré d'une fleur (une pensée sauvage !), récuse l'ethnocentrisme de Lévy-Bruhl en abandonnant à la fois le terme péjorativement connoté de « mentalité » au profit du mot « pensée » qui accorde aux modes de représentation d'autres civilisations la même valeur qu'aux nôtres, et le terme de « primitif » : les peuples observés ne sont plus considérés comme à un stade antérieur du développement mais analysés comme développant une culture qui leur est propre et qui peut être aussi « avancée » que la nôtre.

- La « déconnexion » du progrès intellectuel et du progrès social :

L'*Encyclopédie ou Dictionnaire raisonné des sciences, des arts et des métiers,* parue de 1751 à 1772, est certainement l'œuvre la plus représentative du XVIIIe siècle, baptisé « Siècle des Lumières » : rejetant les vérités indémontrables (théologie, métaphysique) et la tradition, les « philosophes » de ce siècle cherchent à éclairer de la lumière de la raison les fondements de la vie de l'homme en société ; leur entreprise repose sur leur confiance dans la raison humaine pour répondre à toutes les questions et sur leur foi dans le progrès qui rendra les hommes plus heureux : la connaissance n'est plus réservée à quelques-uns, mais, proposée à tous, elle sera l'instrument du bonheur de l'homme, dont l'esprit a vocation à embrasser l'ensemble des savoirs.

Le contraste entre le progrès intellectuel de ce siècle, qui va largement déterminer la révolution industrielle du siècle suivant, et l'absence de progrès social jusqu'à la fin du XIXe siècle, est saisissant.

Sous l'Ancien Régime, le pauvre n'a pas de droits, mais le devoir de respecter l'ordre, et le riche a le devoir de le secourir pourvu qu'il soit incapable de travailler. Cette obligation morale est sous-tendue par une des vertus chrétiennes, la charité.

La Révolution française fonde l'obligation pour la société de donner du travail à ceux qui peuvent travailler et d'assister ceux qui ne le peuvent pas.

Le comité de la mendicité, présidé par le duc de La Rochefoucauld-Liancourt, adopte des conclusions... révolutionnaires : « On a toujours pensé à faire la charité aux pauvres et jamais à faire valoir les droits de l'homme pauvre sur la société, et ceux de la société sur lui. ». Cette obligation sociale est solennellement affirmée par la Déclaration des droits de l'homme et du citoyen de 1793 : « Les secours publics sont une dette sacrée. La société doit la subsistance aux citoyens malheureux, soit en leur procurant du travail, soit en assurant les moyens d'exister à ceux qui sont hors d'état de travailler. ».

Il faudra cependant attendre un siècle pour que ces droits deviennent réalité. En attendant, c'est à la famille, aux collectivités locales, à toute personne charitable d'intervenir, sans que l'État, très réticent à accepter que des individus s'associent pour porter secours, ne l'impose.

Article 205 du Code civil (1803) : « Les enfants doivent des aliments à leurs père et mère et autres ascendants qui sont dans le besoin. ».

Adolphe Thiers : « La bienfaisance est assurément la plus belle et la plus attachante des vertus. De même que l'individu ne saurait trop s'y livrer, l'État non plus ne saurait trop la pratiquer. Il importe que cette vertu, quand elle devient de particulière à collective, de vertu privée à vertu publique, garde son caractère de vertu, c'est-à-dire volontaire, spontanée, libre, enfin de faire ou de ne pas faire car autrement elle cesserait d'être une vertu pour devenir une contrainte, et une contrainte désastreuse. ».

Mais l'industrialisation donne naissance, dans toute l'Europe occidentale, à une classe ouvrière constituée grâce à l'émigration vers les villes des populations les plus pauvres des campagnes qui constituent le prolétariat en haillons (« *Lumpenproletariat* »), décrit par Karl Marx « putréfaction des anciennes couches de la société ». Éloignés des moyens de production qui ne sont plus abordables pour eux (la machine est devenue « une force aristocratique »), leur savoir-faire rendu inutile par l'évolution technique, ces ouvriers vendent leur seule force de travail pour des salaires que la poussée démographique et l'exode rural permettent de maintenir à des niveaux extrêmement bas : de 1815 à 1850, les salaires ont baissé. Alors que le prix d'un pain varie en France, entre 1815 et 1848, de 0,30 F à 0,40 F le kilo, le salaire est d'environ 2,00 F par jour en 1848. Le travail des femmes et des jeunes enfants est une nécessité pour les familles ouvrières. Si les salaires augmentent de 1850 à 1870 (plus 40 % en France), cette hausse est amputée par l'augmentation des prix alimentaires et des loyers.

Victor Hugo, Émile Zola, décrivent cette « inhumaine condition » chantée par Jacques Brel, dans *Jaurès* :

« Ils étaient usés à quinze ans
Ils finissaient en débutant
Les douze mois s'appelaient décembre
Quelle vie ont eu nos grands-parents
Entre l'absinthe et les grand-messes
Ils étaient vieux avant que d'être
Quinze heures par jour le corps en laisse
Laissent au visage un teint de cendre. »

En 1889, le Congrès de l'assistance publique proclame l'obligation pour les collectivités locales de prendre en charge, avec l'aide de l'État, l'assistance aux pauvres incapables de travailler. Là, ce qui est révolutionnaire, c'est, 100 ans après la Révolution, l'obligation faite aux pouvoirs publics de porter assistance.

- La fragilité du progrès

L'histoire des civilisations prouve leur fragilité : toutes les grandes civilisations du passé (égyptienne, grecque, romaine…) ont disparu après une phase de décadence. Après leur effondrement, ces civilisations ont toujours laissé la place à une longue période de régression intellectuelle, économique, sociale.

Des arguments à contester

- L'homme serait resté un nain en matière de qualités morales, durablement incapable de discerner le bien du mal.

Pour Blaise Pascal (1623-1662), ce qui distingue l'homme du reste de la création, c'est qu'il est conscient de ses faiblesses.

Les Pensées, recueil de notes destinées à une *Apologie de la religion chrétienne* inachevée, combattues par les philosophes du XVIIIᵉ siècle, réhabilitées par les romantiques au XIXᵉ siècle, décrivent la misère de l'homme sans Dieu, perdu entre l'infiniment grand et l'infiniment petit, incapable de parvenir à la vérité, égaré par « les puissances trompeuses », imagination, coutume, amour-propre, incapable de concevoir la justice, réduit au « divertissement » (de *divertere*, se détourner de) pour se consoler de sa condition ; mais l'homme est aussi grand par sa pensée et son aspiration à l'infini.

« L'homme n'est qu'un roseau, le plus faible de la nature, mais c'est un roseau pensant. Il ne faut pas que l'univers entier s'arme pour l'écraser : une vapeur, une goutte d'eau, suffit pour le tuer. Mais, quand l'univers entier l'écraserait, l'homme serait encore plus noble que ce qui le tue, parce qu'il sait qu'il meurt, et l'avantage que l'univers a sur lui ; l'univers n'en sait rien. »

- La crise de la civilisation occidentale aurait pour cause la crise du progrès :

Bien d'autres crises que celle du progrès minent la civilisation occidentale, par exemple :

Le choc des civilisations

Alors que Francis Fukuyama annonce *La Fin de l'histoire,* Samuel Huntington prédit, lui, dans *Le Choc des civilisations* (1997), que le XXIᵉ siècle, après les guerres du XIXᵉ entre nations puis les guerres du XXᵉ siècle entre idéologies, sera celui des guerres

entre civilisations, c'est-à-dire, en fait, entre les différentes religions qui sous-tendent ces civilisations. Parmi ces chocs, celui des civilisations judéo-chrétiennes et des civilisations islamiques serait particulièrement marquant.

La crise des idéologies

La chute du mur de Berlin en 1989 a déclenché en cascade une série d'événements qui ont abouti à la disparition des régimes communistes à l'Est (1989-1990) et à la disparition de l'URSS (1991). Le combat commencé en 1947 entre capitalisme et communisme prend fin : un nouvel ordre mondial se met en place. Les États-Unis apparaissent comme la seule superpuissance planétaire tout en redevenant le pôle dynamique de l'économie et de la technologie mondiales. La bipolarisation Est-Ouest a définitivement éclaté. Les pays communistes s'ouvrent au capitalisme, des « marchés émergents » voient le jour, le commerce mondial prend de l'essor.

L'ampleur des flux financiers, le pouvoir exorbitant des marchés financiers trouvent leur source dans la fin des parités fixes entre monnaies (Bretton Woods, juillet 1944), au profit d'un système de change flottant. Ce ne sont plus les États qui définissent le cours des monnaies, mais les marchés financiers. À partir des Trente Glorieuses, de nouvelles institutions, sociétés de placement, caisses de retraite, fonds de pension, drainent ces nouvelles ressources vers les marchés financiers. Dans la seconde moitié des années 1980, les entreprises délocalisent massivement leurs activités pour accroître leur compétitivité. Des économies longtemps repliées sur elles-mêmes (Chine, Russie) s'ouvrent aux capitaux occidentaux. Dans ce contexte, émergent des multinationales, qui conçoivent, vendent et produisent dans le monde entier (Nike, Sony, Ford, Daimler-Chrysler…).

Les années 1990 voient émerger une force de contestation et de proposition à l'échelle mondiale : les 15 000 ONG internationales, les 7 000 ONG nationales ou locales, organisées en réseaux (défense de la paix et de la démocratie, aide humanitaire, planning familial, développement local, micro-crédit, commerce équitable, lutte contre la déforestation, pour la sauvegarde de la biosphère…) ne bénéficient pas toutes du soutien de l'opinion internationale. Les luttes et mouvements antimondialisation, apparus à la fin des années 1990, incluent des ONG liées au développement ou à la défense des droits, mais les dépassent largement avec la mise en place d'un réseau mondial de protestation antimondialisation. Toutes les actions internationales de protestation (quarante mille manifestants contre l'OMC à Seattle en 1999, contre le forum économique de Davos début 2000, lors des AG du FMI et de la Banque mondiale à Prague fin 2000, au sommet européen de Nice…) ont pour point commun de contester la mondialisation, analysé comme un phénomène global et dévastateur, source d'inégalité et de dégradation de la planète.

Pour certains (rapport 2001 de l'ONU sur la situation sociale mondiale), la société civile constituerait « une pré-condition pour le développement de la démocratie et de la participation populaire ». Pour d'autres, cette idéologie accompagne le libéralisme et la mondialisation et empêche la réflexion sur les mécanismes de domination politique.

Ainsi, l'idéologie dominante, celle de la mondialisation, avec toutes ses ambiguïtés, est elle-même contestée, et cette contestation, en s'attaquant au profit, remet en cause les fondements mêmes des sociétés développées.

Un plan possible

L'émergence de la pensée moderne au XVIIe siècle a bien ouvert la voie d'un progrès qui rend l'homme maître de la nature. Si l'apparente absence de progrès de l'homme en matière morale trouble une vision idyllique du progrès, bien d'autres critiques, que Leo Strauss ne fait qu'esquisser, pèsent sur lui. De plus, la crise de l'Occident qui préoccupe l'auteur connaît peut-être d'autres causes que la crise du progrès.

Un traitement du sujet

Leo Strauss (1899-1973), philosophe et historien allemand, étudiant d'Edmund Husserl et de Martin Heidegger, enseignant à Chicago après avoir quitté l'Allemagne en 1932 pour la France, travaille sur la philosophie grecque, sur Spinoza, mais surtout sur la politique. Étudiant l'origine du droit naturel dans les œuvres de Platon, de Thucydide et de Hobbes, et sur la crise du droit moderne (*Droit naturel et Histoire*, 1963), il analyse l'histoire de la pensée politique grecque (*la Cité et l'Homme*, 1964). Il s'intéresse par ailleurs à l'histoire de la naissance de la modernité (*Essais politiques*, 1975).

Pour lui, trois philosophes marquent le passage entre la pensée antique et la pensée moderne : Machiavel, et son héritier Hobbes, par sa réduction du problème moral à une technique, puis Rousseau, qui oppose nature et histoire, et enfin Nietzsche par la volonté de puissance et le renversement des valeurs qu'il préconise pour l'arrivée du « Surhomme », fondement théorique, pour Leo Strauss du fascisme.

Il décrit ici une civilisation occidentale mise en péril par la crise de la notion de progrès. Qu'en est-il ? Le progrès est-il réellement en crise ? Certains maux du progrès que décrit rapidement Leo Strauss peuvent-ils être davantage explorés ? La crise de la civilisation occidentale ne connaîtrait-elle pas d'autres causes ?

L'émergence de la pensée moderne au XVIIe siècle a bien ouvert la voie d'un progrès qui rend l'homme maître de la nature. Si l'apparente absence de progrès de l'homme en matière morale trouble une vision idyllique du progrès, bien d'autres critiques, que Leo Strauss ne fait qu'esquisser, pèsent sur lui. De plus, la crise de l'Occident qui préoccupe l'auteur connaît peut-être d'autres causes que la crise du progrès.

L'émergence de la pensée moderne au XVIIe siècle a bien ouvert la voie d'un progrès qui rend l'homme maître de la nature.

« L'émergence de la pensée moderne depuis le XVIIe siècle marque certainement un progrès sans réserve sur toute pensée antérieure. », affirme Leo Strauss, posant un argument qu'il présente en même temps comme éminemment récusable.

Pour la plupart des philosophes de l'Antiquité, l'approche du monde est en effet fondée sur l'idée d'unité, d'éternité, d'immutabilité de l'univers. L'histoire est généralement considérée comme cyclique (on retrouve là quelque chose qui ressemble aux mythes des sociétés primitives, ou sauvages). Même si l'on trouve déjà chez Lucrèce (95-55 av. J.-C.) (« De natura rerum ») l'idée de progrès, pour lui, c'est l'affaiblissement des aptitudes naturelles de l'homme qui l'oblige à progresser en inventant des techniques.

Le catholicisme naissant soutient l'idée de progrès : l'histoire de l'humanité permet la réalisation progressive du plan de Dieu pour l'homme. Saint Augustin (354-430) compare la suite des générations à un seul homme qui « de l'enfance à la vieillesse poursuit sa carrière dans le temps en passant par tous les âges » : pour lui, la Providence

divine fait passer l'homme de la jeunesse (absence de loi) à l'âge adulte (celui de la loi), puis à celui de la grâce. La croissance spirituelle de l'humanité permet de parvenir à la Cité de Dieu même si le temps historique, celui des hommes, demeure synonyme de corruption, d'effritement, de dégradation. La Bible ne dit à peu près rien de la science. C'est la séparation radicale entre le monde de la nature et celui du divin, séparation propre au judéo-christianisme, qui a permis en Occident le développement considérable de la science. Le fossé, tout au long de l'histoire, n'a cessé de se creuser entre science et religion : Giordano Bruno a été emprisonné pendant huit ans par l'Inquisition et brûlé en 1600 (« Le contenu de tous mes livres en général est philosophique et j'y ai toujours parlé en philosophe, suivant la lumière naturelle, sans me préoccuper de ce que la foi nous commande d'admettre. »), Galilée a été condamné le 22 juin 1633 pour ses thèses affirmant l'héliocentrisme, l'Église a combattu les thèses de Darwin, critiqué la psychanalyse... En même temps, paradoxalement, le message biblique (« Emplissez la terre et soumettez-la. ») donne à l'homme vocation à maîtriser le monde par l'usage de sa raison. René Descartes (1596-1650) dit la même chose lorsqu'il écrit : « L'homme, par la raison, peut se rendre maître et possesseur de la nature. ».

Ce n'est qu'à partir de la Renaissance que la prise de conscience d'un accroissement des connaissances par découvertes successives conduit à la remise en cause d'une vision pessimiste de l'histoire humaine : « Il convient par propres inventions d'augmenter la doctrine des anciens, sans s'arrêter seulement aux versions, expositions, corrections et abrégés de leurs écrits. ».

L'idée d'un progrès illimité émerge peu à peu, en même temps que celle d'un enchaînement des connaissances. Pour Leibniz, « le meilleur des mondes se métamorphose au cours de la meilleure des histoires ». Marie Jean Antoine Nicolas de Caritat, marquis de Condorcet (1743-1794), philosophe, mathématicien et homme politique français, collaborateur de l'*Encyclopédie*, académicien, député à l'Assemblée législative, où il présenta un plan d'organisation de l'instruction publique, Girondin jeté par la Terreur dans la prison où il se donne la mort par empoisonnement, « panthéonisé » en 1989, est notamment l'auteur de *Essai sur le calcul intégral* (1765), *Essai d'analyse* (1768) d'où est né son projet d'une « mathématique sociale » permettant d'établir des prévisions fiables pour l'humanité.

Au-delà de ses essais mathématiques, l'*Esquisse d'un tableau historique des progrès de l'esprit humain*, paru en 1795 après sa mort, expose une théorie selon laquelle l'émancipation du genre humain, composée de neuf étapes, débute par la Réforme et l'invention de la presse et atteint son apogée dans la Révolution. La décadence et le retour à la barbarie continuent cependant à menacer l'humanité si le savoir est détenu par une caste fermée, car seule la diffusion des connaissances scientifiques lui permet d'accéder au stade supérieur du progrès. Il résume l'idéal des philosophes du siècle de Lumières en trois mots : raison, tolérance, humanité. Condorcet apparaît ainsi comme très représentatif du siècle des Lumières.

L'article « Progrès » du *Grand Dictionnaire universel du XIXᵉ siècle* est significatif : « Cette idée que l'humanité devient de jour en jour meilleure est particulièrement chère à notre siècle : la foi du progrès est la vraie foi de notre âge. C'est là une croyance qui trouve peu d'incrédulité. ». Dans le même sens, Ernest Renan (1823-1892) affirme : « Ce n'est pas une exagération de dire que la science renferme l'avenir de l'humanité, qu'elle seule peut lui dire le mot de sa destinée et lui enseigner la manière d'atteindre sa fin. ».

Cette évolution a ouvert la voie d'un progrès qui rend l'homme maître de la nature.

« L'idée de progrès, affirme Leo Strauss, était liée à celle de conquête de la nature, l'homme se transformant en maître et possesseur de la nature afin d'améliorer la condition de l'homme. »

L'esprit humain, capable de découvrir le code génétique de l'ADN, de modéliser le climat sur des millions d'années, de comprendre la naissance des galaxies... semble appelé à savoir toujours plus et toujours mieux. Comme l'écrit Jean Dausset, prix Nobel de médecine : « Il n'y a pas de limite à la connaissance ; c'est la fierté et l'honneur de l'espèce humaine. ». Les applications de ces savoirs semblent illimitées et rendent l'homme capable de faire le bonheur de l'humanité : il sait éradiquer des maladies, accroître sa longévité, rendre instantané l'accès à l'information. C'est certainement dans le domaine de la génétique que les progrès sont les plus spectaculaires :

L'homme est ainsi capable d'insérer dans le bagage génétique d'un organisme une information génétique ponctuelle (un gène) venue d'un autre organisme. On obtient ainsi un « organisme génétiquement modifié » (OGM). On a, par exemple, introduit dans le maïs, qui possède une centaine de milliers de gênes, un gêne permettant la synthèse d'une toxine contre un insecte nuisible qui le rend résistant à cet insecte. On peut de la même façon rendre une plante résistante à un herbicide.

L'embryon humain débute sa vie par l'accouplement de deux gamètes, l'ovocyte et le spermatozoïde. Cette fécondation peut se réaliser in vitro, grâce à un prélèvement des ovocytes de la mère : l'embryon peut être immédiatement implanté dans l'utérus ou bien des année plus tard. Cette méthode appelée fivete (Fécondation In Vitro Et Transplantation d'Embryon) aide à la conception d'un enfant dans un projet parental et entre dans le cadre de la procréation médicalement assistée (PMA). Il est techniquement possible de cultiver un embryon en laboratoire : après division de la cellule unique obtenue après fécondation, on peut dissocier les cellules de l'embryon jusqu'au stade de huit cellules et réimplanter chacune d'elles dans des utérus. Chaque cellule dissociée (cellule souche totipotente) permet de créer un animal entier : les jumeaux obtenus sont des clones, êtres génétiquement identiques. On peut choisir parmi plusieurs embryons cultivés et ne réimplanter que ceux qui sont indemnes de maladies. À un stade plus avancé (cent cellules), l'embryon comprend des cellules périphériques (placenta) et des cellules internes (embryon), cellules embryonnaires pluripotentes, qui peuvent être reproduites à volonté, conservées, transformées en cellules musculaires, nerveuses, cutanées, hépatiques, etc. Cela nécessite encore des recherches : c'est pour cette raison que des scientifiques souhaitent pouvoir manipuler des embryons surnuméraires (obtenus in vitro, conservés par les laboratoires, abandonnés par les parents).

On est aussi aujourd'hui capable de prélever un ovocyte, d'en extraire le noyau et de le remplacer par le noyau d'une cellule d'une autre personne : réimplanté dans un utérus, cet ovocyte formerait un clone reproductif, être génétiquement identique à celui de la personne. C'est ce qu'on appelle le clonage thérapeutique, puisqu'il est possible de produire des cellules souches dont le patrimoine génétique est identique à celui du futur receveur.

Mais, comme le souligne Leo Strauss, l'absence de progrès de l'homme en matière morale trouble une vision idyllique du progrès.

CULTURE GÉNÉRALE

Apprenti sorcier, l'homme semble bien peu se soucier des conséquences de ses actes : alors qu'il connaît de manière de plus en plus précise les effets néfastes de ses décisions, il ne réagit que très lentement et très faiblement, davantage guidé par la recherche du profit que par la volonté de préserver l'avenir de ses enfants.

Les pays industrialisés rejettent annuellement des milliards de tonnes de polluants. L'atmosphère est notamment polluée par l'acide chlorhydrique (incinération des ordures ménagères), le monoxyde de carbone (combustion incomplète des carburants), le monoxyde d'azote (combustions à haute température), le dioxyde de soufre (combustion de carburant en présence d'humidité, dans les centrales électriques utilisant le charbon ou le pétrole), etc. Dans certaines agglomérations, comme Los Angeles, Athènes ou Paris, situées dans des régions ensoleillées, se forme fréquemment un brouillard renfermant des gaz toxiques (« smog » anglais). Le mélange atmosphérique, qui permet la dilution des polluants dans l'atmosphère, est remis en question en cas d'inversion thermique (cas où une couche d'air froid se trouve au-dessous d'une couche d'air chaud) : les concentrations de polluants peuvent alors devenir très dangereuses. La pollution atmosphérique est responsable d'un nombre croissant d'affections respiratoires surtout chez les enfants et les adultes fragiles. À Londres, du 5 au 9 décembre 1952, le smog a été à l'origine de quatre mille décès.

L'effet de serre : la combustion des carburants fossiles (charbon, pétrole, gaz naturel) libère dans l'atmosphère une partie du carbone qui était stocké dans le sous-sol sous la forme de carbone fossile. La destruction des forêts tropicales, « poumon vert » de la planète, contribue également à la hausse de la teneur de l'atmosphère en gaz carbonique. La teneur de l'atmosphère en gaz carbonique était, semble-t-il, restée stable pendant des siècles et a augmenté depuis 1850. Ce changement est à l'origine du réchauffement de la température de la surface de la Terre : depuis 1850, cette température moyenne a augmenté de près de 1°C. Si l'augmentation de la teneur de l'atmosphère en gaz carbonique continue au rythme actuel, l'élévation de température pourrait être en 2100 de 6 °C. Le niveau des mers s'élèverait alors de 80 m en raison de l'accélération de la fonte des glaces polaires. La perturbation du régime des pluies devrait entraîner la désertification de zones actuellement tempérées. D'autres gaz, comme le méthane et les chlorofluorocarbones (CFC), contribuent également à l'effet de serre. On estime que le gaz carbonique contribue à 49 % à l'effet de serre. Les États-Unis sont le premier pays émetteur de gaz carbonique, à raison de 20,1 tonnes par habitant et par an, à comparer aux 6,4 tonnes émises par la France.

De manière encore plus préoccupante, l'homme semble capable d'utiliser les pouvoirs que lui donne la science pour détruire sciemment d'autres hommes : si les armes de destruction massive relèvent aujourd'hui autant des fantasmes des pays occidentaux qui se sentent par elles menacés que de la réalité, on ne saurait oublier que ces armes ont déjà été réellement utilisées, des camps de concentration nazis à l'Irak, en passant par Hiroshima ou par le Vietnam.

On peut également craindre que le mercantilisme écarte tout scrupule en matière de production de clones humains : si l'annonce par les raéliens de la réussite du premier clonage humain a si largement défrayé la chronique bien qu'elle relevât de la supercherie, c'est que l'on sent bien que le clonage est à portée de main alors que l'on parvient à peine à imaginer les conséquences éthiques d'une telle découverte.

Contrairement à ce qu'affirme l'auteur, cet aveuglement moral n'est pourtant peut-être pas total :

Pour Blaise Pascal (1623-1662), ce qui distingue l'homme du reste de la création, c'est qu'il est conscient de ses faiblesses. *Les Pensées*, recueil de notes destinées à une *Apologie de la religion chrétienne* inachevée, combattues par les philosophes du XVIIIe siècle, réhabilitées par les romantiques au XIXe siècle, décrivent la misère de l'homme sans Dieu, perdu entre l'infiniment grand et l'infiniment petit, incapable de parvenir à la vérité, égaré par « les puissances trompeuses », imagination, coutume, amour-propre, incapable de concevoir la justice, réduit au « divertissement » (de *divertere*, se détourner de) pour se consoler de sa condition ; mais l'homme est aussi grand par sa pensée et son aspiration à l'infini.

« L'homme n'est qu'un roseau, le plus faible de la nature, mais c'est un roseau pensant. Il ne faut pas que l'univers entier s'arme pour l'écraser : une vapeur, une goutte d'eau, suffit pour le tuer. Mais, quand l'univers entier l'écraserait, l'homme serait encore plus noble que ce qui le tue, parce qu'il sait qu'il meurt, et l'avantage que l'univers a sur lui ; l'univers n'en sait rien. »

Bien d'autres critiques, que l'auteur ne fait qu'esquisser, pèsent lourdement sur la notion de progrès.

D'abord, **les fondements mêmes de notre conception du progrès sont contestables**.

L'histoire aurait un sens (au double sens de signification et de direction) qui serait celui de l'amélioration progressive de la condition humaine. Cette conception de l'histoire est propre aux civilisations occidentales et fondée sur la tradition dite « judéo-chrétienne », c'est-à-dire marquée par le christianisme. D'autres civilisations ont une autre vision de leur devenir que la nôtre : c'est le cas des sociétés dites « sauvages » à propos desquelles Claude Lévi-Strauss écrit : « Les peuples heureux n'ont pas d'histoire. ». Qu'est-ce que cela signifie ? Que certains peuples ont fondé leur devenir non sur le changement mais sur la répétition à l'infini : pas de science cherchant à comprendre le monde et à l'expliquer, pas de techniques nouvelles fondées sur la science, pas de bouleversement des rapports sociaux par l'évolution technique, bref, pas d'autre histoire que la répétition des manières de croire, de faire et de dire des ancêtres. Pour expliquer le monde et lui donner du sens, il suffit de se raconter les histoires, transmises par la tradition orale, que l'on a toujours racontées.

Notre civilisation au contraire, lorsqu'elle qualifie ces civilisations de primitives, affirme à la fois sa confiance dans le progrès, et sa conviction que d'autres civilisations sont restées à un stade antérieur du développement qui fut le nôtre et se développeront nécessairement un jour comme nous nous sommes nous-mêmes développés : notre civilisation a en effet longtemps pensé avoir vocation à devenir universelle, elle s'est conçue comme un modèle qui serait nécessairement suivi par d'autres civilisations tenues pour moins développées. C'est l'un des fondements du colonialisme : il repose évidemment sur l'exploitation des richesses des pays colonisés pour le compte des pays colonisateurs mais aussi sur l'acculturation des pays colonisés. L'ethnocentrisme, c'est-à-dire la tendance des individus à regarder les autres civilisations que la leur au travers des prismes de leur propre culture, peut ainsi aller jusqu'à l'ethnocide, destruction culturelle d'une société.

Lorsqu'un ethnologue comme Lucien Lévy-Bruhl écrit en 1922 *La Mentalité primitive*, ses analyses sont sous-tendues par l'idée que les civilisations qu'il étudie se trouvent situées à un stade antérieur du développement et qu'elles ont vocation à devenir un jour aussi civilisées que la nôtre : pas d'autre évolution possible que le progrès tel que le conçoivent les Occidentaux, pas de progrès qui prenne une autre forme que celle découverte par l'Occident.

Lorsqu'un autre ethnologue, Claude Lévi-Strauss, célèbre auteur de *Tristes Tropiques*, écrit *La Pensée sauvage* en 1962, le titre choisi, malicieusement illustré d'une fleur (une pensée sauvage !), récuse l'ethnocentrisme de Lévy-Bruhl en abandonnant à la fois le terme péjorativement connoté de « mentalité », au profit du mot « pensée » qui accorde aux modes de représentation d'autres civilisations la même valeur qu'aux nôtres, et le terme de « primitif » : les peuples observés ne sont plus considérés comme à un stade antérieur du développement mais analysés comme développant une culture qui leur est propre et qui peut être aussi « avancée » que la nôtre.

Ensuite, la « déconnexion » du progrès social et du progrès intellectuel est particulièrement criante.

L'*Encyclopédie ou Dictionnaire raisonné des sciences, des arts et des métiers*, parue de 1751 à 1772, est certainement l'œuvre la plus représentative du XVIIIe siècle, baptisé « siècle des Lumières » : rejetant les vérités indémontrables (théologie, métaphysique) et la tradition, les « philosophes » de ce siècle cherchent à éclairer de la lumière de la raison les fondements de la vie de l'homme en société ; leur entreprise repose sur leur confiance dans la raison humaine pour répondre à toutes les questions et sur leur foi dans le progrès qui rendra les hommes plus heureux : la connaissance n'est plus réservée à quelques-uns, mais, proposée à tous, elle sera l'instrument du bonheur de l'homme, dont l'esprit a vocation à embrasser l'ensemble des savoirs.

Le contraste entre le progrès intellectuel de ce siècle, qui va largement déterminer la révolution industrielle du siècle suivant, et l'absence de progrès social jusqu'à la fin du XIXe siècle, est saisissant. Sous l'Ancien Régime, le pauvre n'a pas de droits, mais le devoir de respecter l'ordre, et le riche a le devoir de le secourir pourvu qu'il soit incapable de travailler. Cette obligation morale est sous-tendue par une des vertus chrétiennes, la charité. La Révolution française fonde l'obligation pour la société de donner du travail à ceux qui peuvent travailler et d'assister ceux qui ne le peuvent pas. Le comité de la mendicité, présidé par le duc de La Rochefoucauld-Liancourt, adopte des conclusions… révolutionnaires : « On a toujours pensé à faire la charité aux pauvres et jamais à faire valoir les droits de l'homme pauvre sur la société, et ceux de la société sur lui. ». Cette obligation sociale est solennellement affirmée par la Déclaration des droits de l'homme et du citoyen de 1793 : « Les secours publics sont une dette sacrée. La société doit la subsistance aux citoyens malheureux, soit en leur procurant du travail, soit en assurant les moyens d'exister à ceux qui sont hors d'état de travailler. ».

Il faudra cependant attendre un siècle pour que ces droits deviennent réalité. En attendant, c'est à la famille, aux collectivités territoriales, à toute personne charitable d'intervenir, sans que l'État, très réticent à accepter que des individus s'associent pour porter secours, ne l'impose.

D'après l'article 205 du Code civil (1803) : « Les enfants doivent des aliments à leurs père et mère et autres ascendants qui sont dans le besoin. ». Adolphe Thiers disait : « La bienfaisance est assurément la plus belle et la plus attachante des vertus. De même que l'individu ne saurait trop s'y livrer, l'État non plus ne saurait trop la pratiquer. Il importe que cette vertu, quand elle devient de particulière à collective, de vertu privée à vertu publique, garde son caractère de vertu, c'est-à-dire volontaire, spontanée, libre enfin de faire ou de ne pas faire, car autrement elle cesserait d'être une vertu pour devenir une contrainte, et une contrainte désastreuse. ».

Mais l'industrialisation donne naissance, dans toute l'Europe occidentale, à une classe ouvrière constituée grâce à l'émigration vers les villes des populations les plus pauvres des campagnes qui constituent le prolétariat en haillons (« *Lumpenproletariat* »), décrit par Karl Marx comme (la) « putréfaction des anciennes couches de la société. ». Éloignés des moyens de production qui ne sont plus abordables pour eux, (la machine est devenue « une force aristocratique »), leur savoir-faire rendu inutile par l'évolution technique, ces ouvriers vendent leur seule force de travail pour des salaires que la poussée démographique et l'exode rural permettent de maintenir à des niveaux extrêmement bas : de 1815 à 1850, les salaires ont baissé. Alors que le prix d'un pain varie en France, entre 1815 et 1848, de 0,30 F à 0,40 F le kilo, le salaire est d'environ 2,00 F par jour en 1848. Le travail des femmes et des jeunes enfants est une nécessité pour les familles ouvrières. Si les salaires augmentent de 1850 à 1870 (plus 40 % en France), cette hausse est amputée par l'augmentation des prix alimentaires et des loyers.

Victor Hugo, Émile Zola, décrivent cette « inhumaine condition » chantée par Jacques Brel, dans *Jaurès* :

« Ils étaient usés à quinze ans
Ils finissaient en débutant
Les douze mois s'appelaient décembre
Quelle vie ont eu nos grands-parents
Entre l'absinthe et les grand-messes
Ils étaient vieux avant que d'être
Quinze heures par jour le corps en laisse
Laissent au visage un teint de cendre. »

En 1889, le Congrès de l'assistance publique proclame l'obligation pour les collectivités locales de prendre en charge, avec l'aide de l'État, l'assistance aux pauvres incapables de travailler. Là, ce qui est révolutionnaire, c'est, 100 ans après la Révolution, l'obligation faite aux pouvoirs publics de porter assistance.

Enfin, **le progrès est extrêmement fragile**. L'histoire des civilisations prouve leur fragilité : toutes les grandes civilisations du passé (égyptienne, grecque, romaine, …) ont disparu après une phase de décadence. Après leur effondrement, ces civilisations ont toujours laissé la place à une longue période de régression intellectuelle, économique, sociale.

On touche ainsi du doigt le fait que d'autres périls que la crise de la notion de progrès, que l'auteur n'examine pas ici, menacent aujourd'hui notre civilisation :

Alors que Francis Fukuyama annonce *La Fin de l'histoire*, Samuel Huntington prédit, lui, dans *Le Choc des civilisations* (1997), que le xxiᵉ siècle, après les guerres du xixᵉ siècle entre nations puis les guerres du xxᵉ siècle entre idéologies, sera celui des guerres entre civilisations, c'est-à-dire, en fait, entre les différentes religions qui sous-tendent ces civilisations. Parmi ces chocs, celui des civilisations judéo-chrétiennes et des civilisations islamiques serait particulièrement marquant.

La chute du mur de Berlin en 1989 a déclenché en cascade une série d'événements qui ont abouti à la disparition des régimes communistes à l'Est (1989-1990) et à la disparition de l'URSS (1991). Le combat commencé en 1947 entre capitalisme et communisme prend fin : un nouvel ordre mondial se met en place. Les États-Unis apparaissent comme la seule superpuissance planétaire tout en redevenant le pôle dynamique de l'économie et de la technologie mondiales. La bipolarisation est-ouest a définitivement éclaté. Les pays communistes s'ouvrent au capitalisme, des « marchés émergents » voient le jour, le commerce mondial prend de l'essor.

L'ampleur des flux financiers, le pouvoir exorbitant des marchés financiers trouvent leur source dans la fin des parités fixes entre monnaies (Bretton Woods, juillet 1944), au profit d'un système de change flottant. Ce ne sont plus les États qui définissent le cours des monnaies, mais les marchés financiers. À partir des Trente Glorieuses, de nouvelles institutions, sociétés de placement, caisses de retraite, fonds de pension, drainent ces nouvelles ressources vers les marchés financiers. Dans la seconde moitié des années 1980, les entreprises délocalisent massivement leurs activités pour accroître leur compétitivité. Des économies longtemps repliées sur elles-mêmes (Chine, Russie) s'ouvrent aux capitaux occidentaux. Dans ce contexte, émergent des multinationales, qui conçoivent, vendent et produisent dans le monde entier (Nike, Sony, Ford, Daimler-Chrysler…).

Les années 1990 voient émerger une force de contestation et de proposition à l'échelle mondiale : les 15 000 ONG internationales, les 7 000 ONG nationales ou locales, organisées en réseaux (défense de la paix et de la démocratie, aide humanitaire, planning familial, développement local, micro-crédit, commerce équitable, lutte contre la déforestation, pour la sauvegarde de la biosphère…) ne bénéficient pas toutes du soutien de l'opinion internationale. Les luttes et mouvements antimondialisation, apparus à la fin des années 1990, incluent des ONG liées au développement ou à la défense des droits, mais les dépassent largement avec la mise en place d'un réseau mondial de protestation antimondialisation. Toutes les actions internationales de protestation (quarante mille manifestants contre l'OMC à Seattle en 1999, contre le forum économique de Davos début 2000, lors des AG du FMI et de la Banque mondiale à Prague fin 2000, au sommet européen de Nice…) ont pour point commun de contester la mondialisation, phénomène global et dévastateur, source d'inégalité et de dégradation de la planète.

Pour certains (rapport 2001 de l'ONU sur la situation sociale mondiale), la société civile constituerait « une pré-condition pour le développement de la démocratie et de la participation populaire ». Pour d'autres, cette idéologie accompagne le libéralisme et la mondialisation et empêche la réflexion sur les mécanismes de domination politique.

Ainsi, l'idéologie dominante, celle de la mondialisation, avec toutes ses ambiguïtés, est elle-même contestée, et cette contestation, en s'attaquant au profit, remet en cause les fondements mêmes des sociétés développées.

L'analyse de Leo Strauss contient en germe des critiques fondamentales de la notion du progrès qui fonde notre civilisation, mais son pessimisme peut être prolongé par la crainte que le progrès ne soit qu'une des valeurs aujourd'hui menacées. Le choc des civilisations et la fin des idéologies ouvrent peut-être la voie à des remises en cause plus radicales encore. Un espoir tout de même : cet homme que Leo Strauss décrit comme un nain moral est peut-être un géant par sa conscience de ses propres limites et sa volonté de les dépasser.

Histoire et géographie

Depuis quelques années, les épreuves de sélection des différents IEP valorisent avant tout les capacités d'analyse des candidats. À l'IEP de Paris par exemple, les bacheliers souhaitant intégrer la première année ont désormais à choisir entre trois sujets pour chacune des dissertations (au lieu de deux auparavant) et l'épreuve sur documents remplace celle des questions courtes. À l'IEP de Lille, la réforme des modalités des examens d'entrée pour l'année 2004-2005 (cent quarante places offertes en première année) laisse une plus grande place au choix des épreuves (histoire ou géographie en option). La présence de notes éliminatoires exige de ne pas se tromper d'épreuve…

Le niveau requis des connaissances est au minimum celui du bac, mais les exigences restent largement supérieures au niveau d'un candidat moyen.

Une préparation intensive aux épreuves d'histoire et de géographie est indispensable pour les candidats bacheliers comme pour ceux qui souhaitent intégrer un IEP en seconde année. Ce chapitre vise à faciliter la préparation en présentant la nature et les programmes des différentes épreuves puis en proposant des rappels méthodologiques ainsi que trois sujets (histoire première année – IEP Paris ; histoire seconde année – IEP Lille ; épreuve sur documents – IEP Lille) intégralement traités.

I. La nature des épreuves d'histoire et de géographie

Le concours d'entrée dans les IEP est ouvert à tous les bacheliers. Il s'agit d'un concours difficile et élitiste. Seule une petite partie des candidats réussira à intégrer l'IEP de Paris, de Lille ou de Strasbourg qui sont particulièrement sélectifs.

Dans certains IEP (Strasbourg par exemple), les bacheliers – mention « très bien » – de l'année du concours peuvent solliciter leur inscription sur titre en première année. L'admission est décidée par un jury composé d'enseignants de l'IEP. Cette pratique souligne que le niveau exigé des candidats est élevé…

Dans la plupart des IEP, une seconde chance est offerte pour une entrée en seconde année. Cette voie est réservée aux candidats de niveau bac + 2 au moins et elle reste également très sélective (quinze places à Strasbourg et une quarantaine à Lille en 2003…).

Les épreuves d'histoire et de géographie sont différentes pour l'entrée en première année et pour l'entrée en seconde année. Les conseils et les corrigés proposés ici pour chaque type d'épreuves peuvent cependant servir à l'ensemble des candidats.

A. L'épreuve écrite d'histoire

L'épreuve écrite d'histoire (une dissertation) est obligatoire pour rentrer en première année dans la plupart des IEP. Il en est ainsi à Paris et à Strasbourg par exemple. À l'IEP de Paris, cette épreuve fait partie des quatre épreuves d'admission en première année. Trois sujets sont proposés au choix et l'épreuve dure quatre heures.

À Strasbourg, la dissertation à caractère historique dure trois heures. Deux sujets sont proposés au choix. À Lille, l'histoire devient optionnelle à partir de 2004. Un seul sujet devrait être proposé aux candidats qui auront trois heures pour composer.

La dissertation d'histoire permet de vérifier le niveau des connaissances historiques du candidat et d'apprécier ses qualités de raisonnement et d'expression.

B. L'épreuve de géographie ou optionnelle

L'épreuve de géographie est parfois optionnelle pour le concours ouvert aux bacheliers.

À Lille, les candidats doivent choisir entre la géographie, les sciences économiques et sociales et l'histoire pour le troisième écrit d'admission en première année. L'épreuve de géographie dure deux heures. Elle consiste en une dissertation étayée par l'exploitation des documents et illustrée par un fond de carte à remplir sur un thème d'actualité. À titre d'illustration, le sujet (un seul sujet ou deux sujets au choix selon les années) de l'année 2000 par exemple : « Forces et faiblesses de l'Allemagne à l'aube du xxe siècle – 15 points – ; carte obligatoire – 5 points – (dossier documentaire et fond de carte fournis) ».

Une épreuve sur documents est également proposée à l'IEP de Paris (deux sujets au choix). Elle est obligatoire et consiste à répondre à une série de questions en s'appuyant sur des documents (une dizaine au maximum) de différentes natures (séries statistiques, graphiques, croquis ou textes). Le candidat doit choisir entre deux dossiers documentaires. Il dispose de quatre heures pour interpréter et confronter les données contenues dans les documents et répondre aux questions. Celles-ci sont assez larges pour laisser le candidat utiliser ses connaissances et son jugement personnel dans l'analyse des documents. Il doit aussi fournir un ou plusieurs croquis de synthèse pour présenter clairement ses idées.

Dans les IEP qui la proposent, cette épreuve sur documents permet de valoriser le bon sens et la clarté d'expression des candidats. Elle exige une bonne compréhension et une bonne analyse des documents, et des connaissances précises de l'actualité.

C. Les concours de recrutement en 2e année des IEP

Les concours de recrutement en seconde année des IEP présentent de grandes similitudes avec ceux de première année. L'IEP de Paris propose quatre épreuves d'admissibilité et une épreuve orale d'admission. Les candidats qui optent pour la dominante histoire-géographie ont une dissertation d'histoire obligatoire de quatre heures et une épreuve sur dossier (un seul sujet proposé contrairement à la première année) de quatre heures également. Une épreuve sur documents est également proposée. Le candidat aura à choisir entre deux dossiers constitués de quelques documents comme pour l'entrée en première année. Cette fois-ci, cependant, chaque dossier a une dominante, soit économique et sociale, soit historique et géographique. Chaque dossier est assorti d'une question d'ordre général à laquelle il faut répondre en s'appuyant sur les documents fournis. Cette épreuve est nouvelle (depuis 2000) et assez sélective selon les rapports du jury (une copie sur trois a la moyenne). Comme pour l'épreuve d'entrée en première année, le sujet est systématiquement lié à l'actualité (exemple : « L'Union européenne et l'immigration », IEP Paris 2002).

À Strasbourg, la sélection s'effectue par deux épreuves écrites de trois heures à choisir entre l'histoire générale, l'analyse économique et les institutions politiques françaises et étrangères.

À Lille, l'épreuve de géographie – sur documents – reste optionnelle (deux heures) et ceux qui la choisissent ne disposent que d'un sujet.

II. Les programmes

A. Le programme d'histoire

Le programme d'histoire pour l'entrée en première année des IEP correspond à celui de première et de terminale des lycées d'enseignement général. Le programme de l'IEP de Lille à partir de l'année 2003-2004 concerne « Le monde de 1945 à nos jours »…

Ce programme est plus large pour l'entrée à l'IEP de Paris puisqu'il porte sur « Le monde de 1914 à nos jours ». Il est présenté en quatre parties.

• *1. Guerres, démocraties et totalitarismes (1914-1945)*
– L'Europe et le monde en 1914.
– La Première Guerre mondiale et les bouleversements de l'Europe (cette étude inclut l'histoire de la Révolution russe de 1917 à la mort de Lénine).
– Les démocraties libérales (aspects économiques, sociaux et culturels inclus) dans l'entre-deux-guerres (France, États-Unis, république de Weimar).
– Les totalitarismes (fascisme, nazisme, stalinisme).
– Les relations internationales de 1919 à 1939.
• *2. Le monde de 1945 à nos jours*
– Le monde en 1945.
– Les grands modèles idéologiques du monde et leur évolution (la démocratie américaine depuis 1945 ; apogée et crise du modèle soviétique de 1945 à 1991).
– De la confrontation Est-Ouest à la recherche d'un nouvel ordre mondial de 1945 à nos jours.
– Le tiers-monde : indépendances, contestation de l'ordre mondial, diversification.

• *3. L'Europe de 1945 à nos jours*
– L'Europe de l'Ouest en construction jusqu'à la fin des années 1980.
– Le temps des démocraties populaires (1948-1989).
– Les enjeux européens depuis 1989.
• *4. La France de 1945 à nos jours*
– Bilan et mémoires de la Seconde Guerre mondiale.
– L'évolution politique.
– Économie, société, culture.
– La France dans le monde.
Les trois sujets proposés au choix aux candidats bacheliers par l'IEP de Paris en 2003 donnent une idée de l'ampleur des connaissances requises :
– « Le rôle de l'État dans la vie économique, sociale et culturelle en France de 1914 à nos jours »
– « Les États-Unis et l'Europe de 1917 à nos jours »
– « La construction européenne de 1945 à nos jours » (sujet traité dans la dernière partie du chapitre).
Remarquons en outre que l'un des trois sujets porte systématiquement sur la France, envisagée dans une perspective hexagonale ou bien internationale (ce qui interdit toute impasse sur l'histoire internationale).

B. Le programme de géographie

Le programme de géographie (épreuve sur documents ou dissertation avec croquis) porte sur le monde contemporain. Il correspond au programme de sciences économiques et sociales et à celui d'histoire et de géographie des lycées d'enseignement général.

Les sujets proposés à l'IEP de Lille en 2001 et en 1998 donnent une idée des connaissances requises et de la nature de l'épreuve sur documents :

Traiter les deux sujets suivants (2001)
1. « Le défi de l'agriculture chinoise : nourrir 1 250 millions de personnes (8 points) ; carte obligatoire (5 points). »
2. « Les dynamiques récentes de la population aux États-Unis (7 points). »

Traiter les deux sujets suivants (1998)
1. « La géographie de la population du tiers monde (8 points) ; carte obligatoire (5 points) ; un dossier documentaire et un fonds de carte fournis »
2. « L'industrie automobile en France (7 points) ».

C. Les programmes des examens d'entrée en 2ᵉ année en histoire

Les programmes des examens d'entrée en seconde année en histoire sont plus vastes que ceux de première année. Jusqu'en 2003 à Lille par exemple, le programme concernait :

• La France et le monde de 1848 à nos jours.
• La France et les grandes puissances européennes de 1848 à 1914 (Royaume-Uni, Allemagne, Russie, Autriche-Hongrie).
• La France de 1914 à 1939.

Le programme de 2004 porte sur :
• La France, les États-Unis, la Russie-URSS au XXe siècle.
• L'Europe au XXe siècle.

Le programme d'histoire proposé aux candidats à l'entrée en seconde année de l'IEP de Paris est le même que pour l'entrée en première année (« Le monde de 1914 à nos jours »). Il exige cependant d'approfondir les aspects économiques, culturels, sociaux (« L'âge industriel et sa civilisation ») et politiques (« États et nations ») des principales puissances. Ces orientations correspondent à celles des programmes d'enseignement d'histoire du secondaire. L'épreuve consiste en une composition sans question. Trois sujets sont proposés au choix et l'épreuve dure quatre heures.

Les sujets posés en 2003, au choix :
– « Les régimes totalitaires en Europe de 1917 à 1945 : caractères généraux et évolution »
– « Les relations entre la France et les États-Unis de 1917 à nos jours »
– « Les Français face à l'occupant allemand de 1940 à 1944 ».

Les candidats à l'IEP de Paris peuvent également prendre l'histoire du XIXe siècle comme option. Trois sujets leur seront proposés au choix pour une composition de quatre heures. Les sujets de 2003 étaient :
– « L'idée de révolution en France de 1815 à 1914 »
– « L'année 1848 en Europe »
– « L'Allemagne et le monde de 1871 à 1914 ».

III. Rappels méthodologiques

Conseils généraux

Les épreuves d'histoire et de géographie visent à tester la capacité des candidats à s'interroger sur un problème, à élaborer une analyse rigoureuse et une argumentation cohérente qui conduisent à une conclusion fondée. Elles consistent chacune à leur manière à étudier une question fondamentale du monde contemporain. Elles exigent que les candidats disposent d'une solide culture.

Ces épreuves permettent également de tester les capacités d'expression, les qualités de compréhension, de réflexion et de jugement des candidats. La maîtrise du français est absolument indispensable (certains rapports de jurys des IEP font état d'une mauvaise maîtrise de l'orthographe, de la grammaire ou de la syntaxe…). Le candidat doit démontrer qu'il est capable d'utiliser les ressources de la langue (vocabulaire précis et diversifié, sens des nuances…). On ne saurait trop conseiller de porter une attention particulière à l'écriture manuscrite, d'autant plus que l'ordinateur remplace souvent le crayon… Attention aux surprises le jour des épreuves !… Il faut continuer à écrire car on désapprend facilement.

L'évolution des épreuves de sélection des IEP montre que les jurys ne valorisent pas seulement les connaissances mais également la maîtrise du raisonnement à l'écrit, la réflexion, l'analyse et la capacité de synthèse. Les épreuves d'histoire et de géographie se distinguent de l'exercice d'érudition comme du devoir du baccalauréat. Les jurys sont exigeants. Ils attendent des candidats qu'ils démontrent de réelles capacités d'historien et de géographe (précision, objectivité, analyse).

▶ L'épreuve d'histoire ◀

L'épreuve fait appel à la culture historique du candidat, elle mobilise ses savoirs et exige une maîtrise des concepts et des exemples et références contemporaines. La capacité de démonstration, de jugement et de réflexion est mobilisée. Le candidat doit montrer des qualités de jugement et discerner l'essentiel du sujet, construire et élucider le problème, ordonner sa réflexion afin de conduire à la conclusion qui illustre sa capacité de jugement. Le plan en deux ou trois parties (moins conseillé) doit être cohérent et offrir une démonstration rigoureuse et claire.

L'épreuve d'histoire à l'entrée de la plupart des IEP est une des épreuves essentielles. En trois ou quatre heures, le candidat doit montrer qu'il est capable de construire une problématique à partir du sujet choisi et de rédiger un développement structuré et argumenté. L'étude du programme doit conduire à un niveau élevé de culture historique générale et à une maîtrise de la dissertation. Elle suppose de maîtriser les bons manuels du secondaire (première et terminale) et des manuels d'histoire générale du XXe siècle (voir bibliographie p. 257).

L'analyse de quelques sujets et celle des rapports de jurys conduisent à certaines remarques d'ordre général. Le jury n'attend pas seulement une présentation de connaissances sur un sujet. Par exemple, pour le sujet sur « Les partis politiques en France de 1945 à nos jours » (IEP Paris, 2002), il ne suffit pas de résumer la vie politique française depuis la Libération, mais d'analyser l'évolution des principales forces politiques et leur rôle dans l'évolution de la démocratie française. Toute approche historique se définissant en termes de rupture(s) et de continuité(s), il convient aussi de situer le sujet dans la longue durée (rupture / continuité par rapport à l'entre-deux-guerres ?).

Les développements lacunaires (oublis ou bien aspects du sujet abordés trop vite), une mauvaise interprétation et une mauvaise hiérarchisation des faits sont à proscrire. Les événements fondateurs du siècle (guerres mondiales, révolution d'Octobre, décolonisation) comme les changements majeurs les plus récents (depuis la chute du mur de Berlin), mais aussi les questions des programmes d'histoire contemporaine des concours de recrutement d'enseignants d'histoire du secondaire (CAPES et agrégation) doivent être connus. Les enseignants des IEP (Paris en tête) peuvent contribuer au choix de la question de l'agrégation d'histoire. Cette question peut influencer leur choix en matière de sujet de sélection à l'IEP… Le programme d'histoire contemporaine de 2003 à 2005 doit donc être connu. Il s'agit de « Guerres et sociétés entre 1911 et 1946 (Europe, Russie-URSS, Japon, USA) ».

Ainsi, le sujet proposé par l'IEP de Paris en 2002 (« L'Europe au lendemain de la Première Guerre mondiale ») exigeait-il d'analyser l'impact de la révolution bolchevique mais aussi d'aborder les développements postérieurs aux traités de paix et de ne négliger aucun des aspects (démographiques, économiques, sociaux et politiques) de la question.

Un dernier conseil concerne toutes les épreuves d'histoire. Il faut se garder de tout anachronisme et de tout déterminisme rétrospectif qui sont contraires à la démarche scientifique de l'historien et donc du candidat aux IEP. Seul l'emploi d'exemples appropriés et la présentation d'une chronologie rigoureuse peuvent éviter ces écueils.

Au terme de ces remarques, quelques conseils : Posséder les connaissances précises du programme ne suffit pas. Il faut lire et interpréter le sujet avec une grande attention et le traiter de façon large pour l'aborder en historien. Il faut lui poser la question classique qui est celle de la rupture ou de la continuité et le situer dans une perspective générale. Le candidat doit être persuadé que son sujet est d'un intérêt fondamental et il doit en convaincre le correcteur. Notons enfin que plus ses connaissances seront précises moins il risquera d'être dérouté par un sujet. Il convient donc de s'entraîner à définir autant de sujets que possible et à les traiter même succinctement afin d'aiguiser son esprit de synthèse. La confrontation de plans et d'idées dans le cadre d'un travail de groupe est vivement conseillée pendant la préparation.

▶ L'épreuve de géographie – épreuve sur documents ◀

La géographie suit quelques règles qui la distinguent de l'histoire. Elle s'appuie sur trois principes fondamentaux qu'il faut avoir en tête pour se préparer aux épreuves et qu'il faut appliquer le jour du concours.

La première tâche du géographe consiste à **localiser** un fait dans l'espace. Elle guide toute démonstration géographique. La multiplication des chiffres de production n'a aucun sens si leur localisation n'est pas clairement précisée. La localisation est l'élément privilégié par le géographe. Tout exemple est localisé.

Le second principe du géographe consiste à **décrire** de façon minutieuse l'espace où s'inscrit le phénomène étudié. Une étude sur l'urbanisation, par exemple, s'appuie sur la description détaillée des paysages urbains. Cette description est aussi nécessaire que la présentation et l'analyse de statistiques démographiques ou sociales.

La troisième règle consiste à fournir une **explication objective** des faits étudiés. La recherche des origines des faits, l'analyse de leur enchaînement ainsi que la reconstitution des logiques entre ces faits s'imposent. Le recours aux comparaisons est une garantie d'objectivité et d'efficience. Il permet aux géographes de construire la carte de synthèse qui servira à illustrer la démonstration. La valeur de cette carte dépend de l'argumentation mais aussi de sa présentation (clarté et précision de la légende et des symboles, pertinence du titre…).

Un dernier point distingue la préparation des épreuves de géographie de celle d'histoire. La géographie procédant par **comparaison**, la maîtrise d'un exemple détaillé suffit à préparer chaque thème du programme. Ainsi, par exemple, une assez bonne connaissance de Tokyo (synthétisée dans une fiche) suffit à illustrer le thème des mégalopoles.

L'épreuve sur documents invite à une réflexion d'ensemble sur les enjeux et sur chacune des dimensions du problème (économique, politique, sociale, historique, géographique…) du sujet.

Cette épreuve doit se préparer durant toute l'année, car elle exige une solide culture générale et des connaissances sur l'actualité. Lorsqu'il ne fournit pas de fond de carte, le jury attend un croquis de synthèse qui ne peut être établi qu'avec entraînement.

De très nombreux candidats négligent la préparation de l'épreuve sur documents alors qu'elle permettra de rapporter des points assez facilement si on maîtrise la technique du croquis et celle de l'usage des documents. Cette épreuve ne consiste pas en de mini-dissertations à partir de chaque document, mais exige une grande rigueur pour utiliser les documents pour répondre à une question précise et à illustrer la démonstration. Les références à chaque document sont à présenter accompagnées de commentaires des chiffres significatifs, des citations et des repères localisés sur des croquis ou des cartes.

Les jurys déplorent souvent la méconnaissance des candidats en matière de localisation des lieux et des faits. Ils critiquent les candidats « analphabètes des lieux » (IEP de Paris). On ne saurait trop conseiller de s'accompagner d'un atlas tout au long de l'année pour préparer cette épreuve.

Il convient de s'entraîner à élaborer des croquis et à utiliser un fond de carte (fourni par l'IEP de Lille, absent à Paris). Le fond de carte doit être situé dans l'espace et rempli à mesure du développement du thème énoncé. La clarté de la carte (légende, symboles ou couleurs employés, titre) révèle les capacités de synthèse et d'analyse du candidat. La faiblesse cartographique de nombreux candidats les empêche souvent d'atteindre d'excellentes notes. Cet exercice consiste à resituer de façon intelligible la question traitée dans l'espace. La légende doit être raisonnée, résulter d'une réflexion et révéler la compréhension du phénomène. Elle est à présenter sur une feuille à part.

La construction d'un tableau ou le dessin d'un croquis ou d'une carte stylisée suivent les mêmes règles. Il convient de proposer un titre, de préciser le choix des unités employées, de présenter une légende complète pour les cartes. Il s'agit de définir clairement les faits à souligner et de les faire apparaître sur le document.

Faire un tableau ou un croquis ou bien transformer à l'aide de calculs simples un tableau statistique en graphique (camembert ou histogramme) permet d'étayer habilement une démonstration à l'oral et à l'écrit.

Le croquis doit être clair et il exige un entraînement toute l'année, il résulte d'une construction logique et non, comme au bac, d'un travail de mémorisation. Les croquis doivent être complets avec des lieux et schémas significatifs, le candidat doit être entraîné et disposer de crayons de couleur, d'une gomme et d'une règle le jour de l'épreuve.

Pour se préparer à cette épreuve il est indispensable de compléter l'utilisation d'ouvrages publiés par la lecture régulière de la presse afin d'actualiser ses connaissances. La fréquentation d'un quotidien est nécessaire. Elle est à compléter par l'assimilation de bilans économiques et sociaux publiés chaque année (les « Tableaux de l'économie de la France » publiés par l'INSEE, les « Bilans économiques et sociaux du monde » publiés par *Le Monde*, les récapitulatifs annuels du *Nouvel Observateur* ou les « Études et documents » du *Monde* qui précèdent les épreuves du baccalauréat et qui proposent un panorama très général des questions prégnantes en matière de démographie et d'économie mondiale…).

La difficulté n'est pas de trouver l'information mais de l'assimiler et de pouvoir la mobiliser le jour de l'épreuve. Il faut garder en tête des ordres de grandeur (et non pas chiffres exacts) sur les aspects économiques et démographiques de la France, de l'Europe et du monde et sur les relations économiques internationales.

Répétons-le, l'épreuve sur documents vise à repérer les candidats ayant des qualités d'observation, de raisonnement et d'expression. Elle permet d'évaluer la capacité des candidats à ordonner l'analyse d'une dizaine de documents de nature différente afin de présenter de façon sélective un thème emprunté à l'actualité. Il ne s'agit pas d'un exercice d'érudition mais d'observation et de synthèse et de bon sens et de méthode.

Les deux sujets proposés au choix par l'IEP de Paris en 2002 et en 2003 pour les candidats bacheliers sont présentés en guise d'exemple :

2002 : « L'eau dans le monde, enjeux, usages et conflits » ; « Les risques dans le monde » ; 2003 : « Les migrations internationales » ; « L'espace rural en France métropolitaine. Permanences et mutations » (dossiers documentaires joints).

Les sujets concernent des points sur lesquels chaque candidat qui se tient au courant de l'actualité possède quelques connaissances. Il s'agit d'évaluer sa capacité à analyser un dossier documentaire, à croiser les documents, à les comparer et à en tirer quelques idées-forces.

Le candidat doit être certain qu'il comprend toutes les sortes de documents qui peuvent lui être soumis. Il faut s'en assurer avant le jour de l'épreuve. La maîtrise des règles élémentaires de la statistique (pourcentage, règle de trois, indice…) et des graphiques (histogrammes, camemberts…) ainsi que celle des courbes doit être parfaite. Les manuels de sciences économiques et sociales du secondaire peuvent être utilisés pour se tester ou bien pour acquérir le minimum de connaissances en matière de statistiques descriptives. Il faut fréquenter assidûment les tableaux et les graphiques proposés dans la presse afin de s'entraîner à voir rapidement l'essentiel du document. Il convient aussi de s'entraîner à synthétiser sous forme de croquis les informations contenues dans les documents.

L'entraînement consiste à faire des tableaux et à calculer des pourcentages aussi souvent que possible. L'usage de crayons de couleur, d'une règle et d'un fond de carte est à travailler. La construction de la légende est aussi à réaliser.

Une méthode simple d'utilisation des documents consiste en premier lieu à s'intéresser à leurs sources (origine et date) pour évaluer leur fiabilité, puis à s'intéresser à leur titre pour savoir ce qu'ils présentent ou comptent présenter. Il faut ensuite comprendre les données proposées (unité utilisée – pourcentage ou valeur brute… –, bornes chronologiques éventuelles… reconnaissance du pays sur le croquis). La lecture du document statistique ou de la carte suit le même cheminement : elle part du général (intitulés des colonnes et des ligne s'il s'agit d'un tableau, localisation géographique indiquée ou visible s'il s'agit d'une carte) et s'engage vers une analyse précise (analyse ligne à ligne pour un tableau en faisant ressortir les chiffres « anormaux » puis en les expliquant par exemple). La synthèse qui ressort de ce travail conduit à comprendre la signification générale du tableau ou du croquis ou bien de la carte.

Le jour de l'épreuve, chaque document doit être utilisé comme une preuve des idées avancées. Il permet d'illustrer l'argumentation et doit être présenté et analysé pour étayer les affirmations.

La première chose à faire le jour de l'épreuve est donc d'analyser avec attention chacun des documents puis de les synthétiser pour répondre aux questions (IEP de Paris) ou pour faire la dissertation (IEP de Lille).

Le regroupement des informations et leur comparaison (confrontation des documents) sont des étapes indispensables. Ils permettent d'éviter la paraphrase linéaire et les digressions ou encore les réponses lacunaires qui constituent les trois écueils de cette épreuve.

Les documents fournis dans les dossiers sont sélectionnés pour permettre au candidat d'établir une typologie assez précise du thème abordé. Il est absolument indispensable d'utiliser chaque document puisqu'ils ont été choisis pour souligner tel ou tel aspect du problème à traiter. Certains documents sont nécessaires pour éviter des contresens ou des erreurs d'interprétation...

Avec ou sans question, l'épreuve sur documents exige enfin de porter une attention particulière à l'organisation de son temps. Il faut répondre à toutes les questions (IEP de Paris) et présenter une dissertation complète en s'appuyant sur tous les documents (IEP de Lille).

▶ Les règles de la dissertation ◀

Une méthode rigoureuse est la clé de la réussite.

La dissertation d'histoire ou de géographie économique permet de tester la capacité des candidats à comprendre une question et à y répondre de façon logique et argumentée. Le développement présente les principales étapes de l'argumentation et conduit à la réponse définitive présentée en conclusion.

La dissertation se distingue par sa longueur : le candidat dispose en général de deux ou de quatre heures pour composer, il peut ainsi argumenter et rendre au moins une copie double. Alors que la réponse directe suffit à l'épreuve de questions courtes, il convient d'appliquer une méthode rigoureuse pour faire une dissertation, en histoire comme en géographie économique.

En histoire, les dissertations supposent de présenter les faits et les exemples pour étayer les explications. En géographie, elles obligent à localiser le sujet, à fournir les exemples, les chiffres, le croquis éventuel qui permettront de répondre.

Une bonne maîtrise des techniques de la dissertation est la clé de la réussite pour toutes les autres épreuves (épreuves orales d'admission en particulier). La dissertation consiste en effet à développer clairement une argumentation pour répondre à une question. Elle oblige ainsi à réunir rapidement ses connaissances. Elle exige aussi de présenter de façon ordonnée une argumentation appuyée sur des exemples. Qui surmonte et comprend la méthode de dissertation peut réaliser n'importe quel type d'exercice des concours.

La première difficulté de la dissertation tient au choix du sujet (si le choix est possible comme à l'IEP de Paris, ce qui n'est pas le cas à l'IEP de Toulouse). La première règle consiste à faire un choix positif. Aucun candidat ne doit se décider par défaut, c'est-à-dire par manque de connaissances. Comme il s'agit d'un concours, ce sont les connaissances qui vont guider ce choix. Le temps imparti à l'épreuve impose de se décider vite…

1. Une règle d'or : lire le sujet

La première règle consiste à se mettre en position de réussir. La réussite se joue dans les dix premières minutes de l'épreuve pendant lesquelles le candidat décortique le sujet sur lequel il s'est arrêté.

La formulation du sujet (forme interrogative ou affirmative, termes utilisés) doit faire l'objet d'une analyse personnelle. Le sens des termes, les bornes chronologiques et les limites géographiques du sujet sont à préciser au brouillon.

Chaque sujet dissimule une question posée par le jury qui veut tester à la fois les capacités d'analyse des candidats et leurs connaissances. Ce n'est qu'en découvrant cette question historique que le candidat peut réussir l'épreuve. Pour répondre aux attentes du jury, il faut trouver et formuler clairement la question historique soulevée par le sujet. La dissertation consiste en effet à montrer l'intérêt de la question posée (problématique posée clairement en introduction) et à la traiter sous une forme structurée.

2. Une dissertation d'histoire et de géographie répond à une question précise

La dissertation est une démonstration qui doit convaincre le lecteur. Elle consiste à traiter une question historique que le candidat a analysée en lisant attentivement le sujet.

3. Quelle question et comment la traiter d'emblée ?

Le résultat de l'analyse du sujet est présenté en introduction, qui est à construire en trois temps :

- Définition des termes du sujet (bornes chronologiques et géographiques) ;

- Enjeux, intérêts, difficultés et signification historique de la question soulevée ;

- Présentation du plan, c'est-à-dire de la seule façon de traiter tous les aspects de la question posée.

4. Le développement est une démonstration

Cette étape du travail vise à conduire le lecteur vers la réponse à la question posée. Le développement doit être convaincant et clair. Le plan en deux parties qui est valorisé par la plupart des IEP est celui qui permet le mieux d'opposer deux périodes (avant/après si le plan est chronologique) ou deux idées (thèse/antithèse), et de souligner les contrastes (oui/non si le plan est chronologique et thématique ; forces et faiblesses/rupture continuité). En général, le meilleur plan est à la fois chronologique et thématique.

Ce plan permet au candidat de révéler ses capacités de synthèse et d'organisation et de mettre en valeur ses connaissances.

Deux règles complémentaires : chacune des sous-parties est à commencer par une phrase introductive et chacun des paragraphes ne doit contenir qu'une idée majeure. Les transitions entre les parties permettent de marquer une étape en rappelant par une phrase l'enseignement majeur de la partie qui s'achève et en annonçant par une autre phrase l'étape suivante.

Rappelons enfin que la démonstration historique ne peut s'appuyer que sur des exemples précis et clairement exposés afin d'étayer la démonstration.

5. La conclusion fournit la réponse à la question soulevée

Par une démonstration logique dont les principales étapes sont brièvement rappelées au début de la conclusion, le lecteur est « naturellement » conduit à la réponse à la question historique soulevée par le sujet. Étape décisive de la démonstration pour emporter l'adhésion du lecteur, la conclusion est à rédiger intégralement au brouillon (comme l'introduction) dès le début de l'épreuve.

IV. Sujets

Trois sujets sont présentés.

1. « La construction européenne de 1945 à nos jours » (histoire, épreuve d'entrée en première année, IEP Paris, 2003)

2. « Les Français face à la République de 1870 à la Libération » (histoire, épreuve d'entrée en seconde année, IEP Lille, 2002)

3. « Les espaces touristiques en France (DOM-TOM exclus – 15 points) ; carte obligatoire (5 points) » (géographie, épreuve sur documents, entrée en seconde année, IEP Lille, 2003)

Le premier sujet est le plus développé car il traite d'un thème souvent posé. Le plan proposé comporte trois parties, ce qui est déconseillé dans les épreuves de la plupart des IEP bien qu'ils s'en défendent... Ce plan en trois parties permet ici de présenter de façon détaillée les grandes étapes de l'évolution. Il peut facilement être transformé en deux parties en regroupant le II et le III.

Le deuxième sujet est présenté de façon plus succincte pour faire prendre conscience aux candidats des connaissances qu'il leur faut assimiler et maîtriser. Ses deux parties et son plan détaillé permettent de traiter rapidement le sujet.

Enfin, le sujet de géographie proposé à Lille, qui correspond dans ses modalités à un exercice sans question un peu plus difficile qu'à Paris, constitue le troisième sujet. Une attention particulière est apportée à l'interprétation et à la transformation des documents du dossier. Le fond de carte est fourni à titre indicatif, il doit être complété et embelli...

▶ Sujet 1 : « La construction européenne de 1945 à nos jours » (histoire, épreuve d'entrée en 1ʳᵉ année, IEP Paris 2003) ◀

Lecture et compréhension du sujet

La formulation du sujet appelle une remarque préalable : elle apparaît d'une grande précision puisqu'elle suppose de présenter de façon exhaustive la « construction européenne ».

La première étape de l'analyse du sujet consiste donc à définir clairement cette « construction », à la situer dans ses limites géographiques et chronologiques et à retracer son évolution.

« La construction européenne » : c'est un lent processus qui résulte de tentatives ambitieuses et de plusieurs échecs : échec du Conseil de l'Europe créé le 5 mai 1949 et qui visait à établir les fondations d'une Europe politique ; il y a échec du projet de création d'une armée européenne proposée par W. Churchill en 1950 et échec du projet de la Communauté européenne de défense (CED) adopté le 25 mai 1952, rejeté par les députés français le 30 août 1954. Ces échecs obligent les adeptes de la construction européenne à limiter leurs ambitions au domaine économique. Sept pays d'Europe de l'Ouest (dont la Grande-Bretagne) s'engagent dans la voie d'un rapprochement économique. Le plan Schuman du 5 mai 1950, puis la signature du traité de Paris le 18 avril 1951 (la Grande-Bretagne se désolidarise), posent les fondations de l'Europe économique.

Il s'agit alors de permettre aux pays signataires de former un marché commun pour deux produits (charbon et acier) et de se doter d'institutions politiques communes afin d'accélérer la modernisation et, à plus long terme, de faire de l'Europe économique une puissance mondiale. Les étapes de la construction européenne sont ensuite définies par plusieurs traités (entre le traité de Rome en 1957 et celui de Maastricht en 1991…) par lesquels les pays signataires consolident leurs liens. Ces traités résultent de négociations parfois tendues, ils constituent des compromis entre des positions nationales souvent antagonistes. Ils ne sont que la partie immergée de la construction européenne qui est aussi et surtout un lent processus de négociations et de compromis. Cette construction apparaît davantage comme un « saut d'obstacles » que comme l'aboutissement d'une évolution sereine et régulière. Ses crises, les tensions entre les Six puis les Neuf et les Quinze et bientôt celles des Vingt-Cinq, les renoncements par rapport aux projets initiaux devront être présentés et analysés. Les perspectives de l'élargissement de mai 2004 puis au-delà seront aussi à présenter

Les bornes chronologiques : la construction européenne ne commence pas avec la signature du traité de Rome en mars 1957, mais avec la création de la CECA qui commence à fonctionner le 25 juillet 1952. Une grande partie des institutions politiques (Haute Autorité) et économiques (marché commun pour le charbon et l'acier) établies par les six pays signataires (Belgique, France, Luxembourg, Italie, Pays-Bas, RFA) va être conservée par le traité de Rome. Seul le changement d'échelle (secteur industriel dans son ensemble) et la précision des deux cents articles du traité de Rome (calendrier de baisse des droits de douane, élargissement envisagé, création d'un tarif extérieur commun, ouverture prévue d'un marché commun agricole…) le distinguent de celui de 1951.

« Jusqu'à nos jours », quelle limite ? Le sujet est d'actualité et il faut en tenir compte. La plupart des pays de l'Union européenne utilisent une monnaie unique (l'euro) depuis 2002. Cette échéance marque une étape essentielle de la construction européenne qu'il convient de décrire. C'est à la fois la « réussite » de l'Europe et son semi-échec. Certains membres resteront à l'écart de l'Union économique et monétaire (UEM), et des problèmes essentiels liés à l'unité politique ou à la politique sociale ou militaire […] des Quinze ne sont pas résolus.

L'élargissement de l'Europe à vingt-cinq est pourtant marche. Il s'agit de savoir si la construction européenne est assez solide pour pouvoir résister aux chocs de cet élargissement. La formulation du sujet (« La construction européenne ») suppose d'évoquer les questions en suspens (quasi-échec du sommet de Nice de la fin de l'année 2000 : difficultés internes au couple franco-allemand et fortes divergences sur les modalités de l'élargissement, absence d'accord sur la constitution mais changement de situation après l'échec d'Aznar en Espagne...) en soulignant que ces questions sont largement héritées du passé (supranationalité, fonctionnement des institutions politiques...).

Absence de question : intérêt du sujet à définir. Au lendemain de l'élargissement, malgré les risques et les espoirs qu'il comporte, il s'agit de dresser le bilan des forces et des faiblesses de la construction européenne.

Une réussite et des difficultés restent à surmonter.

La construction européenne est bénéfique pour les pays membres, voire pour le monde. Elle n'est donc pas à remettre en cause et il faut, au contraire, insister sur ses réalisations. L'intégration au Marché commun puis à la Communauté des Six et à l'Union des Neuf puis des Quinze pays, et aujourd'hui des Vingt-Cinq, placera l'Europe en meilleure position vis-à-vis de ses partenaires américains et asiatiques. Les modalités du rôle des derniers admis sont à préciser (concurrence et complémentarité, position de l'Europe dans la hiérarchie des puissances mondiales...). Il faut aussi présenter la lente progression de l'Europe politique (aspects intérieurs et internationaux). La multiplication des pays qui veulent adhérer à cette entité européenne – parce qu'ils y voient un moyen d'accélérer leur modernisation économique, à l'image de l'Irlande, de l'Espagne, de la Grèce ou du Portugal – est un des signes incontestables de la réussite de la construction européenne. Les candidatures multiples prouvent cet attrait, l'ouverture aux pays de l'ancien bloc de l'Est également. L'Europe va-t-elle résister à son élargissement à des pays aussi différents ?

Des difficultés à prendre en compte : nuancer ces succès en montrant que chacune des étapes de la construction européenne a été l'objet de négociations ardues. La construction européenne résulte d'une série de compromis qui entérinent un rapport de force entre nations et qui peuvent en desservir certaines (question du budget européen par exemple). Les différentes crises (périodes d'euro-sclérose, attitude française, blocage du mécanisme communautaire) qui mettent en évidence les difficultés de cette construction sont à présenter en détail (motifs, déroulement et dénouement).

Le sujet consiste donc à présenter les étapes de la construction européenne depuis cinquante ans, en montrant qu'elles aboutissent aujourd'hui à un bilan positif, mais qui reste à consolider sous peine d'implosion et de mésentente croissante dans une Europe à vingt-cinq.

Un danger à contourner : le sujet engage à présenter la construction européenne comme le résultat de décisions politiques des dirigeants des pays engagés ; mais il oblige également à tenir compte des populations et des groupes sociaux des différents partenaires dont les réactions influencent les décisions. L'erreur serait d'ignorer les réactions et les doléances de ces populations et de ne faire de l'Europe que le résultat de décisions des dirigeants. Cette perspective serait d'autant plus dommageable qu'elle empêcherait de présenter un aspect essentiel du sujet : l'effet de la construction de l'Europe sur le niveau de vie des Européens. Ainsi, par exemple, l'ampleur des taux d'abstention aux élections des députés européens ou aux référendums sur la question (exception faite des pays nordiques) doit être prise en compte pour traiter le sujet. Il en est de même des effets sociaux des décisions européennes, etc.

Élaboration du plan

Le premier plan qui vient à l'esprit oppose les réussites (I) et les difficultés (II) de la construction européenne. Il doit être écarté pour deux raisons : il ne permet pas de souligner combien chacune des étapes de cette construction (réussite) est difficile et par conséquent fragile ; il oblige à des redites permanentes puisqu'il reprend dans les deux parties la même trame chronologique. Il convient donc de s'appuyer d'abord sur une chronologie rigoureuse en recherchant la rupture, la date majeure qui marque une charnière à partir de laquelle le processus de la construction européenne est modifié de façon irréversible. À partir de cette césure, les difficultés initiales seront surmontées (ou laissées de côté) pour laisser place à de nouveaux problèmes. Le plan à construire doit donc être à la fois chronologique et thématique. Il permettra de présenter la construction européenne comme une épreuve comparable à un saut d'obstacles placés à une hauteur de plus en plus élevée.

La recherche des ruptures chronologiques, une étape indispensable pour construire un plan dans une dissertation d'histoire. Plusieurs dates sont décisives. Celle de 1969 tout d'abord qui clôt la période des fondations (sommet de La Haye de décembre 1969 : la France accepte l'adhésion britannique). La plupart des engagements pris par les six pays dès 1951, puis en 1957, ont été réalisés (réduction des droits de douane intérieurs, accord sur les modalités du financement de la politique agricole commune...). Les projets d'accélération de la construction européenne (projet français sur l'achèvement du marché commun au 1er janvier 1970, rapport Werner sur l'union monétaire et plan Mansholt sur l'agriculture de décembre 1968...) vont trouver un écho favorable. Après la période d'essoufflement (« politique de la chaise vide » de la France en 1965-1966, puis « euro-sclérose »), l'heure est à l'optimisme. La période 1951-1969 est celle de la réalisation d'un projet apparu au début des années 1950 : l'Europe des Six est parvenue à surmonter les difficultés majeures de la formation d'une communauté économique.

Les conditions de l'élargissement qui sont alors réunies ouvrent une nouvelle période qui s'étend de 1970 à 1983. Elle se caractérise par deux questions essentielles : celle des conditions et des conséquences du passage d'une Europe à six à une Europe à neuf (janvier 1973) et celle de la réaction des pays membres à la dégradation de la conjoncture économique mondiale. Il s'agit alors d'adapter des mécanismes conçus dans une période d'expansion à une situation de chômage et d'inflation. Cette adaptation est d'autant plus délicate que neuf pays sont désormais concernés. La solidarité interne à l'Europe entre en turbulence : l'échec du serpent monétaire créé en 1972 puis les difficultés du système monétaire européen (1979) en sont des signes tangibles. Le début des années 1980 est pourtant marqué par la confirmation de l'élargissement de l'Europe avec l'entrée de la Grèce en 1981. L'Europe compte alors dix millions de chômeurs... Les candidatures à l'adhésion ne sont pas découragées pour autant. L'intégration à l'Europe reste considérée comme un facteur d'atténuation de la récession, voire de modernisation. Ces points révèlent à la fois les limites et l'efficacité de l'adaptation des structures communautaires aux changements du contexte. L'approfondissement des relations entre les pays membres est considéré comme une nouvelle priorité.

La construction européenne est relancée par un compromis (concessions à la Grande-Bretagne au Conseil européen de Fontainebleau de 1984). Ce compromis ouvre une nouvelle période d'une vingtaine d'années (1984-2000) : la Communauté devenue Union (traité de Maastricht de 1991, entrée en vigueur du marché unique en 1993) passe de neuf à quinze membres et l'Union économique et monétaire est devenue une réalité... Le tournant du siècle (1984-2004) est celui de l'accélération et de l'approfondissement de la construction européenne, du volontarisme des dirigeants politiques plus que des populations (qui sont pourtant désormais consultées), avec ses limites (une fuite en avant ?) et ses succès (une entité mondiale reconnue).

Introduction

La construction européenne est un processus relativement rapide (une cinquantaine d'années) qui concerne d'abord six, puis neuf, puis quinze pays d'Europe de l'Ouest. Elle commence par la réalisation d'un Marché commun (unité surtout économique et sectorielle) puis se prolonge par la formation d'une Communauté (développement des institutions politiques communes) et aboutit à la constitution d'une Union européenne qui doit se doter d'instances politiques, économiques, diplomatiques et militaires collectives.

La réalisation d'une entité européenne est introduite dans les discours dès le milieu du XIXᵉ siècle (Victor Hugo, 1848). Trois guerres « fratricides » entre la France et l'Allemagne de 1870 à 1945, dont deux sont des guerres mondiales, retardent sa réalisation tout en la rendant indispensable à la paix mondiale. Le début de la construction européenne devient une réalité après la Seconde Guerre mondiale dans le contexte de la guerre froide (Churchill préconise la formation des États-Unis d'Europe) sous l'égide des États-Unis. Il provient du volontarisme de quelques personnalités majeures (Jean Monnet, Robert Schuman, Paul-Henry Spaak) désireuses d'éliminer tout risque de nouvelle guerre franco-allemande et de favoriser la croissance et la puissance économique des pays d'Europe de l'Ouest. Il s'agit alors, au lendemain de la reconstruction, de permettre à l'Europe de rattraper le retard économique et technologique sur les États-Unis accumulé depuis la Première Guerre mondiale. Si cet objectif est partagé par les dirigeants de tous les pays d'Europe de l'Ouest, le consensus éclate dès que la discussion porte sur les modalités et la nature de l'unité à réaliser (politique ? militaire ? économique ?). La construction européenne apparaît donc comme un saut d'obstacles dès ses fondations. Elle est faite de renoncements et de compromis qui aboutissent à l'abandon des ambitions politiques et militaires des fondateurs. Pourtant, et malgré ces difficultés et ces limites, cette construction devient une réalité à partir de l'engagement des Six dans un marché commun pour deux produits essentiels à la croissance (CECA, 1951). Ce modèle est élargi entre 1957 et 1969. L'Europe des Six se construit non sans difficultés (I. Les fondations du marché commun à six : réalisations et renoncements, 1951-1969). Le renouvellement des générations politiques en France et en RFA en particulier ouvre une nouvelle étape de la construction européenne qui s'élargit et qui se consolide. Les institutions communautaires héritées de la période antérieure doivent être adaptées dans une conjoncture économique mondiale dégradée. La période est aussi celle des difficultés nouvelles contre lesquelles l'alternative du repli national est encore possible (II. Vers l'élargissement : une période de test pour la construction d'une communauté à neuf : 1970-1983). Au tournant des années 1980, la construction européenne est confrontée à une alternative : disparaître ou s'approfondir. Les divergences des politiques nationales de lutte contre la crise, l'échec de la politique monétaire commune et la réalité de l'Europe des dix millions de chômeurs menacent la construction européenne. La survie de la Communauté résulte en grande partie du volontarisme politique des dirigeants européens qui s'engagent délibérément dans un approfondissement des relations entre les pays membres et qui s'accordent sur la nécessité de nouveaux élargissements (III. L'approfondissement : un volontarisme politique consensuel ou une fuite en avant ?, 1984-2004).

Plan détaillé

Trois parties, une fois n'est pas coutume… Le II et le III peuvent être réunis.

I. Les fondations du marché commun à six : réalisations et renoncements (1951-1969)

La période des ambitions : une construction volontariste qui apparaît comme inéluctable.

1. Les fondations (1951-1956)

Contexte : la catastrophe de la guerre et la nécessité de reconstruire. Une intervention massive des États-Unis qui poussent à la concertation interne en Europe de l'Ouest.

Des prémices économiques et politiques d'une concertation européenne avec l'intervention britannique et française dans la reconstruction de l'Allemagne de l'Ouest, le mécanisme de l'UEP (1948).

Une quête d'autonomie relative à l'égard des États-Unis consolidée par la guerre froide (tentative de formation d'une armée commune puis d'une alliance militaire, volonté de resserrer les liens économiques pour accélérer la croissance et la modernisation, la CECA).

Une réussite et des renoncements : échec de la CED (1954), panne du processus européen jusqu'à la conférence de Messine (1955), positions britanniques et oppositions franco-allemandes qui semblent insurmontables.

Quelques personnalités françaises (Jean Monnet, Robert Schuman), belges (Paul-Henry Spaak) et allemandes (Konrad Adenauer) vont relancer le processus tout en entérinant l'échec de l'Europe militaire et politique et le retrait britannique.

Bilan : une reconstruction rapide sous l'égide américaine mais une absence d'autonomie sur le plan monétaire, financier et industriel que l'engagement vers l'Europe devrait combler.

2. Le traité de Rome : des obstacles surmontés rapidement (1957-1963) ?

Six pays signent le traité de Rome le 23 mars 1957 : deux cents articles, un programme ambitieux qui élargit l'entente sectorielle ouverte par le traité de Paris et qui s'accompagne de la formation d'Euratom.

Prolongation conformément aux engagements de 1957 : la mise en place de la politique agricole commune (PAC) avec le premier marathon en 1961.

Une réussite incontestable et rapide en matière d'échanges commerciaux, de croissance économique et de mise en phase des conjonctures européennes. Une construction « enviée » et qui suscite des craintes : création de l'AELE (1959) et négociations avec les USA sur le tarif extérieur commun (TEC).

Bilans nationaux : une accélération de la modernisation des structures industrielles et agricoles des Six aux conséquences sociales parfois douloureuses (grève des mineurs en France en 1963, exode agricole et manifestations violentes, crise des régions traditionnelles du charbon en Allemagne également, début des friches industrielles...).

3. Des difficultés qui aboutissent à un blocage de la construction européenne (1964-1969)

L'euro -sclérose, nature et conséquences (positions françaises : deux veto à l'adhésion de la Grande-Bretagne, politique de la « chaise vide », question de la supranationalité, questions agricoles...). La construction européenne est en panne.

La relance du processus est difficile : compromis de Luxembourg de janvier 1966, plan Werner de 1968 puis sommet européen de La Haye en décembre 1969. Elle est ébranlée par la dévaluation du franc de juillet 1969 qui bloque le mécanisme d'uniformisation des prix intérieurs au marché commun...

Cette relance est cependant favorisée par le bilan extrêmement positif des dix premières années (autosuffisance alimentaire puis premiers excédents, Trente Glorieuses et amélioration générale des niveaux de vie...) et par le renouvellement du personnel politique (Helmut Schmidt et Georges Pompidou). Ses modalités restent à définir.

Transition. Une réussite de la période des fondations : les institutions économiques et politiques ont été créées en moins de vingt ans, les conditions et les niveaux de vie des populations des six pays ont connu une amélioration sans précédent (phénomènes souvent qualifiés de « miracle économique »), des mentalités désormais acquises à la modernisation et à l'Europe, des économies industrielles rendues interdépendantes et aussi plus performantes grâce à un vaste marché commun. Les conditions de l'élargissement ne sont pourtant pas réunies car ces succès dissimulent des divergences internes qui devront être surmontées. La construction européenne est en marche mais elle reste fragile.

II. Vers l'élargissement : une période de test pour la construction d'une communauté européenne (1970-1983)

La dégradation de la conjoncture économique mondiale comme l'élargissement de la communauté européenne posent de nouveaux problèmes qui devront être surmontés sous peine de bloquer le processus d'unification.

1. La difficile relance du mécanisme et l'élargissement (1970-1973)

Un contexte international aux effets ambigus pour l'Europe. La faillite du système monétaire international (août 1971) impose un approfondissement des relations monétaires entre pays membres (serpent monétaire européen formé aux accords de Bâle en mars 1972).

La perte de puissance des États-Unis (bourbier du Vietnam) élimine un moteur important de la construction européenne, mais atténue aussi le poids de la guerre froide et fait passer au second plan la question de l'Atlantisme.

La relance de la construction européenne s'appuie sur son élargissement. Le 22 janvier 1972, le Danemark, la Norvège, la Grande-Bretagne et l'Irlande sont admis dans la communauté. Les Norvégiens refusent leur intégration (référendum du 25 septembre 1972) et l'Europe devient celle des Neuf en janvier 1973.

L'ouverture aux pays du tiers-monde est consolidée avec l'extension des accords de Yaoundé aux anciennes possessions britanniques.

2. Une Europe à neuf mais en crise (1974-1978)

Difficultés liées à l'élargissement et en particulier aux positions britanniques. La Grande-Bretagne exige une renégociation des prix des produits agricoles et une révision des contributions au budget européen (1974). Ces exigences sont en partie satisfaites par le Conseil européen de Dublin en mars 1975.

Des difficultés accentuées par les politiques monétaires des pays membres qui condamnent le serpent monétaire européen (retrait du franc français, de la livre sterling, de la lire) et qui freinent la formation du marché unique.

Des politiques économiques nationales distinctes : France (relance de Jacques Chirac), RFA (rigidité monétaire), Grande-Bretagne (avant même l'élection de Margaret Thatcher en 1979). Des crises nationales qui sont aussi de nature politique et sociale (terrorisme en Allemagne et en Italie par exemple). Absence de réaction concertée de l'Europe des Neuf face à ces crises : le « chacun pour soi » menace de redevenir la règle.

L'euro sclérose n'est évitée que de justesse par le volontarisme du couple franco-allemand (Valéry Giscard d'Estaing et Helmut Schmidt) à partir du sommet de Paris de décembre 1974 (décision de constituer le Conseil européen) et par des compromis (Dublin 1975...).

3. Vers la dissolution ou vers l'approfondissement (1979-1984) ?

Consolidation de l'Europe monétaire (création du système monétaire européen en mars 1979 et définition d'une unité de compte commune : l'ECU).

La Grande-Bretagne reste en marge des nouveaux mécanismes de change (jusqu'à 1990).

Divergence croissante des politiques économiques nationales (1981-1983 surtout) avec des privatisations et des nationalisations de part et d'autre de la Manche. L'expérience française de relance à contre-courant souligne bien l'interdépendance des conjonctures européennes et la nécessaire liaison des politiques économiques. La France fait le choix de rester dans l'Europe au prix de déficits croissants puis de l'abandon de la relance. Un choix qui favorise la construction européenne.

Relance institutionnelle de l'Europe : réforme des institutions, première élection des députés européens au suffrage universel en 1979.

Le compromis du Conseil européen de Fontainebleau de juin 1984 marque une nouvelle étape : première mise en cause des principes fondateurs (principe de la solidarité financière) et amorce de réforme de la PAC. Un nouvel élargissement est désormais possible.

Transition. Les années 1970-1980 sont paradoxales. Elles sont marquées par une crise multiforme (nationale et communautaire, économique et institutionnelle...) qui est sans précédent en Europe, mais aussi par une accélération inédite de la construction européenne. La remise en cause de principes fondateurs et les compromis nécessaires au processus permettent d'envisager une troisième phase qui conduit à la création d'une véritable Union européenne.

III. L'approfondissement : un volontarisme politique consensuel ou une fuite en avant (1985-2004) ?

Seize années seulement séparent l'Acte unique de 1985 de l'achèvement de l'Union économique et monétaire (prévu en 2002). L'accélération de la construction européenne qui caractérise le tournant du siècle est d'autant plus remarquable que le nombre des pays concernés est passé de neuf à vingt-cinq.

1. Les engagements vers l'approfondissement (1985-1990)

Par l'Acte unique du 3 décembre 1985, les Neufs s'engagent à instituer un marché unique des marchandises, des personnes et des capitaux au 1er janvier 1993. Pour y parvenir, les possibilités d'action de la commission européenne sont accrues et la plupart des décisions seront désormais adoptées à la majorité qualifiée. L'Acte unique marque une étape importante vers la supranationalité malgré l'opposition des Britanniques à tout transfert de souveraineté (intervention de Margaret Thatcher au Conseil européen de Hanovre en 1988).

Parallèlement, les Neuf confirment leur volonté de développer une politique commune en matière de circulation des personnes (signature des accords de Schengen).

Un nouvel élargissement à l'Espagne et au Portugal (1er janvier 1986) qui ont posé leur candidature en 1975.

Proposition franco-allemande de transformer l'ECU en monnaie européenne unique (plan Delors de 1989), ce qui suppose une Banque centrale européenne indépendante. La libéralisation du marché des capitaux est accélérée et la création d'une Union économique et monétaire (UEM) est projetée. Les craintes suscitées par les effets de la réunification allemande favorisent l'accélération du processus de l'intégration européenne.

2. Le traité de Maastricht et ses prolongements (1991-1993)

La politique de taux d'intérêt élevés adoptée en Allemagne après la réunification freine la reprise économique dans les autres pays et stimule le processus d'intégration.

Les tensions monétaires et le plan Delors aboutissent à la signature du traité de Maastricht le 10 décembre 1991 qui fixe le calendrier de l'Union économique et monétaire (UEM). Le traité est ratifié mollement par référendum dans les différents pays européens (1992 en France).

La crise monétaire du SME de 1992 (dévaluations compétitives de la livre, de la lire et de la peseta) ne freine pas les changements engagés : le marché unique des marchandises est réalisé le 1er janvier 1993 et la CEE est transformée en Union européenne.

3. L'Union européenne et ses limites (1993-2004...)

Un approfondissement qui n'est plus mis en cause : la seconde étape de l'UEM (établissement d'une Banque Centrale européenne) est déclenchée en 1994. Toutes les transactions internes à l'Europe (exception faite des échanges entre particuliers en Grande-Bretagne et mécanismes particuliers pour l'Italie, rejet des Danois...) devront s'effectuer en euros en 2002. Cette échéance marque l'aboutissement de l'UEM.

L'Europe des Quinze est une réalité à partir du 1er janvier 1995 : la Suède, la Finlande et l'Autriche intègrent l'Union européenne.

Des problèmes laissés en suspens : déficit démocratique, absence de politique sociale puis difficultés de sa mise en place, limite de la politique industrielle, réussites et faiblesse de la PAC (crise de la vache folle et excédents communautaires).

L'élargissement par étapes (dix pays en mai 2004, deux en 2007) ne dissimule pas les failles du consensus entre les anciens partenaires mais aussi entre les candidats... Les tensions entre la Pologne et Bruxelles montrent les difficultés de l'ouverture.

L'absence d'accord sur la constitution proposée par Valéry Giscard d'Estaing révèle les divergences internes aux anciens pays membres. La communauté est passée à vingt-cinq membres en mai 2004, que deviendra ce projet de constitution ?

Les changements avec l'élargissement, un consensus fragile.

Conclusion

La construction européenne est un saut d'obstacles surmonté d'abord par six, puis par neuf et ensuite par quinze pays, et enfin par vingt-cinq. Elle accentue sans conteste la modernisation économique des pays membres et elle accélère l'amélioration des niveaux de vie des populations concernées. L'Europe des Quinze n'est pas seulement un vaste marché mais c'est aussi une puissance économique, technologique voire politique qui est reconnue à l'échelle mondiale. Sa formation rapide (moins de cinquante ans) a été un véritable saut d'obstacles et de compromis difficiles. L'édifice est inachevé : comme le démontre le désintérêt des populations pour les scrutins européens, pour l'Européen moyen, la citoyenneté européenne reste une entité abstraite, le déficit démocratique et les dysfonctionnements de l'Europe politique sont des réalités. Il y a encore beaucoup à faire en matière d'Europe sociale... Comme le percevait déjà Robert Schuman en 1951, l'Europe politique continue d'être en retard sur l'Europe économique. La majorité des Européens utilisent une monnaie commune depuis 2002... La situation actuelle est paradoxale mais personne aujourd'hui ne peut pourtant sérieusement envisager un retour en arrière puisque les économies sont largement intégrées. Cette affirmation n'était pas recevable il y a cinquante ans. Là résident la force et la faiblesse de cet édifice. La reprise économique mondiale et les réussites de l'Europe industrielle, la formation désormais possible d'une défense commune, la reconnaissance de l'Europe à l'échelle mondiale et le nombre des candidats à l'intégration ne dissimulent ni les faiblesses ni les lacunes de cette construction. Ces succès ne dissimulent pas non plus le risque de l'implosion et des tensions entre anciens et nouveaux pays membres, mais aussi entre deux Europes malgré les réformes de la PAC qui indiquent que les fondateurs sont prêts à quelques concessions...

▶ Sujet 2 : « Les Français face à la République de 1870 à la Libération » (histoire, épreuve d'entrée en seconde année, IEP Lille, 2002) ◀

Quelques lignes de force et un plan en deux parties pour un sujet qui exige des connaissances précises et un esprit de synthèse.

Définition du sujet

Un thème « classique » qui invite à définir et à confronter deux « entités » : les Français d'une part et la République d'autre part, pendant deux tiers de siècle.

La période envisagée est celle de la III° République (1870-1940). Elle comprend aussi l'Occupation (La France sous Vichy qui s'achève avec la libération du territoire) et se prolonge jusqu'à l'adoption d'une nouvelle Constitution qui donne naissance à la IV° République (fin 1946).

Le sujet concerne la IIIe République, installée progressivement à partir de sa proclamation le 4 septembre 1870, qui résiste aux quatre années de la Première Guerre mondiale et qui s'effondre en quelques jours en juillet 1940 à la faveur d'une débâcle militaire sans précédent. Le régime de Vichy qui s'installe alors se construit largement en opposition aux caractéristiques de cette République sans que les Français ne la défendent massivement.

Pourtant, la nature du régime politique, à réinstaller après la Libération, ne fait aucun doute. De Gaulle se prononce rapidement en faveur d'un régime républicain et personne ne le conteste au moment de la restauration des libertés démocratiques et du retour à la vie politique « normale » en 1944-1945.

Pourtant également, les caractéristiques essentielles de la constitution de la IVe République acceptée par le référendum de l'automne 1946, sont plus proches de celles de la IIIe République que ne l'était le texte constitutionnel rejeté par les Français au référendum du printemps de 1946… Ce texte marquait une rupture (une seule Chambre par exemple) et il a été rejeté alors que six ans plus tôt, la IIIe République était accusée de tous les maux et en particulier d'être responsable de la défaite…

Il convient d'expliquer ce paradoxe après avoir défini clairement les entités en question et après avoir trouvé les ruptures chronologiques essentielles qui permettront de construire un plan chronologique et thématique convaincant.

L'un des pièges du sujet consiste à ne pas le situer dans toute la période proposée et à ne traiter que la IIIe République ou bien uniquement les dernières étapes qui conduisent à sa faillite.

Les forces en présence : « les Français » et « la République »

Les Français sont à présenter (données démographiques quantitatives et qualitatives, limites du territoire, alphabétisation, taux d'urbanisation…) et les moyens de connaître leurs opinions également (les scrutins électoraux, la presse, les manifestations, les grèves, puis à partir de 1938, les sondages d'opinion…). Les Français qui influencent ou qui font l'opinion doivent être définis (rôle des intellectuels introduit pendant la période, affirmation des partis politiques et en particulier des partis de masse comme le PCF, effacement de l'Église et aussi des notables locaux…).

La République est aussi à définir. Il s'agit d'un régime politique démocratique qui, et c'est important pour le cas présent, confie la responsabilité du pouvoir politique à des élus (suffrage direct ou indirect) ou à des individus « méritants » (méritocratie chère aux radicaux). Dans ce système, le pouvoir est légitimé non par la naissance (monarchie ou empire) mais par le mérite et par l'élection.

Les caractéristiques de la République entre 1870 et 1940 (la IIIe) doivent être rapidement présentées : système parlementaire, poids des partis et en particulier du parti radical depuis le début du xxe siècle, instabilité ministérielle et généralisation de la pratique des décrets-lois ou du reclassement des majorités en cours de législature qui privent de fait les électeurs de tout pouvoir sur les décisions. Le régime se sclérose progressivement, il devient de moins en moins démocratique et se montre incapable de se réformer.

Cette évolution est à décrire.

HISTOIRE ET GÉOGRAPHIE

Il faut aussi présenter les valeurs qui fondent la République (« Liberté, Égalité et Fraternité » provenant de 1789…).

La formation du régime de Vichy qui souhaite effacer toutes les traces de la IIIe République, puis les débats sur les caractères du régime à installer à la Libération sont aussi à détailler.

Pour classer ces idées et resituer ces débats, le plan chronologique doit être construit autour des ruptures majeures pour les Français (les deux guerres mondiales) et pour la République (proclamation en 1870, stabilisation à partir de 1879 – le centenaire de la Révolution puis le début de la République des Jules : Grévy, Ferry… qui sont républicains, la consolidation grâce à la conquête des électeurs des campagnes et malgré les grandes crises de la fin du siècle –, affaire Boulanger qui marque l'échec du retour d'un homme fort… affaire Dreyfus, puis séparation de l'Église et de l'État).

Une République qui s'affirme d'abord par défaut (absence d'alternative) puis par le soutien d'une partie croissante des Français. Les suffrages paysans et ceux des ouvriers sont acquis progressivement à mesure de la diffusion des thèses des « Hussards noirs de la République » (les instituteurs) mais aussi grâce aux politiques protectionnistes de Jules Méline et aux premières mesures sociales imposées par les socialistes réformistes.

La période des fondations des principales valeurs républicaines débouche sur la Première Guerre mondiale. Elle contient les motifs de la solidité du régime qui survit aux quatre années de conflit. Ces points constituent la première partie.

Son titre provisoire : Les Français et la République entre 1870 et 1918.

Dans une seconde partie (Les Français et la République entre 1918 et 1946), les motifs de l'effondrement de juillet 1940 et ceux de l'absence de soutien au régime défunt sont à rechercher. La construction du régime de Vichy en opposition aux fonctionnements de la défunte République, les attitudes ambivalentes des Français qui soutiennent d'abord P. Pétain (continuité de la quête d'un rempart ? d'un homme fort ? absence d'attachement profond à la démocratie ?), puis qui applaudissent la restauration d'un système républicain à la Libération, sont à expliquer. La comparaison des régimes de la IVe et de la IIIe République est à faire pour ouvrir le sujet sur une perspective plus large.

L'intérêt du sujet est d'expliquer le paradoxe évoqué dans ces quelques lignes de présentation. Il convient d'expliquer l'attachement progressif des Français à une organisation politique qui n'est ni une monarchie, après les échecs de restauration, ni l'Empire après la capitulation de Napoléon III à Sedan. Les signes de cet attachement (scrutins électoraux, diffusion de la presse…) et ses moteurs (école en premier lieu) sont à présenter. L'aboutissement du processus conduit à la stabilité du régime et au maintien des principes démocratiques (censure exceptée) pendant la Grande Guerre.

Plan détaillé

I. L'enracinement de la République, 1870-1918

Cette partie doit mettre en évidence les grandes ruptures qui entraînent d'abord la stabilisation du régime par défaut (échec des tentatives de restauration monarchique) puis les poussées régulières des suffrages en faveur des républicains qui conduisent à la République des républicains. Le régime et ses valeurs résistent à l'affaire Boulanger mais ils suscitent de nouvelles formes de contestations auprès des ligues nationalistes puis des anti-dreyfusards et des anti-parlementaristes. La faiblesse de la politique sociale et les hésitations des catholiques (malgré les appels au ralliement de Léon XIII) rendent le régime fragile. Le tournant du siècle marque une rupture. Les succès électoraux des radicaux et l'affirmation des partis politiques contribuent à stabiliser les règles du jeu politique et à enraciner les valeurs républicaines dans l'opinion. La République des radicaux qui rallie de façon partielle des réformistes socialistes et qui aborde la question sociale est celle que défendront la majorité des Français pendant l'Union sacrée.

L'attachement des Français se prolonge ainsi pendant la Grande Guerre. La République assimilée à la patrie rallie toutes les tendances politiques.

Quatre sous-parties :

1. Un régime par défaut (1870-1879)

Échec des tentatives de restauration monarchique et œuvre des républicains pour conquérir les suffrages…

2. Une République modérément républicaine (1879-1899)

Chaque scrutin électoral confirme l'attachement des Français à la République. Pourtant, l'affaire Boulanger comme l'affaire Dreyfus révèlent que l'opinion est volatile et qu'elle se laisse volontiers influencer par des thèses irrationnelles et extrémistes. L'absence de réaction des gouvernants contribue à fragiliser le régime jusqu'à 1899.

3. Un système à défendre (1899-1914)

La formation du gouvernement de Défense républicaine (gouvernement Waldeck-Rousseau) en juin 1899 marque une volonté de réagir aux menaces qui pèsent sur le régime (réaction aux poussés ligueuses liées à l'affaire Dreyfus). La République se consolide. Ses assises populaires s'élargissent avec les premières lois sociales, le ralliement d'une partie des catholiques (en dépit de la loi sur la séparation de l'Église et de l'État) et avec l'affirmation des partis politiques qui encadrent de plus en plus les Français (parti radical et ses comités locaux et régionaux en tête).

La querelle des inventaires en 1906 et la question du réarmement (loi des trois ans) sont les débats fondamentaux de la fin de la Belle Époque. La question sociale est négligée et les grèves sont réprimées. Pourtant, la République est solidement ancrée dans le cœur des Français.

Le régime est solide, l'Union sacrée (trêve des partis) déclarée dès les premiers jours de la Grande Guerre le démontre.

4. La Grande Guerre, une épreuve surmontée

Il s'agit ici de décrire les étapes et les composantes de l'Union sacrée puis de sa disparition avant de dresser le bilan des forces politiques à la fin de la guerre.

Au terme de la première partie, la République paraît solide puisque les Français ne manifestent pas le désir de changement. Au contraire, la Belle Époque est vantée, comme tout ce qui précède la guerre. Des générations traumatisées et très affaiblies (en effectifs mais aussi au sens propre avec les « gueules cassées » rentrées mutilées de la Guerre) s'attachent à un système politique qui se sclérose. L'instabilité ministérielle liée à l'absence de majorité, le désintérêt croissant pour la politique et les engagements en faveur de thèses extrémistes coupent la France en deux. Personne ne soutient plus un régime moribond face à l'occupant allemand... La nature du régime adopté en 1946 ne sera pourtant pas si éloignée.

II. La France républicaine et ses limites (1919-1946)

Les faits historiques de cette partie sont plus connus, ce qui permet ici d'aller plus vite à l'essentiel des quatre sous-parties :

1. Un régime qui se sclérose (1919-1934)

Entre l'élection de la Chambre bleu horizon, qui aurait pu entraîner un renouveau de la vie politique, et l'émeute antiparlementaire du 6 février 1934, aucune des coalitions électorales ne garantit aux ministères la stabilité nécessaire pour gouverner. L'absence de réforme favorise l'éloignement des Français de la vie politique et le développement des ligues et des thèses extrémistes (tactique du PCF « classe contre classe » par exemple...).

La crise de février 1934 provoque un sursaut en faveur de la défense des valeurs fondatrices du régime. Ces valeurs deviennent les mots d'ordre essentiels du ralliement à la lutte contre le fascisme.

2. Une valeur défendue par l'union des gauches

L'union des gauches puis la victoire électorale du Front populaire réintroduisent les grandes valeurs républicaines au centre de la vie politique (dissolution des ligues, fin de la pratique des décrets-lois, accords Matignon qui favorisent l'égalité...). Son échec conduit au sabordage de juillet 1940.

3. La faillite de la République (1938-1944)

La mise entre parenthèses des règles démocratiques avec l'effort de préparation de la mobilisation, la désunion des Français face à la montée des tensions internationales puis pendant la drôle de guerre, et le vote des pleins pouvoirs constituant, à Philippe Pétain, témoignent de la désaffection croissante des Français aux valeurs fondamentales et collectives de la République.

Le régime de Vichy se construit contre ses principes essentiels (liberté, démocratie, égalité...). Seule une poignée résiste.

4. Le retour des institutions démocratiques et républicaines (1944-1946)

Les mesures sociales de la Libération et aussi le vote des femmes font partie du programme de la Résistance. Les principes qui guident ces mesures sont républicains.

Parallèlement, le parlementarisme et l'emprise des partis sur la vie politique qui ont largement contribué à la désaffection de l'opinion à l'égard de la IIIe République sont réintroduits dans la constitution de la IVe République. Le changement radical souhaité par certains (De Gaulle en particulier) ne se produit pas.

Les Français se détournent de la vie politique comme le révèle l'instabilité des combinaisons gouvernementales détenues à partir de 1946. Bien qu'il résiste à la guerre froide, le régime ne survivra pas à la guerre d'Algérie. Les principes républicains seront alors adaptés par une nouvelle Constitution.

Eléments de conclusion

L'attachement des Françaises et des Français à la République résulte de près d'un siècle d'histoire. Il se manifeste par l'attachement à la démocratie...

La République se définit d'abord de façon négative (ni la monarchie, ni l'empire) et par défaut. Ses valeurs (« Liberté, Égalité, Fraternité ») se diffusent à mesure que le corps électoral s'élargit et qu'il incorpore des citoyens instruits. Ses composantes sont établies à la veille de la Grande Guerre : des institutions démocratiques (séparation des pouvoirs), une légitimité assise sur le suffrage universel masculin (généralisation de l'isoloir en 1913) et un fonctionnement politique qui est celui du régime parlementaire (responsabilité de l'exécutif – du ministère – devant les chambres).

Le régime est imposé progressivement par les résultats électoraux (élections législatives) à partir de l'effondrement de l'Empire ; un régime qui s'affirme progressivement comme le garant de la démocratie et des libertés jugées essentielles. Ces valeurs fondamentales ne sont pas défendues en juillet 1940. Cette « étrange défaite » (Marc Bloch) constitue encore aujourd'hui un souvenir douloureux. C'est la défaite des élites qui n'ont pas su défendre les valeurs essentielles de la République et conserver le soutien des Français. La classe ouvrière n'est pas intégrée à la vie politique (sauf en 1936). Les valeurs républicaines défendues par les classes moyennes (soutiens des radicaux) sont bafouées (méritocratie, enrichissement par le travail…).

La crise économique et politique des années 1930 puis la défaite militaire de 1940 mettent en question les fondements mêmes de la République sans que les Français ne réagissent. Il faut le traumatisme de la défaite et de l'Occupation puis un contexte de guerre civile à la Libération pour qu'un semblant d'unité nationale se reconstitue autour des grandes valeurs républicaines.

▶ Sujet 3 : « Les espaces touristiques en France (DOM-TOM exclus – 15 points) ; carte obligatoire (5 points) » (géographie, épreuve sur documents d'entrée en seconde année, IEP Lille, 2003) ◀

Dossier documentaire et fond de carte fournis.

Document 1

Touristes et excursionnistes

Motif	Durée		
	0 nuit	1 à 3 nuits	> 3 nuits et < 1 an
Loisirs, détente, vacances, visites à parents et amis		Court séjour	Vacances
Santé	Tourisme de santé		
Affaires, motifs professionnels, missions, réunions	Tourisme d'affaires		
Autres motifs	Pèlerinage, tourisme scolaire, manifestations sportives		
	Excursionniste	Touriste	
	Visiteur		

D'après l'Observatoire national du tourisme (France).

Document 2

Les vacances des Français selon l'environnement principal de séjour en 1999

	Répartition (%)		Durée moyenne de séjour (nuitées)
	des vacances[1]	des nuitées de vacances[1]	
Mer	37	40	13,2
Campagne	23	25	12,8
Montagne	18	15	9,8
avec sports de neige	8	5	7,6
sans sports de neige	10	10	11,7
Ville	14	13	11,3
Circuit	8	7	10,5
Total	100	100	12,0

1. Vacances : voyages d'agrément d'au moins quatre nuits hors du domicile. Sont exclus des vacances les déplacements professionnels, les voyages d'études, les séjours motivés par la maladie ou le décès d'un proche, les séjours dans des établissements de santé, les courts séjours d'agrément.
Lecture : 37 % des longs séjours des Français et 40 % des nuitées correspondantes se sont déroulés à la mer au cours de l'ensemble de l'année touristique 1999 (1er octobre 1998-30 septembre 1999). La durée moyenne des séjours passés au bord de la mer est de 13,2 nuitées.
Source : Enquête Vacances, partie variable de l'enquête permanente sur les conditions de vie d'octobre 1999, Insee

Document 3

L'offre d'hébergement en France métropolitaine en 1999

Estimation du nombre de lits touristiques

Catégories	Nombre de lits	%
Hôtels homologués	1 174 000	6,8
Campings	2 704 000	15,7
Villages de vacances	260 000	1,5
Auberges de jeunesse	14 000	0,1
Gîtes et chambres d'hôtes	256 000	1,5
Résidences de tourisme	277 000	1,6
Résidences secondaires	12 071 000	70,2
Meublés touristiques	450 000	2,6
Total	17 205 000	100,0

Source : Observatoire National du Tourisme

Document 4

Le ski alpin en France en 1998-1999

Massif	Nombre de stations et centres de ski	Nombre de remontées mécaniques
Alpes du Nord	150	2 256
Alpes du Sud	68	731
Pyrénées	38	185
Jura	27	165
Massif central	44	493
Vosges	31	175
Corse	3	10
Total	361	4 015

Source : STRM

Sur les 361 stations et centres de ski, 218 offrent 5 remontées mécaniques ou plus (soit au total 3 711 remontées mécaniques).

Document 5

Fréquentation des sites culturels et récréatifs français en 1998

- <u>Classement des sites culturels dont les entrées sont comptabilisées</u>

Rang	Nom	Localisation	Entrées
1	Tour Eiffel	Ile-de-France	6 050 000
2	Musée du Louvre, Paris	Ile-de-France	5 730 000
3	Cité des Sciences de la Villette, Paris	Ile-de-France	3 350 000
4	Musée d'Orsay, Paris	Ile-de-France	2 725 000
5	Château de Versailles	Ile-de-France	2 685 000
6	Arc de Triomphe, Paris	Ile-de-France	1 170 000
7	Abbaye du Mont-Saint-Michel	Basse-Normandie	945 000
8	Château de Chenonceau	Centre	850 000
9	Musée de l'Armée, Paris	Ile-de-France	825 000
10	Château de Chambord	Centre	755 000

- <u>Classement des sites non culturels dont les entrées sont comptabilisées</u>

Rang	Nom	Localisation	Entrées
1	Disneyland Paris	Ile-de-France	12 050 000
2	Parc Futuroscope	Poitou-Charentes	2 650 000
3	Parc Aquaboulevard, Paris,	Ile-de-France	2 100 000
4	Parc Astérix	Picardie	1 710 000
5	Jardin d'acclimatation, Paris	Ile-de-France	1 130 000
6	Chemin de fer de la Mer de Glace	Rhône-Alpes	1 010 000

Source : Observatoire National du Tourisme

Remarques générales visant à faciliter la démarche des candidats lorsqu'ils aborderont cette épreuve et proposition de plan.

Intérêt du sujet

Le sujet invite à dresser une typologie des zones touristiques de la France métropolitaine afin de préciser dans quelle mesure le tourisme est une force – un atout – ou une faiblesse pour l'économie nationale et pour celle de certaines régions.

Les différentes sources des documents peuvent apporter des informations sur le sujet.

On constate ici par exemple que le sujet préoccupe les pouvoirs publics puisqu'il existe un « Observatoire national du tourisme » (source des documents 1 et 3) et que l'INSEE consacre certaines de ses enquêtes au phénomène (document 2).

L'intérêt du sujet est économique mais aussi social puisque le tourisme peut freiner la désertification de certaines régions… On parle ainsi des agriculteurs gardiens du paysage.

Les régions font de gros efforts pour développer le tourisme et valoriser leurs ressources naturelles. Est-ce efficace ?

C'est à cette question que les documents peuvent permettre de répondre.

La carte sera l'aboutissement de la démonstration.

– Définition du sujet établie à l'aide des documents 1 et 2.

Une activité touristique est définie lorsqu'il y a au moins une nuit passée ; on parle de court séjour pour au moins quatre nuits hors du domicile (vacances).

Ces deux documents permettent à ceux qui n'ont aucune idée sur le sujet de dresser un tableau assez complet de l'activité touristique en France.

HISTOIRE ET GÉOGRAPHIE

Il existe différentes sortes de tourismes et de touristes (document 1) distingués selon les motivations (tourisme de santé, de loisir, de visites, tourisme culturel, de pèlerinage…).

Chaque sorte de touriste aura des exigences propres en matière d'hébergement, d'infrastructure hôtelière ou routière…

Le tourisme motivé par la visite à la famille par exemple se distingue nettement du pèlerinage qui s'effectue assez souvent en groupe et dans des lieux d'hébergement spécifiques (chemin de Saint-Jacques-de-Compostelle par exemple).

La durée de chaque forme de tourisme est distincte. Les catégories sociales, les classes d'âge concernées également.

Chaque sorte de touriste entraîne des apports différents pour les régions d'accueil…

– Le document 2 s'intéresse aux vacances des Français (enquête INSEE).

Selon la durée moyenne des séjours et les lieux de séjour (le croisement de ces deux variables permet de définir les motivations des Français lorsqu'ils partent en vacances en 1999 et de définir par conséquent des régions attrayantes selon les activités qu'elles offrent).

Le tourisme apparaît aussi comme une activité saisonnière marquée (séjour à la montagne avec ou sans sports de neige).

Une synthèse rapide indique que la mer attire plus d'un tiers des vacanciers (60 % avec la campagne) pour les plus longs séjours (40 jours sur 100 ou bien 65 si l'on ajoute la campagne). Les sports d'hiver restent élitistes avec une durée moyenne d'une semaine et 8 % des départs en vacances. Les circuits sont aussi relativement rares (8 % des longs séjours et 7 % des nuitées).

– Le document 3 présente l'offre d'hébergement en 1999.

Le tourisme apparaît comme une activité économique à part entière puisque 17 millions de lits sont recensés. On constate que les résidences secondaires fournissent 70 % des lits disponibles, ce qui est un pourcentage écrasant puisque les campings suivent avec moins de 3 millions de lits (15,7 % du total), puis les hôtels homologués.

Le tourisme est donc concentré. Les capacités d'hébergement restent l'apanage de certains et des résidences secondaires. Le tourisme vert (gîtes et chambre d'hôtes) offre une nouvelle forme d'hébergement qui est valorisé dans les départements les plus pauvres.

Le tourisme, une activité qui se maîtrise de façon volontariste ?

– Document 4. Le ski alpin en France en 1998-1999.

Forte concentration géographique pour une activité saisonnière qui exige de très lourds investissements et qui concerne une minorité des Français.

Trois cent soixante et une stations dont 150 dans les Alpes du Nord (soit 41,55 %) et 68 dans les Alpes du Sud, soit 68 + 150 = 218 dans les Alpes (60,3 % du total). Avec les Pyrénées, on aboutit à 70,9 % du total. Les autres massifs montagneux (Jura, Massif central, Vosges et Corse) ne concentrent qu'une part infime des équipements. Cela ne signifie pas que ces massifs ne rapportent pas aux communes mais ils sont plus vulnérables aux conditions climatiques et ils attirent surtout une clientèle locale.

En aucun cas le ski ne peut constituer une activité lucrative en elle-même pour ces régions.

Une activité très sélective qui explique 8 % des départs en vacances pour 7,6 nuits en moyenne (document 3).

Pourtant les équipements ne sont pas tous concentrés dans les Alpes et les Pyrénées. Sur le total des remontées mécaniques en effet, on doit remarquer les 44 stations du Massif Central qui disposent de 493 remontées (soit 12,27 % du total des remontées) alors que les Alpes du Nord en représentent 56,18 % (et 74,39 % avec les Alpes du Sud). Les investissements ne semblent pas systématiquement proportionnels aux conditions d'enneigement…

Les données brutes du tableau doivent être transformées en pourcentages pour pouvoir être présentées dans des croquis (histogrammes illustrant la répartition des équipements entre massifs) et sur la carte.

La concentration du tourisme est soulignée davantage encore par le document 5 qui servira à mettre en évidence la richesse de l'Île-de-France en matière de sites culturels et non culturels.

Les résultats du calcul seront aussi présentés sur la carte et sous forme d'histogramme.

Le sujet peut donc être traité de la façon suivante

Définition du tourisme en introduction en insistant sur la diversité du phénomène et sur son aspect récent (premiers congés payés en 1936, 35 heures aujourd'hui et augmentation du nombre des « jeunes » retraités qui sont autant de touristes potentiels).

Présentation de l'intérêt du sujet : forces et faiblesses de la métropole en matière touristique.

Une activité lucrative pour certaines régions ? Une activité également répartie sur le territoire ? Une activité qui est maîtrisée ?

Existe-t-il une détermination naturelle des zones touristiques ?

I. Les atouts de la France en matière touristique

– Des Français (et étrangers) qui sont autant de vacanciers potentiels : les départs sont motivés par de nombreuses raisons (familles éparpillées, vie urbaine qui impose un départ hors de la ville).

– Un peuple peu mobile mais attiré de longue date par les déplacements saisonniers (l'importance du nombre des résidences secondaires souvent héritées).

– Un peuple de vacanciers potentiels qui bénéficient d'infrastructures diversifiées (17 millions de lits pour environ 60 millions d'habitants en 1999).

– Une population de retraités (les seniors de 60 ans) qui est aisée et qui se déplace malgré la crise.

– Poussée de nouvelles activités.

– Tourisme vert.

– Pèlerinages.

– Des zones d'attraction diversifiées.

– Ski avec les massifs montagneux.

– Bordures côtières.

– Campagne.

– Un aménagement de l'espace qui fait du tourisme une richesse naturelle mais aussi une richesse à construire.

– Richesse culturelle et construction de parcs d'attraction pour attirer une clientèle.

– Restructuration des zones agricoles, avec le tourisme vert (document 3), une offre croissante et des infrastructures variées (du camping à l'hôtel en passant par des villages-vacances).

– Une activité économique à part entière.

– Un observatoire national, des enquêtes INSEE, des résidences spécialisées, des dépenses d'infrastructures (ski).

– Une activité qui n'est pas sans faiblesses.

II. Une richesse saisonnière, coûteuse et concentrée

– Le coût des infrastructures des statons de ski.

– Le cas du Massif central de faible altitude, victime de la baisse des chutes de neige et des périodes d'enneigement est typique : une activité qui n'est pas forcément lucrative.

– Des richesses strictement localisées : les Alpes et une concentration croissante des zones touristiques et des financements (les groupements de communes des Alpes, la construction de liaisons entre stations, la concentration des infrastructures), une activité inégale sur le plan social ; les départs en vacances comme les destinations restent socialement marqués.

– La concentration des moyens et des infrastructures ne permet pas de généraliser les vacances au ski, c'est une clientèle riche, extra européenne ou d'Europe, qui est attirée par les stations alpines trop coûteuses pour la bourse du Français moyen, surtout s'il est en famille.

– L'activité est socialement sélective.

– Il y a une activité aux effets écologiques peu contrôlés : les constructions du bord de mer (Méditerranée surtout), les pollutions saisonnières pour des infrastructures non adaptées (sur le fond de carte il faut insister sur la concentration des zones touristiques, les grands axes autoroutiers et routiers qui y conduisent, les engorgements saisonniers et les zones à l'écart qui tentent d'attirer et s'endettent – Massif central – sans amélioration).

– Il y a une activité qui accentue les disparités régionales (cas de la région parisienne qui concentre toute l'année les sites culturels et aussi des sites non culturels).

– Une politique volontaire est-elle possible ?

– Il y a le cas du Futuroscope qui est le second site non culturel le plus visité mais dont la situation financière est critique…

Les documents à élaborer

Les croquis

Ils visent à montrer la concentration des zones touristiques.

Document 4. Le ski alpin en France en 1998-1999

Transformation des données du tableau en pourcentages pour faciliter la lecture et établissement du croquis (histogramme).

Massif	Répartition des stations de ski	Répartition des remontées mécaniques
Alpes du Nord	41,6	56,1
Alpes du Sud	18,8	18,2
Pyrénées	10,5	4,6
Jura	7,4	4,1
Massif central	12,2	12,3
Vosges	8,6	4,3
Corse	0,9	0,2
Total	100	100

Répartition des stations de ski et des remontées mécaniques entre les massifs

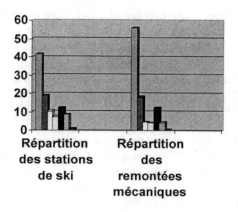

Document 5. Les régions des sites les plus visités

Sur un total de 25 085 000 entrées comptabilisées dans des sites culturels, l'Île-de-France concentre 22 535 000 entrées, soit 89,83 % du total.

Pour les sites non culturels : le total des entrées est de 20 650 000. L'Île-de-France totalise 15 280 000 entrées comptabilisées, le Poitou-Charentes 12,83 %, la Picardie 8,2 % et la Région Rhône-Alpes 4,89 %.

Région	Sites culturels	Sites non culturels	Total des sites
Basse Normandie	3,76		2
Centre	3,38		3,5
Île-de-France	89,83	73,9	83
Picardie		8,2	3,6
Poitou-Charentes		12,83	5,8
Rhône-Alpes		4,89	2,2
Total	100	100	100

Part des entrées dans des sites culturels, non culturels et total des entrées

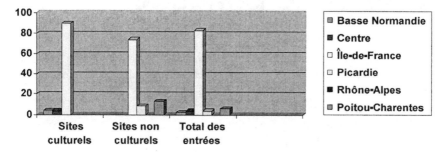

La carte et sa légende

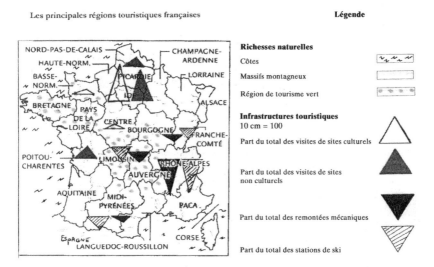

La carte qui est à remplir en guise de synthèse

Que veut-on montrer ?

Il s'agit d'illustrer l'argumentation du devoir autour du thème suivant : « Forces et faiblesses de la France en matière de tourisme ».

Nous avons souligné deux aspects importants :

Les inégalités régionales (mer/montagne, zone attractive/répulsive) et qui conditionnent les souhaits des Français qui se destinent d'abord à la mer puis à la campagne, et à la montagne en hiver.

La concentration des zones de tourisme, en distinguant la région qui attire le plus (Île-de-France) sur l'ensemble de l'année et celle (les Alpes) qui concentre les équipements et les séjours d'hiver.

Ces remarques seront à présenter en guise de conclusion comme commentaire de la carte.

Économie politique

La présentation de la méthode se déroule en sept étapes. Selon son niveau en méthodologie et ses connaissances, le lecteur-candidat s'attardera plus ou moins sur l'une des sections suivantes :

I. Analyse du programme du concours.
II. Méthode de travail en économie politique.
III. Le déroulement de l'épreuve d'économie politique.
IV. Les plans directeurs utilisés en économie politique.
V. Le contenu de la copie d'économie politique.
VI. Qu'est-ce que l'épreuve sur documents ?
VII. Application de la méthode.

La conception de ce chapitre de méthodologie de l'écrit – dissertation économique et questions sur dossier – correspond aux besoins ressentis par tout candidat qui souhaite se préparer de manière autonome. De nombreux étudiants de première année de sciences économiques ou d'AES s'estiment capables de se présenter au concours d'accès en première année des IEP, mais ne connaissent pas tout à fait les types de sujets proposés et les exigences des jurys.

Pour bien mettre en garde le lecteur-candidat, nous commençons avec une lecture commentée du programme officiel, que nous illustrerons par des sujets d'annales, afin de lui faire prendre conscience des interprétations possibles de chaque contenu (partie, titre, chapitre, section). Dans le souci de faciliter l'apprentissage rapide de la méthodologie complète de l'écrit en économie, nous terminerons chacune des étapes d'apprentissage méthodologique par un tableau synoptique.

I. Analyse du programme du concours

A. L'objet de la science économique

▶ Définition et champ de la science économique ◀

Il existe autant de définitions que d'écoles de pensée économique et d'auteurs majeurs. Pour un candidat au concours d'accès en première année des Instituts d'études politiques, il faut au moins savoir qu'il existe deux écoles : l'une rassemble tous ceux qui raisonnent du point de vue de la production à partir du triptyque travail-besoins-surplus, et l'autre qui regroupe tous ceux qui se situent du point de vue de la consommation à partir d'un autre triptyque utilité-rareté-désir. Partant de cette divergence de position, les méthodes d'observation du champ économique ne seront pas tout à fait les mêmes dès lors que l'économie politique commence à prétendre au statut de

« science » (fin du XIXᵉ siècle). Mais au fond, les uns et les autres croient tous que l'addition du travail humain aux ressources naturelles créera toujours plus de valeur.

Aujourd'hui, avec la multiplication des sous-écoles et des courants, les problématiques ont radicalement changé par rapport aux problèmes de jeunesse de cette « science ». En effet, les mercantilistes étaient préoccupés par la balance commerciale, les physiocratiques par l'accroissement du « produit net », les classiques par la création de richesses, les marxistes par le capital et la répartition des richesses, les néoclassiques par l'équilibre des marchés, les keynésiens par l'emploi, les schumpetériens par la dynamique capitaliste, les nouveaux courants par la crise de la science économique et des politiques anti-crises.

De la référence à la mécanique pour asseoir le caractère scientifique de l'économie politique – Walras assimilait l'économie politique à une science physique, donc obéissant aux lois de la physique –, nous sommes passés à la recherche d'une autre référence – la biologie ou la cybernétique – pour justifier le caractère scientifique de cette discipline. Averti de l'étendue du programme à travers les étapes d'évolution de cette discipline, le candidat n'aura plus la désagréable surprise face à certains sujets. En effet, il doit s'attendre à tout. Soit à un sujet sur la *théorie de la valeur dans l'histoire des doctrines* (dissertation, session 1988), alors que dans certaines universités, l'histoire de la pensée économique est enseignée plutôt en 3ᵉ ou 4ᵉ année. Soit s'attendre au moins à des questions brèves sur des concepts forgés à des époques anciennes par des auteurs ou des courants de pensée. Maintenant certaines de ces questions peuvent être posées dans l'épreuve sur documents qui comprend des questions « pratiques » (savoir-faire) et des questions « historiques » (connaissances pures). Soit encore à des questions de cours reliées au contenu d'un document. Par exemple, l'IEP de Paris, dans l'ancienne formule, a déjà posé des questions du genre : *La loi du rendement décroissant* (1989) ; *Taux de plus-value et taux de profit en théorie marxiste* (1989) ; *Le taux d'intérêt chez Keynes* (1993) ; *L'efficacité au sens de Pareto* (1996) ou *La notion de revenu permanent* (1996) ; *Le taux marginal de substitution entre consommation présente et consommation future* (1998).

B. Systèmes et structures

▶ Dans le programme officiel, cette partie concerne essentiellement les deux systèmes économiques dominants – le capitalisme et le socialisme – avec leurs aspects modernes communs et leurs spécificités structurelles ◀

Cela comprend l'analyse des fondements doctrinaux des systèmes et régimes, la capacité du candidat à bien distinguer système et régime – le premier est un ensemble de structures cohérentes mues par le même mobile général qui peut être dans un cas le profit, et dans un autre le bien-être social ; le second est un système baroque comportant des survivances et prévivances (prodromes) de structures et une coexistence de mobiles antagonistes parce qu'appartenant à des systèmes différents.

On sait bien que, dans un régime socialiste, la pyramide sociale, la mobilité sociale, les statuts sociaux sont conçus en réaction aux traditions et pratiques capitalistes. Par conséquent, le rôle de la population active et surtout son utilisation pour faire fonctionner « la machine économique » diffèrent à maints égards de tout ce qu'on a pu observer dans les régimes d'économie capitaliste.

Le socialisme a connu des difficultés dans son histoire, des réformes ont été appliquées depuis les années 1930. Le candidat est supposé connaître ces péripéties. Bien que le socialisme perde chaque année du terrain dans le monde, les Instituts français d'études politiques recrutent leurs candidats sur un vaste programme de culture théorique et historique qui englobe aussi l'histoire du socialisme, au moins en Europe de l'Est et en Chine. Donc, il est prudent pour le candidat de ne pas négliger cette partie du programme dans la préparation, même si au regard des sujets de dissertation proposés après l'effondrement du communisme (1989), nous n'en trouvons aucun qui fasse explicitement référence à l'application du marxisme dans le monde. Plus rien n'est proposé sur le socialisme depuis 1989 quand on a demandé aux candidats de répondre à la question suivante : *Taux de plus-value et taux de profit en théorie marxiste !*

Donc, le candidat « bac + 1 » pour lequel est taillé ce programme officiel a tout intérêt à bien connaître les groupes sociaux, la mobilité sociale, les formes d'entreprises, les formes de concentration, l'apparition, le développement et l'importance des firmes multinationales, leur rôle dans les pays d'accueil, leurs stratégies d'implantation, les rôles différents de l'État dans les deux systèmes modernes et l'évolution de la pratique des pouvoirs en matière économique et sociale.

La place de l'État dans les pays capitalistes a évolué depuis la Seconde Guerre mondiale, d'abord avec la promotion et l'extension de l'expérience d'un État interventionniste, appelé tantôt État providence tantôt État dirigiste. Ensuite nous avons assisté à des tentatives de faire désengager l'État et réformer l'Administration. La pression des problèmes nés de la crise des années 1970 accentue l'urgence de repenser les rôles respectifs des acteurs économiques, et surtout du principal agent économique, l'État. On demande aussi au candidat de s'intéresser sérieusement au régime économique français, à ses institutions et à son système comptable. La planification française diffère beaucoup de celle des Soviétiques, il faut savoir retrouver ses spécificités. Les techniques d'évaluation du PIB, du revenu national, des dépenses publiques et privées, les relations intersectorielles (TES) doivent aussi prendre place dans la préparation du candidat à ce concours.

C. Éléments de macroéconomie

▶ Quatre aspects de l'analyse économique dominent cette partie du programme ◀

– L'élément central du modèle keynésien, *la demande effective*, les revenus primaires et secondaires ainsi que leurs clés respectives de répartition, les formes et facteurs de la consommation nationale, en distinguant les consommations des ménages de celles des administrations et entreprises, les déterminants de l'investissement, ses formes et ses facteurs de fluctuation, sans oublier les notions élémentaires de multiplicateur keynésien et d'accélérateur (Clark-Samuelson). Cela représente un effort d'assimilation pour le candidat qui choisit la spécialité économie, parce que les sujets des années précédentes sur ces chapitres ne sont pas toujours d'un maniement aisé.

– Le candidat aura besoin de bien assimiler les fondements, les formes et les impacts de l'action des pouvoirs publics. Le tiers du PIB est distribué en prestations sociales ! Donc, on demandera au candidat de connaître assez bien les mécanismes économiques permettant d'instaurer un équilibre et ceux qui provoquent sa rupture. Dans ce contexte, la politique budgétaire, les orientations de la demande publique, la formation du revenu national seront des éléments à bien maîtriser.

– Le chapitre sur la monnaie – très superficiellement abordé en première et terminale ES et étudié surtout en deuxième année d'université – prend une bonne place dans le programme du concours des IEP. Les exigences ne se limitent pas à la définition et aux fonctions de la monnaie. En effet, le candidat ne peut pas se contenter des livres de terminale ES pour faire face à ce type de questions, à moins d'avoir choisi la spécialité économie et occupé les premières places du classement annuel dans un excellent lycée. Ce chapitre correspond en fait au cours dispensé en première année de l'IEP de Paris.

– Dans le programme du concours, le candidat doit prévoir toutes les questions relatives à la production et à l'emploi, le plein emploi, le sous-emploi, les débats sur la place du travail, les politiques de l'emploi, les théories – keynésienne, néoclassique et autres – sur les causes du chômage, l'arbitrage chômage-inflation, l'inflation, la stagflation, la déflation. En gros, la préparation se focalisera sur ce qu'on appelle d'un côté « l'économie de la demande » (économistes keynésiens) et de l'autre côté « l'économie de l'offre » (économistes néoclassiques), ainsi que leurs fondements et implications sociales (emploi, pouvoir d'achat, mobilité sociale).

D. Croissance et fluctuations économiques

▶ Dans cette partie du programme, le candidat devra maîtriser les facteurs et les formes de croissance ◀

Ceci suppose une nette distinction entre croissance et développement, c'est-à-dire le repérage de leurs causes respectives et de leurs aspects spécifiques. De nombreux modèles et théories se rapportent à cette section du programme. Cela ne se limite pas du tout au programme de terminale ES, le candidat doit être mis en garde, à travers la nature des sujets proposés dans le passé, contre l'idée qu'il peut se contenter de ses connaissances de terminales ES. Les économistes ne sont pas unanimes sur le rôle de chaque facteur de croissance, des modèles assez différents, voire opposés quant aux politiques qu'ils inspirent, ont été appliqués dans des régimes économiques différents. Voici donc un aperçu du type de sujets concoctés par nos collègues de l'IEP de Paris : *La neutralité du progrès technique* (question, session 1989) ; *Productivité et rentabilité* (dissertation, session 1994) ; *Loi des rendements factoriels décroissants* (question, session 1994) ; *Intensité capitalistique et efficacité du capital* (question, session 1995). On voit bien qu'il s'agit du programme de première année d'université ! Sous certaines conditions, cela ne doit pas décourager un bon bachelier ES qui a décidé de prendre l'économie en option parce qu'il a suivi l'année précédente un cours de spécialité économie dans son lycée. Mais lorsqu'on ouvre un guide prétendant aider des lycéens à s'orienter, on se rend compte qu'il est préférable pour l'éditeur d'avertir les lecteurs-candidats des exigences d'un concours, cela vaut mieux que de laisser certains s'inscrire et découvrir après l'épreuve pourquoi ils ont échoué.

Cette partie du programme comprend aussi les différentes crises et les explications que les économistes et historiens ont avancées. Il est donc recommandé de bien connaître les positions théoriques des écoles de pensée sur les crises. Dans un guide d'entrée à Science Po, sans doute trop optimiste, l'éditeur affirme qu'un bon bachelier ES peut choisir l'option économie. Nous aurions bien voulu partager cet optimisme de notre confrère éditeur de guide Sciences Po, mais nos vingt-deux années de fréquentation des classes de terminales B et ES nous font douter des capacités de la plupart des nouveaux bacheliers section économie à traiter les sujets suivants : *Le chômage involontaire dans l'histoire des doctrines* (dissertation, session 1990) ; *En quoi le modèle keynésien est-il révolutionnaire ?* (dissertation, session 1991) ; *Énoncé et implications de la loi des débouchés* (question, session 1992)[1]. On est, bien entendu, devant des sujets destinés à des candidats qui émergeaient toute l'année du lot en classe de terminale ES des lycées et aussi en première année de sciences économiques à l'université. Tout candidat doit savoir que le concours d'entrée en première année des Instituts d'études politiques est très élitiste, à la fois par son malthusianisme exacerbé d'année en année – relativement peu de places pour un nombre pléthorique de candidatures – et par la nature des sujets proposés. En somme, le candidat doit parfaitement maîtriser tous les concepts économiques (niveaux terminale ES, 1re et 2e année de DEUG sciences économiques) et avoir une vision claire sur un nombre important d'éléments du savoir économique : faits, tendances, lois, effets, mécanismes, théories et doctrines.

E. L'analyse microéconomique

▶ Cette partie du programme est totalement calquée sur le programme des premières années des facultés de sciences économiques ◀

Le candidat devra bien connaître le chapitre sur l'acte de consommation, le comportement des consommateurs, les stratégies d'équilibre de leur budget, et donc implicitement les lois et théories en rapport direct avec cet aspect du problème. Ce qui signifie une connaissance des formes de besoins, de la distinction entre besoin et demande, de l'évolution de la demande, des facteurs départageant le revenu en consommation et épargne des ménages. Puisqu'on autorise le candidat à illustrer sa démonstration par des courbes ou des calculs appropriés, il est important de savoir tracer les courbes de l'offre et de la demande et placer les points d'équilibre, les courbes d'indifférence du consommateur, les courbes d'utilité, le calcul des coefficients d'élasticité, etc.

Comme en première année des facultés de sciences économiques, le programme prévoit l'étude du comportement du producteur. Le candidat doit connaître les formes d'entreprises (PME, firme nationale, firme multinationale) et leurs stratégies spécifiques, les formes d'offre, les seuils de rentabilité, les stratégies d'investissement, les délocalisations, les contraintes de l'environnement du producteur sur ses projets de production et d'investissement. Le candidat a tout intérêt à choisir des ouvrages récents de microéconomie, car les économistes commencent à réaliser combien sont domma-

---

1. La nouvelle épreuve sur dossier est aussi difficile que la dissertation, compte tenu du nombre de questions à traiter en quatre heures.

geables pour leur « image de scientifiques » les réductions simplificatrices de la microéconomie telle qu'on l'a enseignée à plusieurs générations. En effet, comme hier les marxistes dénonçaient « l'économie bourgeoise », sous-entendu la pensée néoclassique qui n'intègre pas la dimension sociale de l'acte productif dans les économies de marché, aujourd'hui, sous la pression de l'opinion publique, beaucoup d'économistes découvrent *l'entropie* et *l'environnement*, et proposent qu'on en tienne compte dans toutes les décisions de production ou d'investissement. Mais n'est-il pas un peu tard ?

Le programme comprend enfin les marchés concurrentiels et leurs formes d'équilibre – équilibre général et équilibre partiel – ainsi que les marchés non concurrentiels, les systèmes de prix et les pratiques en la matière dans les pays développés. Cette partie du programme se réfère essentiellement à la théorie néoclassique standard, mais il faut s'attendre à des questions sur le déséquilibre, puisqu'on voit déjà dans certains livres de terminale ES des textes sur la théorie du déséquilibre. Donc, le candidat aura étudié les courbes IS-LM, voire les courbes IS-LM-BP. En effet, une des questions de la session 1988 portait sur (la) construction et (la) signification de la courbe IS.

II. Méthode de travail en économie politique

A. Connaître vos trois ennemis et savoir utiliser vos neuf armes

▶ La dissertation est une démonstration ◀

Les sujets proposés au concours sont très difficiles pour un candidat non averti. Ils deviennent normaux pour tout candidat qui s'est investi, tout au long de sa préparation, dans l'acquisition des connaissances, mais surtout et avant tout dans une méthode lui permettant de mobiliser rapidement ses connaissances, face à tous les sujets relevant du programme.

D'abord toute dissertation se conçoit en s'appuyant sur trois principes fondamentaux – **objectivité, rigueur, rationalité** –, trois principes d'organisation – **ordre, progression, cohérence** – et trois principes d'expression – **concision, précision, clarté**. Pour réussir à convaincre le lecteur en général et l'examinateur en particulier, le candidat devra se prémunir contre **les trois défauts du lecteur** que redoutent même les grands écrivains dans l'exercice de leur art : votre lecteur est supposé ignorant, paresseux, distrait. Ces trois défauts sont les ennemis du candidat, ils doivent le faire réagir préventivement comme s'ils existaient réellement chez tous les lecteurs de sa copie.

B. Les quatre catégories de sujets en économie politique

▶ Première catégorie ◀

Font partie de cette première catégorie tous les sujets concernant une **mesure** de politique économique ou sociale, une politique ou une **stratégie** de croissance, un **plan** d'expansion ou un projet de développement. Face à cette forme de sujet, l'examinateur s'attend à une discussion sur les raisons, les fondements, les moyens, les formes, les objectifs, les risques, les implications d'une mesure, d'une politique, d'une stratégie, d'un plan, d'un projet. La manière de formuler le sujet donnera une indication ce sur quoi il serait souhaitable d'insister parmi tous les éléments. Tout plan doit être perçu comme un itinéraire (un cheminement) de la pensée. Par conséquent, les meilleurs itinéraires pour cette catégorie de sujets seront les plans **critique**, **dialectique** et **thématique**. Dans un parlement, on peut discuter par chapitre du budget (*cf.* plan thématique), en opposant une thèse à celle du parti au pouvoir ou du gouvernement (*cf.* plan dialectique), ou en s'attachant à mettre en relief, d'un côté l'intérêt d'une politique (mesure, stratégie, plan, projet) et de l'autre côté ses limites (risques, objectifs cachés, intérêts partisans, etc.) (*cf.* plan critique).

Exemples de sujets. 1) *La décision d'investir* (1988). 2) *Politique budgétaire et chômage : aspects théoriques et empiriques* (1992). 3) *La maximisation du profit implique-t-elle nécessairement la minimisation des coûts de production ?* (1995).

▶ Deuxième catégorie ◀

Nous rangeons dans cette deuxième catégorie tous les sujets de **prédiction**, de « **prophétie** », de **vision** historique et tous les sujets concernant des **politiques déjà réalisées**. Nous associons à cette catégorie l'image du **juge**, dont le rôle est de **déterminer** le degré de vérité, de réalisation, de confirmation ou d'infirmation de la prédiction, de la vision historique, de la prophétie, et aussi le degré de réalisation, de réussite ou d'échec d'une politique entreprise dans le passé. L'ordre tacite ou implicite fait appel à trois plans adéquats : **dialectique, gradation, historique**.

▶ Troisième catégorie ◀

Tous les sujets qui exigent un inventaire descriptif ou analytique appartiennent à cette troisième catégorie. Donc, ce sont des sujets **bilan** d'une action, d'une mesure, d'une pratique, d'une politique économique ou sociale, d'une stratégie financière, commerciale, industrielle ou sociale. Ils sont aussi un inventaire des causes, des raisons, des aspects, des caractéristiques, des rôles, des formes, des conséquences, des effets, des impacts... d'un fait, d'un phénomène, d'une situation, d'un état, d'un groupe, d'une société, etc. Ces sujets sont associés à l'image du bilan comptable, dont l'utilité est d'**exposer** les éléments permettant de juger la situation financière d'une institution. Puisque dans un bilan comptable nous avons des rubriques, on peut analyser la situation en discutant par rubrique (*cf.* plan thématique), par comparaison de ces rubriques (*cf.* plan comparatif) ou d'abord sur l'ensemble du bilan et ensuite sur l'élément le plus significatif de ce bilan ou inversement (*cf.* plan progressif). Ces trois logiques de discussion qui se dégagent de la structure même de tout bilan comptable relèvent respectivement des plans **thématique, comparatif, progressif**.

▶ Quatrième catégorie ◀

Les sujets de cette catégorie se rapportent à des **liens**, des rapports, des relations entre un phénomène ou une situation A et un phénomène ou une situation B. Nous leur associons l'image du **faisceau** lumineux qui relie la source de lumière au réceptacle de la lumière. Quel que soit l'ordre exprès ou formel de travail noté dans l'énoncé, le candidat sait que son rôle sera d'**établir** les liens, les rapports, les relations entre A et B et leurs limites objectives.

Une petite analogie avec l'électricité s'impose avant de revenir aux problèmes économiques qui nous concernent. L'établissement du lien se fait en décrivant les étapes de ce lien, comme on peut démontrer que l'effet du faisceau lumineux n'est pas le même pour toutes les distances séparant le réceptacle (exemple d'un tableau d'une salle de cours) et la source de la lumière (le tube de néon). De même, ce réceptacle ne reçoit pas le même degré de luminosité du premier, du second et du troisième tube de néon, il est donc possible de comparer leur rôle respectif dans l'éclairage du tableau. Aussi, à n'importe quel moment de la journée, on ne peut pas dire que le tableau n'est absolument éclairé que par la lumière des tubes de néon, il y a place à un débat contradictoire pour prouver que la lumière du jour intervient, jusqu'à un certain degré, dans l'éclairage total du tableau à chaque tranche horaire de la journée.

L'analogie avec l'électricité fera mieux comprendre pourquoi cette catégorie de sujets nous impose logiquement les plans **descriptif, comparatif** et **dialectique**. Imaginons maintenant le sujet suivant : *Quels seraient les effets d'une réduction des impôts sur l'emploi en France ?* En faisant totalement abstraction des différences entre impôts et taxes, le candidat aura trois itinéraires recommandés. Soit il décrit le schéma très théorique qui relie toute variation d'impôt (A) aux fluctuations du volume de l'emploi (B) (*cf.* plan descriptif). Soit il choisit plutôt de comparer les rôles respectifs (dans les créations et suppressions d'emplois) de cinq formes différentes d'imposition (impôt sur les sociétés, TVA, IRPP, ISF, taxe professionnelle) (*cf.* plan comparatif). Soit enfin il confronte la thèse favorable à la suppression de certains impôts (IRPP, ISF, TP) pour défendre l'emploi avec la thèse contraire qui démontre que la création d'emplois obéit à une autre logique (*cf.* plan dialectique).

Dans cette quatrième catégorie de sujet, le candidat établit les liens entre A et B. Dans notre exemple analogique, A désigne les quatre tubes de néon, et dans notre exemple économique, ce sont les cinq formes d'impôt. De même, dans notre exemple analogique, B est un tableau qui reçoit la lumière du jour et de quatre tubes de néon, l'impact de la lumière du tube de néon (n° 4) le plus éloigné du tableau ne sera pas le même que celui du tube de néon le plus proche (n° 1). Dans notre exemple économique, il est certain que B comprend b1 (emplois non qualifiés ou emplois à temps partiel), b2 (emplois qualifiés ou emplois non précaires), b3 (emplois très qualifiés ou emplois d'avenir). En effet, la suppression de l'impôt sur la fortune (a4) ou de la taxe professionnelle (a5) aura-t-elle le même impact sur b1, b2, b3 ?

Remarque. Certains sujets proposés à des concours sont résumés en un seul mot, l'investissement, les taux d'intérêt, le chômage, l'inflation. Peu fréquents, ces sujets exigent un exposé méthodique des connaissances historiques, théoriques et factuelles. Indifféremment, certains candidats adoptent un plan directeur historique, thématique, de gradation ou dialectique. Or, une bonne maîtrise des trois techniques d'analyse des termes clés fera facilement ressortir la problématique centrale et les problématiques sous-jacentes, donc automatiquement le classement du sujet dans l'une des quatre catégories et ainsi le plan adéquat à choisir parmi les trois plans adaptés.

III. Le déroulement de l'épreuve d'économie politique

A. L'analyse des expressions et termes clés du sujet

▶ Pour formuler la problématique principale et les problématiques sous-jacentes d'un sujet, le candidat devra analyser en profondeur les élément clés de l'énoncé ◀

Ces derniers ne sont pas seulement des termes techniques ou scientifiques, parfois toute la problématique d'un sujet tient dans la prise en compte ou non d'une préposition (*de* nouveau et *à* nouveau ne signifient pas la même chose), d'un adverbe (Faut-il *encore* réduire les impôts ? *Rien* ne sera moins industriel que la société industrielle. La croissance des dépenses de santé est-elle *inéluctable*), d'une expression *(dans quelle mesure...)*, d'un verbe *(faire l'*euro*).*

Ces termes se divisent en deux groupes, ceux qui expriment des faits quantifiables (emploi, prix, production, inflation, investissement, etc.) et ceux qui relèvent des idées ou des représentations de l'esprit (progresser, régresser, augmenter, diminuer, atteindre, etc.). Trois méthodes permettent d'analyser ces termes clés : la méthode des équivalents, la méthode de la causalité et la méthode de l'association d'idées. Le premier groupe s'analyse facilement avec deux méthodes complémentaires : *la méthode des équivalents* et *la méthode de la causalité*, tandis qu'au second on applique *la méthode de l'association d'idées*, à la place de la méthode de la causalité, pour compléter le travail d'analyse commencé avec la méthode des équivalents.

La méthode des équivalents

C'est une recherche de tous les synonymes et les équivalents contextuels afin de s'assurer qu'aucune piste importante n'est négligée. C'est en connaissant les sens et nuances d'un élément clé que le candidat sera capable de formuler convenablement la problématique centrale et les problématiques sous-jacentes les plus importantes. Par ailleurs, cette technique est un moyen d'autosuggestion de pistes de travail occultées pour le candidat qui s'arrête fatalement sur le sens obvie du terme souligné. L'évocation de certains mots, en l'occurrence les équivalents de chaque terme clé d'un sujet, recrée spontanément tout un ensemble de représentations, tandis que leurs synonymes peuvent nous inhiber totalement, parce que l'expérience montre que certains équivalents sémantiques sont moins utiles pour retrouver des pistes que les équivalents contextuels, notamment pour les expressions clés. Ainsi, devant l'expression « *dans quelle mesure* », en se focalisant sur le synonyme de « *mesure* », un candidat peut occulter plusieurs idées intéressantes pour traiter un sujet, tandis que l'équivalent contextuel « *dans quelle(s) circonstance(s)* », conduira tout naturellement le candidat vers les idées qui méritent leur place dans la copie, mais auxquelles il ne pensait pas.

– Exemple de sujet : *Le rôle économique de l'épargne* (1994).

– Exemple de terme clé à analyser avec la méthode des équivalents : **rôle**.

Les équivalents sont *influence, effet, impact, poids, action, importance, portée*. Le candidat doit retrouver rapidement toutes ces nuances afin de découvrir les idées exploitables englobées dans chacun des termes de substitution. *Influence* renvoie à l'idée d'orientation de l'économie. *Effet* peut signifier marquer une structure, une conjoncture, un comportement. *Impact* relève de l'idée de résultat souhaitable ou redoutable. *Poids* implique l'idée de comparaison avec d'autres agrégats ou facteurs agissant sur l'économie d'un pays. *Action* donne l'idée d'un calcul arrêté par un acteur économique ou un stratège dans le but d'obtenir, d'atteindre, de réussir, de modifier, etc. *Importance* renvoie à l'idée de capacité de mesurer la responsabilité, d'une pénurie ou d'une abondance d'épargne, dans le succès, la stagnation ou l'échec d'un pays. *Portée* implique l'idée d'objectifs arrêtés par des agents économiques – État, entreprises, ménages, institutions – qu'on espère atteindre avec l'épargne.

D'un seul terme (*rôle*) qui paraissait anodin, le candidat peut ressortir de nombreux équivalents – sémantiques et contextuels – qui lui ouvrent diverses pistes de réflexion parmi lesquelles il choisira selon deux critères essentiels. D'abord, être capable de bien exploiter les idées retenues dans le lot de toutes celles qu'offre la méthode des équivalents. Ensuite, être certain que les idées prises en considération sont précisément celles que l'examinateur souhaite retrouver dans la copie.

Le candidat qui a de la méthode est celui qui ressent, par expérience (c'est-à-dire grâce à la multiplication des exercices scolaires), les idées rentables dans une copie et les idées qui ne rapportent pas grand-chose, parce qu'elles se situent trop loin, à la périphérie du sujet posé. **La méthode est un état d'esprit**, si elle a besoin de s'appuyer sur des techniques spécifiques à chaque auteur, elle ne devra jamais se réduire à ces techniques, parce qu'il ne faut pas confondre l'instrument et l'état d'esprit qui anime son utilisateur.

La méthode de la causalité

Cette technique est utilisée pour dévoiler les contenus des concepts quantifiables tels que : *investissement, valeur, épargne, chômage, intérêt, impôt,* etc. Ces mots englobent souvent une réalité complexe, un fait, une tendance, une grandeur, un agrégat. Cette réalité – fait, grandeur, phénomène –, que le candidat extrait de son contexte pour l'analyser, doit obligatoirement avoir plusieurs raisons, origines, causes, mais certainement des aspects, formes, particularités, et comporte des conséquences, des effets, des répercussions (positives ou négatives, souhaitables ou indésirables, immédiates ou à long terme, économiques ou socioculturelles, locales, nationales ou internationales, etc.). Le candidat méthodique est celui qui saura faire parler les termes clés analysés grâce à la méthode de la causalité. Il doit établir les chaînes reliant les causes, les formes et les conséquences. Cela suppose qu'il maîtrise bien tous les chapitres du programme du concours, puisque, dans les formulations des sujets, le candidat ne retrouvera, en principe, que les concepts mentionnés dans ce programme. Avec les nombreux sujets d'annales que nous citons à titre d'exemples dans ce chapitre, le lecteur averti n'aura pas de surprise sur le nombre et la diversité des concepts économiques qu'il faudra maîtriser pour envisager de se présenter aux concours des Instituts d'études politiques. La possession d'un dictionnaire d'économie contemporaine est indispensable pour affronter les concours.

– Exemple de sujet : *Y a-t-il un antagonisme entre chômage et inflation ?* (1993.)

– Exemple de terme clé à analyser avec la méthode de la causalité : **chômage**.

Le candidat dressera au brouillon trois colonnes, la première pour recenser les causes du chômage, la seconde pour se rappeler les formes qu'a pris ce fléau dans l'histoire et la troisième servira à distinguer ses multiples conséquences à plusieurs niveaux ou dans différentes situations.

Les causes du chômage sont celles données par les écoles de pensée retenues dans le programme (classique, marxiste, néoclassique, keynésienne, moderne). Il existe plusieurs types de chômage : structurel, conjoncturel, saisonnier, volontaire, partiel, frictionnel, technique, involontaire, sectoriel, massif. Ils ne sont pas perçus de la même façon et donc leurs conséquences peuvent être d'ordre politique, économique, social, culturel. En effet, le chômage comporte plusieurs coûts pour la collectivité nationale et de nombreux problèmes pour les victimes et leur entourage. Tous ces aspects du fléau actuel doivent être bien maîtrisés par le candidat pour tenter de savoir si effectivement il y a un antagonisme avec l'inflation (courbe de Philips).

La méthode de l'association d'idées

La moisson d'idées et de pistes recueillies en exploitant la méthode des équivalents sur un terme clé peut ne pas satisfaire, alors le candidat complétera son travail avec la méthode de l'association d'idées. Cette troisième méthode doit être utilisée essentiellement, mais non exclusivement, pour explorer le champ d'analyse couvert par les expressions et termes abstraits. Dans un énoncé d'économie politique, on peut se retrouver avec des termes clés tels que *progression, régression, efficacité, compétitivité, objectif, critère, encore, de nouveau, à nouveau, hausse, baisse*. Attention, ne pas confondre les deux catégories de termes clés. Par exemple, si, dans un énoncé, on retrouve *hausse du chômage, baisse de l'inflation*, ce sont les mots *hausse* et *baisse* qui sont abstraits, tandis que les mots *chômage* et *inflation* sont concrets. La hausse et la baisse sont des représentations de l'esprit, le chômage et l'inflation sont des réalités mesurables et quantifiables. En définitive, ce sont les phénomènes de chômage et d'inflation qu'on cherche à combattre après les avoir cernés dans leur dimension. Tandis que la hausse et la baisse nous donnent une idée des faits qui nous concernent.

Le terme *abstrait* souligné ne saurait être isolé du contexte, ni dans la pensée du candidat qui doit en faire le centre de toute une constellation d'idées. Nous avons vu ce que la méthode des équivalents pouvait nous donner comme sens restreints ou larges d'un terme clé. La méthode de l'association d'idées renvoie son utilisateur à la recherche de pistes utiles de travail, vers une constellation d'idées que toute personne cultivée doit pouvoir associer au terme souligné. Par exemple, le mot *régression* sera naturellement associé à l'idée d'existence d'un plan préétabli contre un phénomène (chômage, exclusion, pénurie de logements) ou d'une stratégie (de pouvoir, de lutte, de conquête) conçue par un agent économique. Ce terme peut aussi nous faire penser à la réalisation des objectifs contre une tendance malheureuse (faillites d'entreprises) ou à l'échec, l'incapacité, l'erreur des acteurs économiques et sociaux en cas de fait heureux (la démocratisation de la consommation). Enfin, ce mot nous incite à nous interroger sur les explications fournies sur les écarts entre les prévisions des acteurs et les résultats obtenus, sur le bien-fondé des explications fournies par les économistes sur cette situation, ou enfin sur les intentions (oppositions entre objectifs affichés et objectifs cachés) des pouvoirs publics et acteurs concernés au moment du lancement de leur stratégie.

– Exemple de sujet : *L'inflation n'est-elle que d'**origine** monétaire ?* (1991).

– Exemple de terme clé à analyser avec la méthode de l'association d'idées : **origine**. L'application de la méthode des équivalents nous fera ressortir les termes suivants : *sources, causes, points de départ, raisons*. Si, avec ces termes, le candidat sent qu'il n'arrive pas à cerner toutes les idées qu'attend l'examinateur dans la copie, le recours à la méthode de l'association d'idées deviendra nécessaire. Ainsi, dans ce contexte thématique, le terme **origine** nous renvoie au moins à deux idées utiles pour le traitement de la problématique. La première consiste à chercher les sources d'un mal, c'est-à-dire établir la responsabilité dans un fléau redouté par tous les peuples et qui a marqué l'histoire économique des trois dernières décennies. La seconde sera de retrouver les mécanismes par lesquels un phénomène longtemps redouté, mais combattu avec succès en France, se déclenche à partir d'une manipulation d'un instrument d'échange, de la création d'un supplément de moyens de paiement ou de l'introduction mal contrôlée d'un nouveau moyen d'accompagnement des flux réels.

B. La recherche des problématiques et l'élaboration du plan détaillé

▶ Dans tout énoncé d'économie politique, trois éléments doivent attirer l'attention du candidat : l'ordre explicite de travail (verbe directeur), les expressions et termes clés, le contexte général du sujet ◀

Avec la méthode de classement des sujet, l'ordre explicite s'éclipse, car ce qui compte avant tout, c'est l'ordre implicite ou tacite qui se dégage de la logique générale du sujet. Les expressions et termes clés ne peuvent plus impressionner un candidat armé des trois méthodes d'analyse que nous venons d'exposer et d'illustrer avec des exemples. Enfin, le contexte général du sujet n'est ni plus ni moins que le cadre historique et géographique de la problématique centrale et des problématiques sous-jacentes.

La problématique centrale et les problématiques sous-jacentes

La problématique centrale est le cœur du sujet à traiter, tandis que les problématiques sous-jacentes sont les difficultés que soulève la résolution correcte de ce problème central. Aucun sujet ne comporte qu'une seule problématique centrale à traiter, tous comprennent le primordial et le préalable. Les problématiques sous-jacentes ne sont pas des questions secondaires, mais plutôt des problèmes à résoudre préalablement pour arriver à la solution du problème central. Ainsi, nous pouvons dire qu'elles font partie intégrante de ce problème central. Qui aujourd'hui prétendrait résoudre le problème de la relance de l'investissement en France, sans se pencher préalablement sur les questions de taux d'intérêt, d'opportunités d'investissement, de sécurité des placements, de rentabilité des fonds investis ? Donc, ce sujet comprend, au moins, quatre problématiques sous-jacentes qu'on ne confond pas avec les sous-parties.

Délimitations historique et géographique du sujet

Quant au cadre général du sujet, il faut savoir qu'il n'est pas toujours indiqué au candidat. La recherche des délimitations – historique et géographique – fait partie de l'élaboration des problématiques – la centrale et les sous-jacentes. Comment cadrer le plan détaillé sans risquer de trop s'étendre ou d'amputer le sujet d'une de ses problématiques sous-jacentes ? Pour s'acquitter honorablement de cette tâche, il faudra s'armer de quelques principes simples à retenir. D'abord pour tout sujet non situé géographiquement, le candidat a le droit de privilégier le cas français, sauf si les expressions ou termes clés font allusion à l'expérience ou à la situation d'autres nations. De même, quand l'énoncé concerne explicitement un pays, il n'est pas interdit de faire des allusions ou des comparaisons avec des expériences étrangères, mais sans jamais perdre de vue que le problème concerne principalement un seul pays (ex : France).

Si aucun sujet ne doit être traité dans l'abstrait, mais toujours rapporté à un substrat géographique, il en sera de même pour la dimension historique. Parfois, la délimitation temporelle du sujet est indiquée dans l'énoncé, rien ne sert donc d'allonger ou de raccourcir la période concernée, sous peine d'être pénalisé par le jury. Mais quelquefois aucune date ni période n'est mentionnée dans la formulation du sujet – cas de tous les sujets de l'IEP de Paris, par exemple. Comment faut-il faire ? Le salut vient principalement de l'analyse des expressions et termes clés de l'énoncé.

Lorsque l'énoncé, sans date ni période, contient un moyen et un but, généralement il faudra se limiter à la période concernée par le but. Exemple : *Le rôle de la monnaie dans la formation de l'équilibre économique* (dissertation, session 1992). Les termes « monnaie » et l'expression « équilibre économique » sont respectivement le moyen et le but. Pour savoir jusqu'où on peut remonter raisonnablement dans le temps, pour le traitement de ce sujet, ce sera plutôt l'analyse de l'expression « équilibre économique » qui nous donnera la clé. Une analyse approfondie – grâce à la méthode des équivalents et à celle de la causalité – nous convaincra de nous contenter d'un recul de trois décennies pour puiser les exemples et les arguments suffisants, et cela sans le moindre dommage pour l'ensemble des problématiques à traiter – la problématique centrale et les problématiques sous-jacentes.

Parfois, on doit se fier au moyen comme indice de délimitation temporelle du sujet. Cela est nécessaire seulement lorsqu'on est sûr qu'il existe plusieurs moyens (A1, A2, A3, A4) d'atteindre le but (B), mais que l'énoncé n'en a privilégié expressément qu'un seul. L'histoire des autres moyens non évoqués par l'énoncé, quelle que soit son utilité pour traiter le sujet, demeurera bien secondaire par rapport à l'histoire du moyen retenu, et sur lequel on demande au candidat de travailler.

Quand l'énoncé, sans date ni période, évoque une cause et une conséquence, le candidat devrait privilégier dans sa délimitation plutôt l'histoire de la cause que celle des effets attendus. Exemples : *Productivité et rentabilité* (dissertation, session 1994), *La désinflation est-elle profitable à l'investissement ?* (dissertation, session 1996). Dans ces exemples, la période de gains de productivité et celle de la désinflation gouvernent respectivement les délimitations temporelles des deux sujets. Car, dans un pays qui enregistre depuis quinze ans un taux satisfaisant de gains en productivité et une chute continue du taux d'inflation, si la rentabilité et l'investissement ont repris seulement depuis quelques années, ce serait dommage de priver l'examinateur d'une explication sur les raisons qui auraient empêché, durant la première période, l'établissement d'un lien de cause à effet. Mais attention, il ne faut pas confondre cette catégorie de sujets où le but est d'établir des liens de causalité, avec des sujets marqués par une conjonction *et*, comme ceux des sessions 1996 *(Protection sociale et déficits publics)* et 1998 *(Concurrence et concentration industrielle)*. Ici il s'agit de prendre en considération la période durant laquelle une quelconque complicité a pu s'établir entre la protection et les déficits publics, sinon le candidat risquera de remonter inutilement au Plan de Sécurité sociale (1945) ou aux Assurances sociales obligatoires (1928) ! En effet, c'est bien en 1976, dix ans après la première réforme de la Sécurité sociale (1967), que l'opinion publique a découvert le problème de l'équilibre financier de la protection sociale. De même, pour le second sujet, on ne doit pas remonter jusqu'au Moyen Âge pour l'illustrer avec la « guerre des épices » et les grandes compagnies maritimes vénitiennes !

La formulation de certains sujets pose parfois un problème de délimitation temporelle au candidat. Par exemple, certains sujets contiennent les termes ou expressions suivantes : « aujourd'hui », « de nos jours », « ces derniers temps ». Ceux-là doivent être pris comme une indication pour signifier au candidat qu'il s'agit de la situation telle qu'elle se présente sous sa dernière manifestation. Donc, la délimitation temporelle peut s'étendre sur un trimestre, un semestre ou sur une année tout au plus. Tandis que les expressions fréquentes comme « ces dernières années », « depuis quelques années », désignent une période obligatoirement inférieure à une décennie. On peut même se limiter aux trois ou quatre dernières années.

La conception du plan détaillé

Si au lycée l'élève de terminale peut se contenter de deux ou trois plans pour tous les sujets de dissertation, dans le supérieur, au contraire, la réussite sera conditionnée par la capacité à maîtriser une méthode d'analyse de sujets et d'élaboration de plans détaillés qui permet d'exploiter en profondeur les problématiques.

Une copie est un treillis ou un arbre. Elle repose sur un tronc – l'introduction – se divise ensuite en deux ou trois branches – les parties – et se prolonge enfin en plusieurs ramifications – sous-parties, sections, paragraphes. Pour ranger toutes les connaissances et les informations, dans le temps imparti et selon les exigences des jurys, le candidat doit connaître la technique d'imbrication des plans avec laquelle on élabore un plan détaillé. En effet, chaque démonstration de trois ou quatre heures s'articule autour d'un plan directeur – logique des parties –, d'un plan de premier soutien – logique des sous-parties – et d'un plan de second soutien – logique des sections et paragraphes. Pour réussir ces combinaisons, nous expliquerons plus loin le contenu des dix plans avec lesquels se construit un vrai plan détaillé : plan comparatif, plan critique, plan descriptif, plan dialectique, plan gradation, plan historique, plan inventaire, plan progressif, plan thématique, plan tiroir.

Comment choisir le plan ? Cette question angoissante pour nombre de candidats ne se pose pas dans les mêmes termes avec notre méthode, puisque le candidat ayant su classer les deux sujets au choix, il doit connaître spontanément la concordance logique entre la catégorie de chaque sujet et les trois plans directeurs les plus adéquats. Simplement, ce qui lui manquera, faute d'expérience suffisante, c'est d'intérioriser parfaitement le principe suivant : le jour du concours, le meilleur plan sera celui qui cachera si possible mes lacunes et mettra bien en évidence mes connaissances et mes idées.

Donc, le choix du plan directeur se fait selon le principe d'élimination des deux plans, parmi les trois possibles, qui ne satisfont pas à ce critère. Puisque a priori, face à chaque type de sujet, et selon son état psychologique, seul le candidat sait ce qu'il est capable d'aligner (connaissances et idées). Il sera toujours le seul qui pourra, durant ces premières minutes qui s'écoulent après une analyse rapide des expressions et termes clés des deux sujets, choisir le meilleur des trois plans adéquats.

Un candidat lucide saura que le principe de choix que nous venons d'exposer ne fonctionne pas tout seul ! Par ailleurs, puisqu'il faut une logique pour les sous-parties et une logique pour les sections, le bon choix du plan directeur ne suffit pas. Il faut savoir que dans le traitement de tel sujet, la combinaison : plan dialectique pour les parties, plan thématique pour les sous-parties, plan gradation pour les sections, serait préférable à la combinaison : plan dialectique pour les parties, plan historique pour les sous-parties et plan progressif pour les sections. Certes le même sujet peut être théoriquement traité de plusieurs manières – selon la combinaison de plans –, mais en pratique il y a une manière qui convient le mieux à un candidat se trouvant dans les circonstances du concours et les enjeux de cette compétition. Cela signifie aussi que chacun, selon son humeur le jour capital, se portera naturellement sur une combinaison de plans susceptible de l'aider au mieux à développer ses idées, dans le temps imparti, car n'oublions pas que dès la fin de la distribution des sujets, les surveillants ont actionné le chronomètre !

Ce qu'on appelle communément **le plan détaillé est une combinaison de plusieurs plans,** les parties obéissent à une logique (un des dix plans), les sous-parties sont gouvernées par une autre logique (premier soutien au plan directeur, l'un des neuf plans non utilisés, à l'exception du plan inventaire) pour structurer les arguments, les faits et les idées et enfin les paragraphes (chaque section des sous-parties) sont ordonnés selon un troisième plan (second soutien au plan directeur parmi les huit plans non utilisés, sans aucune exception).

Un vrai plan détaillé est une imbrication de trois plans où rien n'est placé au hasard. Son utilité est de servir comme meuble de rangement où chaque rayon, tiroir, endroit est prévu pour recevoir un type d'objet à placer. Un candidat qui n'a pas une idée précise de la place que va lui demander l'exposé d'un fait, d'une théorie, d'une loi, d'un mécanisme, d'une idée, n'aura pas conçu un plan détaillé.

Normalement, une fois élaboré, le plan détaillé devient un guide, avec ce que cela induit en termes d'espace à aménager et de temps consacré pour chaque partie, sous-partie et section, nécessaire à l'exposé d'une somme de connaissances et d'informations. Quand un élève de terminale ou un étudiant en DEUG entend ses professeurs répéter souvent qu'il faut consacrer au moins une heure à élaborer un plan détaillé pour une dissertation de quatre heures, cela peut lui paraître exagéré, et pourtant, c'est bien ce qu'il lui faudra prévoir pour être correctement guidé dans l'exercice de démonstration que constitue une dissertation d'économie politique.

C. La rédaction d'un canevas pour chacune des parties clés

Un vrai plan détaillé constitue un itinéraire précis, avec ses étapes, ses pauses, ses reprises, ses accélérations, ses contours, ses obstacles et son issue. Le candidat qui perçoit le plan détaillé de cette manière comprendra facilement qu'il faudra toujours rédiger au brouillon des canevas d'introduction, de transition(s) et de conclusion, puisqu'il connaît déjà la teneur de sa copie : problématique centrale, problématiques sous-jacentes, cadre historique et géographique du sujet, contenus des parties, liens entre les parties, réponse finale et ouverture du sujet. Dans la mesure où le plan détaillé donne une idée précise de tout cela, pourquoi ne pas rédiger les parties clés au brouillon et y revenir, au fur et à mesure de l'avancement de la rédaction des parties, pour retravailler le fond et la forme afin de les recopier au propre durant la dernière demie-heure ? Ces parties clés sont assez déterminantes dans le jugement d'ensemble qu'aura le correcteur de la copie. Nous verrons plus loin en quoi elles sont très importantes et mériteraient plus d'attention que ne leur en donnent un trop grand nombre de candidats à différents examens et concours. Du point de vue pratique, il suffit de laisser en blanc sur la copie la partie réservée à l'introduction, et de commencer à rédiger directement le développement à partir du plan détaillé. Arrivé à la transition, il faudra laisser un blanc (l'équivalent du nombre de lignes de la transition, plus deux lignes supplémentaires pour la mettre en évidence dans la copie) et poursuivre la rédaction du développement.

L'utilité d'un tel procédé est mieux comprise par celle ou celui à qui est arrivée cette aventure. Après avoir tout rédigé au propre, il (elle) s'est mis(e) à relire l'ensemble de sa copie et constate que son introduction ne reflète pas tout à fait le contenu de son développement (mauvaise délimitation spatio-temporelle, problématique centrale tronquée, oubli d'une problématique sous-jacente ou évocation d'une problématique sous-jacente sans rapport avec le sujet, distorsion entre l'annonce formelle du plan et le plan réel du développement).

Si la (les) transition(s) est (sont) rédigée(s) au propre une fois la première (et éventuellement la seconde partie) rédigée(s), qu'est-ce qu'une relecture entreprise dans les cinq ou dix dernières minutes pourra modifier dans une transition mal conçue ? Il faudra recourir à la chimie, badigeonner la copie au correcteur blanc ! Beaucoup de correcteurs sont allergiques à la vision de ce produit. Et si le candidat se rend compte que la nouvelle transition qu'il veut rédiger demande plus que les deux ou trois lignes qu'occupe la mauvaise ? Enfin, pour celui ou celle qui a pris un peu de retard dans le développement du plan, n'est-il pas préférable de placer l'intégralité d'une bonne conclusion (une conclusion revisitée plusieurs fois durant le parcours), même s'il manque à la copie la troisième section (3) de la deuxième sous-partie (B) de la deuxième partie ? Contrairement à d'autres disciplines où la conclusion n'est pas vraiment obligatoire, en économie toute la démonstration converge vers ce moment capital du discours, comme les arêtes se rejoignent au sommet de la pyramide.

IV. Les plans directeurs utilisés en économie politique [1]

▶ Notre méthode de travail est fondée sur la concordance logique entre une catégorie de sujets et les plans les plus adaptés à cette catégorie. Si certains ne sont compatibles qu'avec une seule catégorie de sujets, d'autres, comme le plan dialectique, sont parfaitement exploitables pour deux ou trois catégories ◀

A. Le plan comparatif

▶ Le plan comparatif peut être imposé par l'énoncé du sujet, mais lorsque celui-ci nous laisse le choix avec le plan progressif et le plan thématique, il faut bien mesurer les risques liés à ce choix ◀

A priori, ce plan est salutaire quand l'analyse des expressions et termes clés du sujet (et, le cas échéant, des documents annexes) révèle un grand nombre de différences, de divergences, d'écarts entre des faits, des éléments, des phénomènes, des situations, etc. Parfois, ce n'est pas le nombre qui justifie le choix de ce plan, mais plutôt les implications de ces différences, divergences et écarts qui méritent d'être analysées en profondeur. Mais, a posteriori, il ne sera efficace pour celui qui le choisit que si les dissemblances découvertes ont plus d'importance que les ressemblances. Car il ne s'agit pas simplement de trouver des éléments intéressants à comparer, encore faut-il trouver une signification plausible à tous les écarts, singularités et particularismes observés dans l'exercice de comparaison.

---

1. La présentation des dix plans est largement inspirée des textes de notre ouvrage *La Dissertation économique*, destiné aux candidats inscrits à des concours administratifs de catégorie A (Vuibert, 1998).

B. Le plan critique

▶ Le plan critique est recommandé pour les fiches de lecture et les dissertations sur un sujet concernant une mesure, une politique ou une stratégie ◀

Dans la première partie, le candidat exposera les justifications et les moyens d'une politique ou d'une stratégie. Ici il prend la place de celui qui veut faire accepter par les protagonistes et l'opinion publique une politique économique ou sociale, une stratégie industrielle, commerciale, sociale ou culturelle. Dans la seconde partie, le candidat changera de camp. Il se mettra à la place d'un protagoniste ou de l'opinion publique. Cet état d'esprit l'aidera à formuler les réserves les plus prudentes, les critiques les plus fondées, les limites objectives, les risques liés à la réalisation du projet ou de la stratégie, les objectifs dissimulés que visent réellement une mesure, une politique ou une stratégie.

C. Le plan descriptif

▶ Ce plan pose un problème de support de la description ◀

Comme son nom l'indique, cette démarche intellectuelle consiste à suivre étape par étape un phénomène, un mécanisme, une situation, un fait économique ou social. C'est donc une photographie mettant en relief tout ce qu'il est important de faire savoir. Si tous les autres plans directeurs agissent immédiatement sur la logique des parties du développement, en revanche, le plan descriptif exige un substrat grâce auquel l'analyse descriptive se fera. C'est-à-dire que le premier plan de soutien marquera de manière neutre les parties (et non pas les sous-parties). Concrètement, cela veut dire que le choix du plan descriptif appelle immédiatement le choix du support, par exemple un plan thématique (la description se fait à travers les deux ou trois thèmes qui constituent les parties du sujet) ou un plan gradation (deux ou trois niveaux d'analyse sont exposés et forment les parties dans lesquelles se réalisera l'opération de description du phénomène, de la tendance, du fait observé), etc. Face à une copie adoptant le plan descriptif, le premier plan de soutien éclipse formellement le vrai plan directeur. Mais, dès la lecture du premier paragraphe du développement, on se rend compte qu'il s'agit d'une analyse descriptive.

D. Le plan dialectique

▶ Le plan dialectique est celui qu'on peut appliquer à toutes les catégories de sujets, sauf à la troisième (bilan) ◀

Cette possibilité donne l'impression que ce plan est facile à manier, mais en réalité sa manipulation est plus exigeante, dans la mesure où son utilisateur doit bien connaître dans leurs moindres détails les deux positions opposées, les deux théories, les deux doctrines, sur un thème, un problème, une tendance, une situation économique. La série de difficultés liées au choix de ce plan ne s'arrête pas là. Outre cet impératif de maîtrise du débat, notre candidat sera appelé à répondre aux uns et aux autres en s'appuyant sur la réalité du phénomène étudié. Car, dans la copie, le plan exige deux à trois parties. Dans la première, il exposera la thèse, dans la seconde il amendera celle-ci avec une antithèse et, dans la dernière partie, il fera preuve d'originalité avec la synthèse. La thèse et l'antithèse doivent impérativement être alimentées par des faits, informations, tendances, situations, etc. On pourra aussi envisager de faire ce plan en deux parties seulement, et réserver plus de place dans la conclusion à la synthèse, lorsque l'on trouve beaucoup d'éléments à exposer dans la thèse et dans l'antithèse, mais peu de nouveautés dans la synthèse. Cette manière de procéder fera éviter au candidat le déséquilibre quantitatif de sa copie.

E. Le plan gradation

▶ Le raisonnement par *gradation* correspond aux sujets catégorie 2, tels que prédiction, vision historique, « prophétie » ou politique déjà réalisée dans le passé, avec l'impératif de situer nettement les niveaux d'analyse ◀

Les distinctions les plus courantes de niveaux se font entre le théorique et le pratique, le primaire, le secondaire et le tertiaire, le microéconomique, le mésoéconomique et le macroéconomique, le premier, le second et le troisième ordres, le national et l'international, etc. Une prévision peut s'avérer conforme à la réalité au niveau agricole, mais fausse au niveau des services, par exemple. Une politique déjà réalisée peut être un demi-succès ou un demi-échec, donc il faudra ressortir les niveaux de réussite et les niveaux d'échec. Une prédiction ou une théorie, comme celles de Malthus, Marx, Smith, etc., peut être confirmée à un certain niveau et infirmée à un autre niveau.

F. Le plan historique

▶ Ce plan n'est exploitable que pour traiter les sujets de deuxième catégorie (vision) ◀

Car jamais, pour une épreuve d'économie politique, on ne demandera une chronologie des événements. Il ne faut pas confondre deux disciplines – économie politique et histoire – ; à chacun sa spécialité et ses problèmes ! Pas de confusion non plus entre l'épreuve d'économie politique (micro ou macro) et l'épreuve forgée spécialement pour les concours d'entrée dans les écoles de commerce, baptisée « histoire et analyse économique des sociétés contemporaines » (HAESC).

Une connaissance historique des économies nationales est indispensable pour se présenter aux concours, mais ce qu'on désigne par *plan historique* n'est rien d'autre qu'une bonne délimitation de chacune des parties, c'est-à-dire la césure historique opportune pour le problème traité. En effet, l'investissement, le chômage, l'inflation, le commerce extérieur, le déficit budgétaire, le temps de travail, etc., peuvent évoluer différemment sur une longue période. Choisir le plan historique pour un sujet suppose que le candidat connaît exactement les moments où la problématique centrale et les problématiques sous-jacentes ont pris une autre forme, un autre aspect, une tout autre tournure. Enfin, choisir le plan historique pour analyser une vision, une prédiction ou une politique déjà réalisée requiert une capacité à vérifier historiquement les coïncidences entre la prévision et la réalité, les prises de position intellectuelle (théories) et l'histoire des faits économiques et sociaux.

Lorsqu'on établit des césures historiques dans un sujet, il faut pouvoir les justifier par des faits vérifiables. Par exemple, pourquoi la première partie du sujet s'arrêterait-elle en 1970 ou 1980 ? Pourquoi la troisième partie commencerait-elle en 1969 ou 1990 ? Tant qu'on ne trouve pas de réponses plausibles à ces questions, il serait imprudent de choisir le plan historique. Attention : les dates événements n'intéressent pas l'économiste, il ne faut pas les utiliser comme césures historiques distinguant les parties de la copie. L'économiste généraliste s'intéresse aux mutations des structures, car trop souvent un événement historique n'affecte de manière sensible les structures économiques d'un pays que plusieurs années plus tard. L'économiste est comptable des transformations observées réellement dans les structures et les pratiques économiques. Il ne développe aucune sensibilité à l'égard de l'histoire spectacle ! Cela n'empêche pas le candidat de situer avec exactitude des événements historiques.

G. Le plan progressif

▶ Particulièrement adapté à la troisième catégorie de sujets (bilan), il subdivise l'argumentaire en deux étapes d'égale importance ◀

Soit le raisonnement s'attaque en premier aux aspects de l'élément essentiel du sujet (une individualité, une rubrique, une caractéristique, un groupe social), afin de mettre en évidence ce qu'il faut savoir sur cette partie du sujet. Soit au contraire, on vise d'abord l'ensemble, la totalité, la généralité (une classe sociale, une société, un système, un groupe de pays ou toute une région du globe), montrant ainsi les points communs, puis on consacre toute la seconde partie à l'élément le plus intéressant. Avec ce plan, on choisit de partir du particulier pour déboucher sur le général ou, inversement, d'exposer la réalité du tout et de terminer avec la réalité de l'élément.

H. Le plan thématique

▶ Ce plan adapté pour les sujets catégorie 1 (politique, mesure, stratégie) et catégorie 3 (bilan, inventaire descriptif ou analytique) ne présente qu'une seule difficulté ◀

Puisque les sujets d'économie politique se traitent en deux parties au minimum ou trois parties au maximum, l'intérêt de ce plan directeur serait de diviser le thème général du sujet en deux ou trois sous-thèmes qui engloberaient l'ensemble, avec l'avantage de bien guider le lecteur. En effet, le risque inhérent au choix de ce plan s'illustre par l'incapacité éventuelle du candidat à retrouver les bons sous-thèmes pour valoriser sa démarche. Ce risque peut être totalement évité lorsqu'on prend la précaution de faire, préalablement, un inventaire de tout ce que pourrait comprendre le thème général, afin de regrouper par « famille » les éléments découverts qui formeront donc les titres des parties de la copie, ou les sous-parties si ce plan fait office de premier soutien au plan directeur.

I. Les plans particuliers

▶ Dans la dizaine de plans utilisés à l'épreuve d'économie politique des examens et concours, deux plans occupent une position particulière dans les possibilités de choix offertes aux candidats ◀

D'abord le **plan inventaire**, qui demeure le seul qui ne s'utilise pas comme plan directeur, pour la simple raison qu'on ne doit jamais fournir plus de trois parties dans une copie d'économie politique. Puisqu'il s'agit d'inventaire des effets, conséquences, causes, raisons, etc., ce plan servira plutôt en deuxième ou troisième position dans l'architecture de la copie, c'est-à-dire qu'il servira à soutenir le plan directeur choisi ou le plan qui gouverne les sous-parties.

Quant au second plan qui fait exception, il s'agit d'une démarche réservée à certains sujets peu fréquents, une sorte de symbiose – appelée **plan tiroir** – de deux formes de raisonnement : la graduation et la progression. Il existe quelques sujets, assez rares, où l'élément et l'ensemble (logique du plan progressif) se superposent en une hiérarchie ou une stratification (logique du plan gradation). Quand on maîtrise parfaitement l'articulation du plan progressif et celle du plan gradation, il serait possible, dans des cas assez limités, de substituer à l'un de ces deux plans le plan tiroir.

Remarque. Les dix plans exposés ci-dessus servent tous, sans exception, de plan de premier ou second soutien. Toutefois, il faut éviter de changer de plan de soutien dans une copie en passant d'une sous-partie à l'autre ou d'une section à l'autre, car ce sera le meilleur moyen de dérouter le correcteur. Nous rappelons que l'examinateur a besoin d'être guidé par une synchronisation de plans (directeur-premier soutien-second soutien) qui facilite la lecture et la compréhension de la copie.

V. Le contenu de la copie d'économie politique

A. L'introduction

▶ L'introduction d'une dissertation d'économie politique doit être conçue comme une réponse précise à cinq questions ◀

D'abord, quelle est la nature, l'intérêt, la spécificité, l'importance, etc., du problème principal à traiter ? Une mauvaise réponse à cette question primordiale mettra entièrement sous hypothèque la valeur du travail fourni par le candidat. Ensuite, quelle est la dimension géographique de ce problème ? Le candidat doit être conscient qu'il n'existe aucun sujet sérieux sans substrat géographique, car ce sont les besoins des peuples et les ressources rares permettant de les satisfaire qui constituent l'objet de l'économie politique. Encore une fois, pas de confusion entre économie politique et philosophie politique ! Chaque problème doit être circonscrit dans le temps. Quelle est la délimitation temporelle de cette problématique centrale ? En effet, les sujets sont proposés aux candidats pour tester leur capacité à trouver des solutions, donc obligatoirement à les situer dans le temps. Comme nous savons déjà que l'évocation du niveau d'analyse (problématique centrale) suppose l'existence de niveaux inférieurs de recherche (problématiques sous-jacentes), l'introduction répondra naturellement à la quatrième question. Maintenant que nous avons pu localiser la principale problématique, quelles sont donc les problématiques sous-jacentes ? Enfin, puisque le correcteur a besoin d'être guidé, le candidat répondra avec précision à cette cinquième et dernière question : quelles sont les étapes envisageables pour le traitement de ce sujet ? La réponse à cette question constitue une forme d'annonce de la combinaison de plans élaborée par le candidat.

L'introduction est l'une des trois parties clés du discours économique. Pour bien la réussir, le candidat a le choix entre deux formes de présentation.

1) Ce que nous appelons **la forme interrogative** est en fait tout simplement une introduction subdivisée en deux paragraphes. Le premier, conçu sous le mode affirmatif, est destiné à accueillir les réponses aux quatre premières questions (Problématique centrale ? Problématiques sous-jacentes ? Délimitation temporelle ? Délimitation géographique ?). Le second servira à formuler sous le mode interrogatif la réponse à la dernière question (Les parties du plan détaillé ?). L'annonce du plan se réalise par autant de questions que de parties ou de sous-parties prévues dans le développement. Cependant, aucune question ne doit être posée de manière abrupte ; il faut la préparer par une petite phrase affirmative évoquant un fait, une situation, mais jamais une opinion du candidat.

2) En revanche, **la forme articulée** impose au candidat d'abandonner la technique de l'annonce du plan par des interrogations, et le contraint d'articuler, sur le mode affirmatif, l'ensemble des éléments de l'introduction. C'est-à-dire qu'il y a une liberté d'articuler les étapes du plan détaillé avec la problématique centrale, les problématiques sous-jacentes, la délimitation temporelle et la délimitation géographique. Cela peut se faire en deux, trois ou quatre paragraphes, peu importe le nombre tant qu'il demeure raisonnable pour un espace aussi limité. En effet, qu'elle soit interrogative ou articulée, l'introduction prendra entre 12 et 20 lignes au maximum et doit reposer au brouillon, tout le temps de la rédaction du plan détaillé, comme nous l'avons déjà conseillé et justifié au lecteur. Autant que les autres parties clés, elle ne sera recopiée au propre que dans la dernière demi-heure.

Ces deux techniques d'introduction conduisent le candidat à se défaire définitivement d'une habitude courante dans le secondaire, mais mal tolérée dans le supérieur, qui consiste à annoncer les parties du plan avec des pronoms personnels ou impersonnels : « Dans la première partie, je, nous, on […], et dans la seconde partie, je, nous, on […] ».

B. Le double équilibre de la copie

▶ Dans son introduction, le candidat a promis au correcteur de traiter un problème principal et des problèmes sous-jacents, selon un ordre précis – plan détaillé – sur lequel il s'appuiera pour arriver aux réponses définitives à donner au sujet ◀

Armé des neuf principes de la dissertation (voir II. A. « Connaître vos trois ennemis et savoir utiliser vos neuf armes »), le candidat devra respecter un double équilibre (quantitatif et qualitatif) entre les parties, sous-parties et sections ou paragraphes de son discours. Attention, il n'y a pas une science économique à l'usage des candidats aux concours des IEP et une science économique pour tous les autres candidats qui se préparent aux autres concours ! Nous voulons dire que ni un IEP ni une université ne peut imposer le plan en deux ou en trois parties pour tous les sujets proposés. C'est uniquement le sujet lui-même, par sa logique interne, qui demande un traitement adéquat, soit en deux parties, soit en trois parties. Certains collègues terrorisent leurs élèves en leur inculquant le « plan Sciences Po ». À chaque fois qu'un sujet peut être mieux traité en deux parties, n'essayez jamais de lui appliquer un plan en trois parties. Ne serait-ce que pour éviter de passer du temps à penser et formuler deux transitions au lieu d'une seule.

– L'équilibre quantitatif. Prenons le modèle assez courant de cinq pages de développements (hors parties clés). Traité en deux parties, l'idéal serait d'obtenir des parties égales (2,5 pages chacune). On peut aussi admettre un déséquilibre d'une page entre les parties (3 pages pour la première partie contre 2 pages réservées à la seconde, ou inversement). Mais si la réponse est conçue en trois parties, le déséquilibre tolérable sera d'une demi-page entre les parties. Cela donnera trois possibilités : 2 p., 1,5 p., 1,5 p. ou 1,5 p., 2 p., 1,5 p. ou 1,5 p., 1,5 p., 2 p.

– L'équilibre qualitatif. Cette seconde forme d'équilibre est respectée par le candidat qui, avant de rédiger son plan détaillé, vérifie si les faits, lois, effets, mécanismes, théories, idées, doctrines, modèles, etc., sont répartis équitablement entre les parties, les sous-parties et les sections. Ne réussira l'équilibre qualitatif que le candidat qui sait parfaitement qu'on ne peut pas duper un examinateur en garnissant une partie de la copie et en délayant les textes dans les autres parties. Ce genre de pratique est doublement sanctionné par les jurys qui considèrent cela comme la preuve d'une carence dans les connaissances et d'une rupture de style.

C. Les transitions

▶ Les parties du développement doivent être soudées par des transitions bien pensées ◀

Une bonne transition ne s'écrit jamais du premier jet. Il faudra procéder comme pour l'introduction, noter au brouillon la ou les deux transitions après avoir élaboré un plan détaillé. Au moment de la rédaction au propre de celui-ci, le candidat laissera en blanc la place qu'il réservera à chaque transition. Il ne faut pas prendre à la légère ce travail, car une transition est un lieu de la copie, et un moment du discours où le candidat *rappellera* d'abord au correcteur les résultats de la partie traitée, puis *annoncera* et surtout *justifiera* la partie suivante. Ce travail requiert un espace de six à dix lignes au maximum. Normalement, le lecteur qui s'amuserait à lire directement la première transition qu'il rencontre refermera la copie avec le sentiment d'avoir compris l'essentiel de ce qui a été développé (en première ou seconde partie) et aussi une idée précise sur la nécessité d'une suite dans le développement (seconde ou troisième partie) et de son apport effectif à la compréhension générale du sujet. Faire une bonne transition exige une maîtrise du sujet mais aussi une capacité de synthèse. D'où l'intérêt de ne jamais rédiger au propre, dans la foulée, cette partie clé de la copie. Il faut y revenir sur le brouillon pour la consolider parce que, comme nous allons le voir, en pratique elle ne sert pas seulement de lien entre les parties traitées.

Tous les correcteurs, de tous les examens et concours, ne se retrouvent jamais dans les mêmes conditions pour vous juger. La transition vous servira d'occasion (dans sa partie synthèse) pour rappeler à celle ou celui qui décidera de votre sort que vous avez bien fait tel travail et que vous allez (parce que vous l'affirmez dans la partie annonce-justification) continuer et pour quelle(s) raison(s). Si ce que vous soutenez ne correspond pas tout à fait à ce qu'il (elle) a retenu de la lecture de la partie précédente, et si votre examinateur est très consciencieux – ce qui devrait être le cas de tout correcteur conscient de détenir entre les mains le destin d'un(e) candidat(e) –, il (elle) relira rapidement la partie qui précède la transition par acquit de conscience professionnelle, par devoir de justice, par marque de respect pour la fonction qu'il (elle) exerce. Ainsi, la transition servira parfois de moyen de faire remonter un peu votre crédit auprès du correcteur ou en tout cas de vous faire bien comprendre. L'essentiel est d'atteindre cet objectif de faire réagir le correcteur, bien avant qu'il ne vous attribue définitivement une note, même si votre style n'est pas aussi académique que vous le souhaitiez.

D. La conclusion

Nous continuons à rencontrer des candidats à des concours qui nous demandent s'il est nécessaire de terminer une dissertation d'économie politique par une conclusion, puisque tout doit être démontré dans le développement. Nous observons aussi que les trois défauts les plus fréquents des conclusions sont la confusion fatale entre un résumé et une synthèse, la rédaction in extremis de trois ou quatre lignes au contenu banal en guise de conclusion, et l'assimilation de l'ouverture du sujet à la mention d'une énième problématique sous-jacente, c'est-à-dire faisant partie intégrante du champ du sujet mais non traitée dans le développement.

Effectivement, la conclusion est aussi importante que l'introduction. Elle doit avoir sa place dans une copie d'économie politique : occuper un espace équivalent à celui de l'introduction (entre 12 et 20 lignes au maximum). À cet endroit stratégique – lieu où se situera la réponse définitive au problème posé –, le candidat exposera une *synthèse* (et non un résumé) de tout son travail et annoncera des pistes nouvelles, la *perspective*, comme s'il travaillait à mi-temps et devait laisser des consignes pour son collègue de l'après-midi ou du lendemain matin, appelé à poursuivre le travail. Donc, attention, l'ouverture du sujet ne comprend que les problématiques que ni le temps imparti à l'épreuve ni la nature du sujet n'obligeaient le candidat à explorer dans le développement !

En effet, quand on travaille à mi-temps, on ne fournit que le rendement exigé d'un travailleur à mi-temps. Par conséquent, il faut raisonner comme si quelqu'un devait reprendre la suite du travail que vous auriez fourni en une demi-journée. Imaginons que le correcteur joue le rôle d'un chef de service qui supervise votre travail. Il aura besoin de savoir ce que vous avez fait (synthèse) et devra juger la pertinence des consignes que vous laissez à votre collègue qui continuera la suite du traitement du dossier (ouverture). Donc, le correcteur jugera la pertinence de la **remarque** que vous faites, la réalité du **paradoxe** souligné, l'opportunité de la **suggestion** formulée, la solidité du **lien** créé avec un autre sujet (nouvelle problématique ou problématique de fin de parcours), et l'intérêt de la **perspective** tracée par rapport au problème déjà traité.

E. Présentation et soins apportés à la copie

▶ Certains candidats ont le don d'agacer les correcteurs par leur écriture pâle, indéchiffrable, illisible ◀

Les avertissements donnés par leurs professeurs tout au long de l'année ne les convainquent pas de s'appliquer, au moins le jour d'un examen officiel ou d'un concours engageant leur avenir. D'autres, et parfois les mêmes, ne savent pas ce qu'est un paragraphe ou une phrase, toute leur pensée est présentée en un seul bloc, avec des phrases interminables. Souvent leurs défauts sont grossis par l'absence de ponctuation du texte, le correcteur ne rencontre aucune virgule ou point-virgule dans une phrase de dix lignes. À ceux-là nous rappelons utilement que les spécialistes de la communication estiment qu'un bon indice de lisibilité d'un texte se situe autour de 10 [1].

Par ailleurs, nous avertissons le lecteur-candidat que les économistes universitaires ne supportent pas le jargon journalistique dans une copie. Donc, il faut porter un soin particulier à la présentation du travail et au choix du vocabulaire utilisé pour démontrer.

VI. Qu'est-ce que l'épreuve sur documents ?

A. Nature des questions

▶ Six formes de questions sont dans les programmes de l'épreuve de sciences économiques et sociales pour les concours des IEP ◀

- **Définitions.** Les questions se rapportant aux définitions de concepts et de notions. La meilleure méthode est d'apprendre ces définitions au fur et à mesure de la progression du cours, à condition bien évidemment que l'enseignant ait pris la peine de donner, avant d'aborder un chapitre, la liste des termes que le candidat doit rechercher dans les dictionnaires – économique et sociologique.

---

1. Avec l'adaptation faite par Conquet des méthodes américaines de calcul, l'indice de lisibilité d'un texte se calcule avec la formule suivante : $I = (L + P) \times 0,4$. (L) désigne le nombre moyen de mots par phrase. (P) représente le nombre moyen de mots de plus de trois syllabes par phrase. Tandis que le coefficient 0,4 permet de moduler l'indice par rapport à une « norme » qui serait de 10 mots par phrase, taille correspondant au débit normal de compréhension d'un article d'un grand quotidien, par un lecteur moyen. Exemple, pour un texte de 200 mots, 15 phrases, 10 mots de plus de trois syllabes, l'indice de lisibilité de ce texte sera { (200 : 15) + (10 : 15) } $\times$ 0,4, soit 5,6 mots, ce qui est inférieur à la limite (10 mots) à partir de laquelle la compréhension du texte échappera progressivement à un lecteur moyen.

- Interprétations. La deuxième catégorie sert à évaluer les capacités du candidat à donner une signification à des chiffres mis en relief dans un tableau statistique. Cela suppose qu'il ait appris à lire un tableau et surtout à faire les calculs de base afin de pouvoir interpréter les résultats obtenus.

- Commentaires. La troisième catégorie de questions concerne les commentaires de textes. Il arrive que l'enseignant qui propose le sujet inclut un travail de commentaire sur un passage précis d'un document annexe. Généralement, il s'agit d'un des grands auteurs du programme. Cet exercice consiste à tester les connaissances du candidat sur la partie de l'œuvre de l'auteur retenu dans le programme.

- Résolutions. La quatrième catégorie de questions permet de savoir si le candidat est capable de faire un calcul élémentaire à partir d'un tableau statistique. Il s'agit d'établir des indicateurs : indices, propensions, pourcentages, parts, moyennes, structures, ratios, marges, taux, coefficients, etc. À travers ce calcul élémentaire, on lui demandera explicitement ou implicitement de commenter brièvement les résultats obtenus.

- Déductions. La cinquième catégorie permet de juger si le candidat sait comment établir une courbe, un histogramme, un diagramme. La question porte sur les allures et les comparaisons des courbes, diagrammes, histogrammes. Ces questions servent à déterminer les capacités du candidat à lire correctement les graphiques et à en faire un commentaire pertinent.

- Lectures. Le candidat doit impérativement savoir lire les sens et les implications des éléments d'un schéma et des rouages économiques ou sociologiques. Car chaque position d'un élément correspond à une vision théorique précise d'un problème. Ainsi, le schéma proposé sera d'inspiration néoclassique, keynésienne, marxiste ou hétérodoxe.

B. Les définitions de concepts et de notions

▶ Pour les définitions de termes ou de phénomènes, il ne s'agit pas seulement d'exposer en deux lignes la définition de l'inflation, du chômage, de la propension moyenne à consommer, du taux de marge, etc. ◀

Le candidat accompagnera sa définition d'un petit commentaire ou d'une indication sur les mots-clés utilisés. Lorsque les auteurs ne sont pas d'accord entre eux, il vaut mieux présenter au moins deux définitions différentes et noter brièvement les implications qu'elles supposent pour l'auteur ou l'école de pensée. Généralement les collègues sollicités pour proposer des sujets savent qu'il faut renoncer, si possible, à formuler des questions portant sur des termes qui n'ont pas la même acception dans toutes les écoles de pensée.

Pour éviter de mettre les candidats dans l'embarras, il serait souhaitable de ne proposer que des termes techniques à définir ou des termes propres à une école de pensée, tels que « propension marginale à consommer » (école keynésienne), « intensité capitalistique » (école néoclassique), « plus-value » (école marxiste), « innovation » (Schumpeter), « *habitus* » (Bourdieu), « bureaucratie » (Weber), « solidarité organique » (Durkheim), etc.

Exemple de question préparatoire. Qu'est-ce que l'inflation ? On dénombre plus d'une dizaine de définitions de l'inflation ; mais l'usage a réussi à en imposer une qui semble les englober presque toutes. Il est préférable pour le candidat de répondre : l'inflation est un phénomène de hausse des prix généralisée, cumulative et durable qui s'auto-entretient. L'avantage de définir l'inflation par sa forme lui évite d'entrer dans la polémique concernant ses origines monétaires, commerciales, institutionnelles, endogènes ou exogènes à une économe nationale. Il faut dire aussi pourquoi toute hausse des prix n'est pas inflationniste et insister sur chacun des termes clés : « généralisée », « cumulative », « durable », « s'auto-entretient ».

Cette réponse peut être attendue comme un élément de la réponse complète d'une deuxième question incluse dans le dossier, par exemple : qu'est-ce qui détermine la compétitivité des entreprises ?

C. La capacité d'interprétation des tableaux statistiques

▶ Pour analyser un tableau statistique, il faudra d'abord connaître la signification économique ou sociologique des rubriques utilisées, ainsi que le sens du titre donné au document statistique et la crédibilité de la source indiquée ◀

Si le candidat au concours des IEP ne sait pas exactement ce que contiennent les termes et expressions économiques et sociales (exemples : valeur ajoutée, excédent brut d'exploitation, taux de change, indice synthétique de fécondité, etc.), tout ce qu'il dira sera très approximatif ou totalement faux. Nous ne le répéterons jamais assez : investissez dans de bons dictionnaires d'économie, d'histoire, de droit, de science politique, de culture générale !

Par ailleurs, il ne suffit pas de connaître les définitions des termes. L'interprétation des tableaux statistiques suppose que le candidat a déjà bien appris à faire les mêmes calculs que ceux qui ont donné lieu à l'établissement du tableau statistique (exemple : taux de fécondité synthétique, rendement marginal, taux d'investissement, propension à épargner, etc.). En ayant appris en classe à appliquer une formule, il aurait retenu aussi comment déterminer la nature des données avec lesquelles on lui demandera, le jour du bac ou plus tard, d'élaborer un calcul et de bien se servir des résultats. La formation économique et sociale au lycée ne se limite pas à la seule nécessité de savoir calculer le PIB par habitant, le multiplicateur keynésien ou le taux de plus-value. Il faut que le candidat ait appris en même temps les risques, les présupposés et les limites de l'outil d'analyse qu'on vient de lui mettre entre les mains ! Dans certaines classes, les candidats sont demandeurs de ce savoir critique, dans d'autres ils se contentent d'accumuler des « formules arides » et réclament des « recettes de cuisine ».

D. Le commentaire de texte

Exemple de question. Expliquez la phrase soulignée du document (?) : « En ce qui concerne la propension à consommer, l'État sera conduit à exercer sur elle une influence directrice par sa politique fiscale, par la détermination du taux de l'intérêt, et peut-être aussi par d'autres moyens. » (Keynes). Pourquoi, dans un État capitaliste, choisit-on la fiscalité, le taux d'intérêt, comme instruments de politique d'ajustement de la consommation ? Comment et dans quelles conditions ces instruments réussissent-ils à orienter la propension à consommer ? S'agit-il de la propension moyenne ou marginale ? Y a-t-il d'autres instruments pour agir sur le niveau de la propension à consommer dont l'État peut user ? Ce sont ces questions qu'il faudra traiter – et qui remplacent celle de l'énoncé –, au lieu de se lancer dans une paraphrase du texte souligné !

Cette question pourrait bien être rattachée, par exemple, à une deuxième question. Dans quelle mesure l'intervention de l'État peut-elle être favorable à une reprise de l'activité économique ?

E. L'élaboration d'un calcul économique élémentaire

▶ Dans l'un des documents statistiques on demande au candidat de faire un calcul élémentaire, de transformer le tableau en structures (calcul des pourcentages), par exemple, et de commenter l'ensemble des résultats ou d'isoler une tendance, afin de lui donner une signification ◀

Généralement ces questions préparatoires sont faiblement notées, mais peuvent hypothéquer une partie ou toute la suite du travail de démonstration. En effet, si un candidat ne sait pas comment calculer le taux de marge d'un investissement, un indice, un taux de croissance annuelle moyenne, une propension marginale, un taux réel d'intérêt, etc., il risquera de raconter n'importe quoi sur toute la longueur de sa copie. C'est très malheureux de constater, le jour du concours, combien certains candidats, maintes fois mis en garde par leurs professeurs, peuvent rater leur concours parce qu'ils ont donné une mauvaise définition d'un terme, rendu un faux résultat à partir d'un calcul économique élémentaire qu'ils n'ont pas su faire, mal interprété une courbe, un schéma ou n'ont pas su donner la signification correcte d'un indicateur.

F. La lecture commentée des courbes, diagrammes et histogrammes

L'analyse des informations graphiques ne s'accommode point d'improvisation. Chaque donnée statistique est déjà une interprétation de la réalité économique ou sociale. Certaines courbes et quelques histogrammes sont de lecture facile, mais d'autres exigent un effort d'interprétation et surtout une habitude d'analyse des données statistiques acquise patiemment en classe.

G. Lecture d'un schéma

Certains documents prennent la forme d'un schéma plus ou moins complexe. Celui-ci est supposé retracer les mécanismes économiques ou sociologiques, les effets ou répercussions d'un phénomène étudiés en classe. On demande donc aux candidats de reconstituer ce mécanisme, de faire ressortir les conditions de passage d'une étape à l'autre. Comme tout autre document annexe, le schéma exprime des tendances générales, des faits remarquables, des situations opposées, des tendances particulières. En plus de cela, il renvoie implicitement vers des faits, mécanismes, théories, effets, événements, ou auteurs que le candidat a étudiés en classe. La valeur d'une copie se détermine par la capacité du candidat à mobiliser, dans ses arguments, toutes ces informations en rapport direct avec le contenu du document.

VII. Application de la méthode

Exemples de questions proposées avec documents, IEP Strasbourg, session 2003

▶ Première exemple de question : La contrainte extérieure est-elle encore un problème pour l'économie française ? ◀

Réponse. Le candidat doit commencer par définir la contrainte extérieure, ensuite montrer sur quoi repose habituellement cette contrainte et enfin terminer par exprimer l'importance actuelle des facteurs de cette contrainte.

a. La contrainte extérieure est le contre-avantage inhérent à l'ouverture extérieure d'une économie nationale en matière de degrés d'autonomie de politiques économiques. Ce contre-avantage peut prendre trois aspects distincts : un déséquilibre commercial extérieur plus ou moins important, durable, structurel ; un déséquilibre monétaire à travers les fluctuations des taux de change, des taux d'intérêt et des taux d'inflation ; un déséquilibre financier à travers le niveau d'endettement extérieur atteint par le pays.

b. Sur le premier aspect, depuis le début des années 1990, accuse toujours un excédent commercial, surtout ces dernières années. Malgré les incertitudes internationales, ce que les touristes dépensent en France est très largement supérieur à ce que les Français dépensent à l'étranger (en 2002, l'excédent était de 15 milliards d'euros).

c. Le pays étant passé depuis janvier 2002 à l'euro, monnaie surveillée par la Banque centrale européenne, la surappréciation ou la dépréciation du dollar qui a fait remonter l'euro à 1,30 dollar, ce qui pénalise certains exportateurs qui n'ont pas pu faire des gains de productivité mais favorise les importateurs et les touristes français se rendant à l'étranger. La contrainte extérieure risquera de peser fortement si deux phénomènes observés depuis le début de 2004 se confirment : d'une part la hausse du prix du pétrole et d'autre part le recul de l'euro par rapport au dollar. Les achats de pétrole sont toujours libellés en dollars.

▶ Deuxième exemple de question : Définissez la déflation ◀

Réponse. Attention au piège, ne pas confondre la *déflation* avec la *désinflation* ou la décélération de l'inflation, deux mots qui ont le même sens pour désigner le phénomène de la baisse du taux de hausse des prix observé en France entre 1983 et 1998, où le taux d'inflation est descendu de 14 % à 0,3 %. Depuis, il est remonté jusqu'à 2 % (2004).

La déflation est une baisse générale des prix provoquée par une dépression économique (baisse des revenus et de la demande) ou par une politique volontaire de réduction de l'inflation. C'est un phénomène fort différent de ce que nous connaissons depuis 1983 avec une décélération des prix ou une désinflation qui a fait passer le taux de hausse des prix de 14 % en 1983 à 2 % aujourd'hui. La France a vécu dans les années trente une déflation provoquée par la politique de Tardieu-Laval.

▶ Troisième exemple de question : La phrase suivante est-elle exacte ? Justifiez brièvement votre réponse. « Quand le taux d'inflation devient négatif, toutes les choses égales par ailleurs, le pouvoir d'achat baisse. ». ◀

Réponse. Le processus continu de décélération de la hausse des prix, un phénomène appelé désinflation, peut se transformer effectivement en baisse générale des prix qui, au-delà d'un certain taux de baisse gomme, totalement les bénéfices des commerçants, artisans, indépendants, agriculteurs, industriels. Pour chacune de ces catégories socioprofessionnelles, le montant de leur revenu nominal baisse de l'une des trois manières : soit proportionnellement à la baisse générale des prix, soit plus que proportionnellement, soit moins que proportionnellement. Dans le premier cas on n'aura ni perte ni gain en pouvoir d'achat, dans le deuxième cas on aura une baisse du pouvoir d'achat, dans le dernier cas la catégorie socioprofessionnelle concernée gagnera en pouvoir d'achat. En revanche, les salariés qui ne subissent pas de pression à la baisse de leur salaire par leur patron, contraint de vendre moins cher la production, auront le même revenu nominal mais un revenu réel plus important, c'est-à-dire qu'ils gagneront en pouvoir d'achat.

▶ Quatrième exemple de question : Au vu des documents fournis, peut-on dire que la France risque d'entrer en déflation ? ◀

Documents :

Indice d'ensemble tous ménages

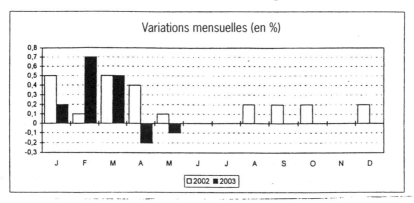

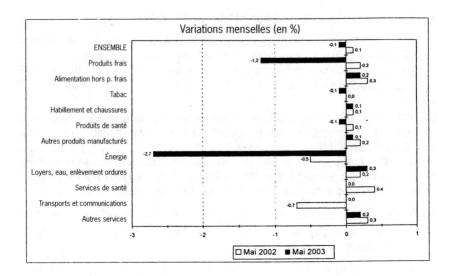

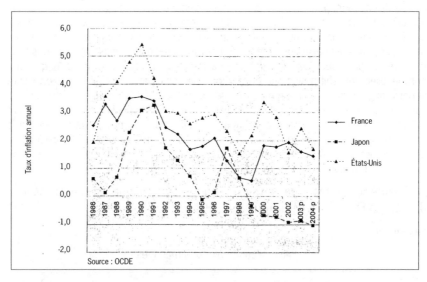

Source : OCDE

Réponse. À chaque fois que le taux d'inflation avoisine le 1 % (comme en 1998-1999), on craint d'entrer en déflation. Or, il faut savoir que l'INSEE change de base de l'indice tous les dix-sept ans. L'inflation de 2003 est calculée sur le niveau de prix de l'année 1990 comme référence, tandis que l'inflation de 1997 était calculée par rapport à l'année de base 1980. La déflation ne se déclare pas sur un trimestre. Même si on peut assimiler la déflation à une récession, aujourd'hui les économistes s'accordent à définir ce phénomène comme une baisse du PIB durant au moins deux trimestres. La baisse des prix se traduirait par une baisse des revenus du capital (bénéfices), donc de la valeur ajoutée des entreprises qui constitue l'élément essentiel du PIB d'un pays. Par ailleurs, le pays est en attente d'une reprise économique mondiale – contrariée par les événements internationaux depuis mars 2003 et surtout par la persistance de la spéculation sur le pétrole durant l'été 2004. Le spectre de la déflation s'éloigne. Depuis 1974, c'est la troisième fois qu'on l'agite : en 1983 avec le problème de la pénurie des liquidités mondiales, en 1997-1998 lorsque le taux d'inflation est descendu au-dessous de 1 %, et en 2003 quand les événements internationaux, notamment l'attaque de l'Irak par la coalition anglo-américaine, ont conduit les ménages à plus de prudence et poussé les commerçants à brader les produits, plus particulièrement en période de soldes.

Institutions politiques et droit public

I. L'épreuve de droit public et institutions politiques

S'agissant de l'admission en première année, l'épreuve de droit public et institutions politiques n'est pas présentée sous la même forme dans l'ensemble des instituts d'études politiques. Elle s'adresse généralement aux étudiants ayant déjà effectué une ou plusieurs années d'études supérieures, à la faculté de droit le plus souvent pour ceux qui choisissent cette matière à l'écrit, ou à ceux qui ont déjà un parcours en sciences politiques. Il s'agit en général d'une épreuve de dissertation avec ou sans questions associées, portant sur le programme soit de droit constitutionnel de première année de droit, soit de droit constitutionnel et institutions politiques en encore de droit public général, en fonction de l'année d'admission visée dans les IEP.

C'est la partie « institutions politiques » que nous aborderons dans ce chapitre. En effet, la matière est parfois présente également dans les épreuves d'admission aux IEP sous la forme d'ouvrages faisant l'objet d'interrogations variées, ou sous la forme de questions d'actualité dont certaines peuvent renvoyer à l'actualité institutionnelle. Dépourvues de programme précis, il n'est pas possible de les aborder ici. Cependant, la transversalité de la technique de la dissertation n'empêche pas les candidats à ces Instituts de s'inspirer des recommandations appliquées à cette matière pour traiter l'ensemble de ces questions dès lors que leur contenu y correspondrait.

Pour mémoire on rappellera ici la spécificité des épreuves des Instituts proposant une épreuve de droit public et/ou d'institutions politiques comme épreuve d'admission.

À Paris, le droit public et les institutions politiques sont présents pour l'entrée en 2e année, mais aussi pour l'entrée en mastère (4e année).

- Dans le premier cas, l'épreuve est une composition sans questions, à choisir parmi trois sujets proposés et à réaliser en trois heures :

• En 2003 : « Constitution et pouvoir local » ; « Union européenne et constitutions nationales » ; « La réforme des institutions communautaires : une réponse au *déficit démocratique* de l'Union ? ».

• En 2002 : « La présidentialisation du régime politique en Europe » ; « Le principe d'indivisibilité de la République » ; « L'Europe des citoyens vous paraît-elle une réalité ? ».

• En 2001 : « Le fédéralisme est-il la forme moderne de l'État ? » ; « Les gouvernements minoritaires en régime parlementaire » ; « La répartition des compétences entre l'Union européenne et les États membres ».

- Dans le second cas, le candidat doit choisir parmi quatre sujets au choix, deux sont relatifs aux institutions politiques, deux au droit public. La composition est ici à réaliser en quatre heures :

• En 2003, les quatre sujets proposés étaient, pour la partie institutions politiques : « La démocratie constitutionnelle » et « Jusqu'à quel point l'État peut-il décentraliser ? » et pour la partie droit public : « La laïcité de la République » et « Le juge administratif et le droit de la concurrence ».

• En 2002, il fallait choisir en institutions politiques entre : « Le pouvoir exécutif en France depuis 1975 » et « Qui gouverne l'Europe ? », et en droit public : entre « Citoyens, usagers et clients du service public » et « L'Union européenne a-t-elle une Constitution ? »

À l'évidence, les sujets de Sciences Po Paris sont centrés sur des questions d'actualité et donc, ces dernières années, sur l'Union européenne et la décentralisation. Dans les autres Instituts d'études politiques, les sujets sont de facture plus classique, comme à Bordeaux, où le droit public est présent pour l'accès en deuxième année du premier cycle et en première année du 2e cycle (mastère).

Dans le premier cas, il s'agit d'une épreuve de deux heures, à l'occasion desquelles, il faut traiter deux questions successivement.

En 2003, les sujets proposés étaient : « Le président des États-Unis d'Amérique » et « Le contrôle de constitutionnalité des lois sous la Ve République ».

Pour l'accès à la première année du mastère, il faut traiter un seul sujet en quatre heures. Ce sujet était en 2003 : « Le principe d'égalité en droit public français ».

II. Éléments de méthode de la dissertation de droit public et institutions politiques

A. La gestion du temps

On l'a vu, la dissertation de droit public et/ou institutions politiques se déroule en trois ou quatre heures. On proposera ici aux candidats une méthode simple et adaptable à chaque épreuve : divisez en deux le temps dévolu à chaque épreuve, ou pour chaque type d'exercice (quand il y en a plusieurs, au *prorata* des points attribués à chacun d'eux).

La première partie du temps dévolu à l'exercice, ici la dissertation, est consacrée à l'analyse du sujet, à la mobilisation des connaissances et la définition des lignes de force du plan, et au plan détaillé, tandis que la seconde partie est consacrée à la rédaction au brouillon des « chevilles logiques » (annonces de plan ou de parties, transitions, introduction et conclusion), et à la rédaction pour une grande part improvisée sur la copie.

Sur une épreuve de quatre heures, cela fait dix à quinze minutes consacrées à l'analyse du sujet et une heure à la mobilisation des connaissances. Vous disposez ensuite de quinze à vingt minutes pour élaborer le plan détaillé de votre devoir, le tout constituant la première partie. Il vous reste ensuite cinquante pour cent du temps pour la partie purement rédactionnelle. Il vaut mieux rédiger au brouillon l'introduction, les chevilles logiques et la conclusion, le tout en trente minutes pour disposer ensuite du temps nécessaire pour recopier les chevilles logiques et « improviser » le contenu de la copie à partir du plan détaillé.

On précisera que le temps recommandé ici pour la rédaction est incompressible, une bonne connaissance préalable du sujet permettra en principe de pouvoir opérer une rédaction plus confortable en disposant pour cela de davantage de temps. Mais attention, une précipitation dans la rédaction renvoie le plus souvent à un plan plaqué sur un sujet qui ne lui correspond pas totalement, d'où d'énormes risques ensuite en termes de notation. À cet égard, il ne sert à rien de terminer en avance de plus de cinq minutes.

Au total, on rédigera dans ce temps limité une copie de 7 à 11 pages pour une épreuve de quatre heures, et de 6 à 9 pages pour une épreuve de trois heures, cette longueur n'étant bien entendu qu'indicative, tout dépendra de la mise en page du candidat.

On précisera que, dans les cas où le choix est offert entre plusieurs sujets, il convient d'opérer un choix rapide en fonction d'un critère simple : sur quel sujet est-on le plus solide techniquement, soit par la quantité de connaissances, soit par la qualité de la réflexion, soit par les deux ?

B. Les cinq plans utilisables en droit

L'utilité d'une introduction, d'une transition, d'une conclusion, d'un plan et de toutes les techniques d'expression écrite, en dehors du vocabulaire qui varie, est la même pour toutes les disciplines de sciences sociales. De petites différences apparaissent d'une spécialité à une autre, par exemple l'introduction en économie doit être concise (12 à 20 lignes), alors qu'en droit elle peut largement dépasser cette taille. En économie, la conclusion est impérative, en droit, elle n'est pas obligatoire pour tous les sujets. Si les dix plans exposés dans le chapitre économie politique sont praticables pour l'économie politique, les finances publiques, les sciences sociales, voire humaines, en droit ils ne sont pas tous utilisables, car l'exercice demandé au candidat diffère par le rôle même que joue le droit, comparativement à l'économie, dans la vie de tous les jours.

Pour certaines spécialités du droit – par exemple droit constitutionnel ou droit et institutions sociales –, les épreuves se présentent sous forme de dissertation. Les candidats se trouveront devant l'une de ces trois situations : un sujet ouvert, un sujet de confrontation ou un sujet fermé. Dans le premier cas, on sait que la problématique est vaste, c'est donc à la fois un avantage et un inconvénient ; les candidats seront jugés sur leur capacité à ramener la problématique aux dimensions qui intéressent le jury par rapport à l'actualité du thème. Dans le deuxième cas, les candidats sont placés en situation d'« arbitre » entre deux courants de pensée, deux idées, deux doctrines ; ils auront à charge de montrer leur capacité à transcender, dépasser, construire par la confrontation des éléments du débat. À cela s'ajoute le souci de rester dans l'actualité du sujet pour révéler son intérêt, sans oublier la nécessité d'être impartial. Dans le troisième cas, nous sommes *a priori* dans le traitement de la question de cours, mais avec la contrainte pour le candidat de confronter les notions tout au long de sa démonstration afin d'approfondir une définition, une notion, un concept, voire une catégorie juridique. D'où la nécessité, comme en économie, de disposer au cours de la préparation d'un bon dictionnaire.

La dissertation juridique ne diffère guère de toutes les autres dissertations – culture générale, histoire, économie, finances publiques, etc. Si l'on peut parler de spécificité, c'est probablement au niveau de la nature des plans de rédaction utilisés. En économie, on dispose d'une dizaine de plans, en culture générale et histoire on peut énumérer quatre plans, tandis qu'en droit les juristes utilisent cinq plans différents :

- Le plan analytique : il s'agit d'approfondir une notion, un concept, une idée et de voir dans quelles situations on peut la (ou le) mettre en œuvre.

- Le plan dynamique où le candidat est appelé à parler d'une situation de départ – par exemple les conditions à réunir pour institutionnaliser une idée ou une pratique – et d'une situation de résultat – les effets recueillis du fonctionnement d'une institution.

- Le plan dialectique dont la logique est la même quelle que soit la discipline : reconstituer tous les éléments d'une affirmation, ensuite réunir les éléments contraignants qui limitent la portée de cette affirmation, voire annihilent nombre de ces fondements au regard de la situation actuelle. Comme ce plan prévoit une synthèse, alors qu'en droit la conclusion n'est pas considérée comme une obligation pour le candidat, ce n'est pas un manque de respect des usages des juristes que d'adjoindre à la copie une conclusion-synthèse quand le sujet la demande parce que les enjeux imposent le choix du plan dialectique.

- Le plan descriptif sert à reconstruire, étape par étape, un mécanisme juridique complexe en tâchant de bien insister sur les articulations, les relations, les causalités. Cela suppose que le candidat connaisse les techniques, les formes, les finalités d'enclenchement d'un mécanisme juridique.

- Le plan comparatif n'aura de raison d'être adopté par le candidat que si les situations, faits ou pratiques ont autant de points communs et de points divergents qui méritent qu'on les distingue afin de porter une appréciation convaincante sur chacun. En réalité, ce type de plan se justifie uniquement lorsque les divergences entre deux modes d'élection, deux types de régime, deux organisations, deux interprétations, etc., présentent des différences qui interpellent la curiosité du juriste ou bien suscitent des suspicions quant aux causes d'un problème.

C. Le traitement du sujet

Le traitement du sujet obéit à deux règles : affirmer et démontrer, affirmer la portée du sujet et en démontrer à la fois l'intérêt et les limites. Ceci passe par un travail en deux étapes déjà évoquées : l'analyse du sujet et l'élaboration du plan. Pour ce qui concerne l'analyse du sujet, il s'agira donc dans un premier temps d'en décomposer les mots clés afin d'en dégager la signification.

Le plus souvent, chaque terme possède au moins deux définitions, une définition commune ou ordinaire et une définition technique, qui est ici le plus souvent une définition juridique. On observera cependant que, en droit constitutionnel en particulier, le vocabulaire n'est pas aussi stabilisé que le souhaiteraient parfois les juristes. D'où l'intérêt de mettre en évidence une double signification et d'en mesurer l'écart.

Attention en particulier au hors-sujet commis par inadvertance, ce qui est fréquent. Par exemple, dans le sujet traité plus loin, « Constitution et pouvoir local », beaucoup de candidats lisent « Constitution française » à la place de « Constitution », ou omettent de définir la notion de « pouvoir local ».

Au-delà de l'analyse des termes du sujet, il s'agira de mettre en évidence la question de fond posée par le sujet à laquelle le candidat doit répondre de la manière la plus claire, la plus objective et donc la plus nuancée possible, en un temps de vérités relatives.

La réponse à la question posée tiendra lieu d'annonce de plan. Le plan dans cette option sera le plus souvent un plan en deux parties, constitué d'**une majeure** et d'**une mineure**, ou d'une première partie traitant la portée du sujet et une seconde en évoquant les limites.

On rappellera que ce type de plan n'est pas « passe-partout » puisqu'il s'agit à chaque fois de faire le plan unique qui répond au sujet et dont les parties ne sont pas susceptibles d'être dissociées. La portée du sujet est à chaque fois spécifique, comme ses limites qui s'y rapportent expressément. Il s'agit systématiquement d'une véritable démonstration dont le souci principal est de convaincre le lecteur de la véracité ou de l'exactitude de son point de vue.

Sur la forme, on insistera ici sur le goût des politistes, qui sont souvent d'anciens juristes, pour le **parallélisme des formes** et la recherche de la symétrie dans le cadre d'une recherche quasi esthétique. Aussi les proportions du devoir devront être – autant que possible – identiques en fonction de leur statut dans la copie. Ainsi, l'introduction devra avoir la même structure et la même longueur que la conclusion. On peut appliquer la même logique à la construction de toutes les parties. Il ne s'agit cependant pas seulement d'une recherche esthétique, le parallélisme signale en effet au lecteur le caractère équilibré du raisonnement et la maîtrise de la gestion du temps. Comme toujours, en fonction du sujet il faudra savoir s'adapter, comme le premier sujet traité ici en est l'illustration.

Une telle copie se dispense de titres apparents. Il est en revanche indispensable de reproduire le sujet en début de copie. La présence éventuelle de titres ne sera cependant pas sanctionnée la plupart du temps, compte tenu du fait que l'habitude a été prise en faculté de droit d'en mettre dans les dissertations. Ainsi en trouvera-t-on dans le sujet traité ici. On précisera dans cette perspective que les titres ne font pas partie du texte, mais s'ajoutent à lui pour en permettre une lecture différente et sélective.

D. Les sujets d'annales corrigés

On précisera que les sujets abordés sont tous actualisés dans leur traitement de manière à servir aussi le lecteur sur le fond en lui permettant de mettre à jour ses connaissances. Ils ne renvoient donc pas au même contenu que celui d'une copie datant du jour de l'épreuve.

Seuls les trois sujets parisiens relatifs à la matière « institutions politiques » seront abordés ici. Les autres sont en effet plus classiques en ce qu'ils relèvent du répertoire traditionnel du droit public. Ils ne présentent pas à cet égard de difficultés particulières. On trouvera dans les autres ouvrages de la collection consacrés aux épreuves de droit public « pur » tous les éléments nécessaires à leur traitement.

▶ 1er sujet, Paris 2003, Institutions politiques : « Constitution et pouvoir local » ◀

Introduction

Si l'existence de « pouvoirs locaux », entendus comme « collectivités infra-étatiques », ne semblent guère contestée en science politique, il n'en va pas de même en droit et notamment en droit constitutionnel, car la théorie de l'État s'y oppose. On peut dire en effet avec Carré de Malberg, dans sa *Contribution à la théorie générale de l'État*, que ce dernier « doit avant tout son existence au fait qu'il possède une Constitution ». Or, poursuit l'auteur, « le propre de l'État, c'est d'être souverain », ce qui doit s'entendre comme « la négation de toute entrave ou subordination » que ce soit au plan interne ou externe. On ne voit pas dans cette perspective comment il pourrait y avoir de la place pour un « pouvoir local ».

C'est bien ce que confirme le droit international qui ignore les collectivités infra-étatiques. C'est bien aussi ce à quoi aboutit la théorie de l'État, puisque tout État est forcément unitaire et « qu'en fait de pouvoir, il n'y a que le pouvoir de l'État ». D'où le fait qu'en droit interne, aucune Constitution, même fédérale, ne reconnaît vraiment ni un pouvoir de blocage à une autorité locale, ni un droit de sécession unilatéral. L'histoire des « États-Unis » d'Amérique, et notamment la guerre de Sécession, est bien là pour le rappeler.

Pourtant, avec le développement de la notion d'État de droit, l'État en lui-même – et donc sa Constitution – s'impose des limites toujours plus importantes fondées sur la reconnaissance de droits « inaliénables et sacrés » aux individus mais aussi aux « autorités locales », qui de ce fait sont érigées en véritables pouvoirs (I) . L'ampleur de cette reconnaissance dépend cependant largement de la structure de l'État (II).

I – La reconnaissance constitutionnelle de l'existence d'un pouvoir local se généralise dans les États de droit.

Les « pouvoirs locaux » sont de plus en plus largement considérés comme partie intégrante du débat démocratique, par assimilation aux « droits de l'homme » (A). Ils reçoivent de ce fait une consécration constitutionnelle, qui garantit l'effectivité de ces droits (B).

A) La reconnaissance de la contribution à la vie démocratique des collectivités territoriales au niveau local et régional.

On évoque généralement le « principe de subsidiarité » pour fonder doctrinalement la légitimité des « pouvoirs locaux » à qui l'on reconnaît dans ce cadre une compétence de droit commun dans la gestion de leurs propres affaires. C'est, à l'époque moderne, la Lettre encyclique de S. S. Pie XI du 15 mai 1931, *Quadragesimo anno*, qui en exprime la nécessité.

Mais la véritable traduction juridique de la consécration « constitutionnelle » de l'autonomie des pouvoirs locaux – et par suite des collectivités territoriales – réside en Europe dans la Charte européenne de l'autonomie locale, entrée en vigueur le 15 octobre 1985, qui stipule dans son préambule que « les collectivités locales sont l'un des principaux fondements de tout régime démocratique ». À ce jour, 38 pays européens sur 45 ont signé et ratifié la Charte.

Celle-ci érige bien en principe la nécessité de fixer dans la Constitution, ou à défaut dans la loi, la liste des compétences exercées de manière autonome par les collectivités locales, mais aussi de prévoir les moyens indispensables à l'exercice de ces compétences.

C'est notamment la raison pour laquelle un pays comme la France avait bien signé mais pas ratifié la Charte. La constitutionnalisation du « pouvoir local », considérablement renforcée par la révision du 28 mars 2003 qui fait de la France une République dont l'organisation « est décentralisée », a constitué à cet égard un pas important autorisant une future ratification. C'est sans doute la raison pour laquelle le ministre français des Libertés locales a annoncé le 19 janvier 2004 l'ouverture de négociations en vue d'une ratification jusqu'alors jugée impossible.

B) La consécration constitutionnelle des « pouvoirs locaux » rendue effective grâce à sa protection juridictionnelle dans les États de droit.

Une telle ratification a des conséquences importantes, puisqu'en vertu de l'article 55 de la Constitution, les traités ont « une autorité supérieure à celle des lois ». Or, en vertu du contrôle de conventionnalité des lois dans lequel s'est engagé le Conseil d'État depuis l'arrêt Nicolo du 20 octobre 1989, les collectivités territoriales françaises pourraient se prévaloir de la Charte pour faire respecter leur autonomie constitutive. On remarquera que le Conseil d'État la leur reconnaît déjà, tout comme le Conseil constitutionnel, mais pas forcément de manière aussi détaillée que ne le fait le document adopté sous l'égide du Conseil de l'Europe et de son Congrès des pouvoirs locaux et régionaux.

À cet égard, si les droits des collectivités territoriales sont bien reconnus, on ne les distingue pas, en droit communautaire comme en droit européen, des simples particuliers, dans les pays qui n'ont pas ratifié la Charte de l'autonomie locale.

Ainsi, si un pays traditionnellement centralisé, comme la France, en vient à reconnaître constitutionnellement l'existence de pouvoirs locaux dotés d'« attributions effectives » au point de leur accorder des garanties juridictionnelles tout aussi effectives, on mesure l'importance pris par eux dans le fonctionnement ordinaire d'un État de droit.

L'une des conséquences de cette reconnaissance est l'affirmation au plan européen et international des collectivités locales auxquelles un début d'existence est parfois reconnu, comme c'est le cas en Allemagne, où les *Länder* peuvent représenter leur pays dans les domaines de leur compétence auprès de l'Union européenne, ou même en France où certaines collectivités d'outre-mer peuvent négocier ou conclure des accords internationaux, avec l'autorisation de l'État.

Des différences importantes subsistent néanmoins dans la reconnaissance constitutionnelle des pouvoirs locaux. Elles sont liées à la structure dominante des États.

II – L'ampleur de cette reconnaissance dépend cependant encore largement de la structure dominante de l'État.

L'identité de textes de référence ne conduit pas nécessairement à la même autonomie, y compris à l'intérieur d'un même État. À cet égard, on peut mettre en évidence un véritable gradualisme dans l'autonomie, de l'État unitaire décentralisé (A) à l'État fédéral (C), en passant par l'État régional (B).

A) Pouvoir local et Constitution dans l'État unitaire : une autonomie administrative des collectivités locales.

Une autonomie administrative renvoie à la reconnaissance, même constitutionnelle, d'un pouvoir de mise en œuvre des lois à des pouvoirs locaux dont l'autonomie se manifeste également par la personnalité morale dont ils sont dotés. Cette personne leur donne les moyens d'une autonomie financière et technique, dont la réalité est sanctionnée devant le juge, soit constitutionnel, soit administratif.

C'est le cas en France, dont la Constitution dispose dans son article 72 (alinéa 3) que les collectivités « s'administrent librement », même si leur nature administrative est assez théorique, puisqu'elles sont gérées par des « conseils élus » qui peuvent demander à procéder à des expérimentations dans le domaine de la loi, ou procéder à l'organisation de référendums au plan local.

Dans tous les cas, la libre administration des collectivités locales est un principe qui ne peut se voir privé de contenu, les collectivités devant être dotées d'« attributions effectives » (Cons. const. 82-149 D. C., 28 décembre 1982). La réforme du 28 mars 2003 renforce cette dimension en disposant dans son article 72 (alinéa 2) que les collectivités territoriales ont « vocation à prendre les décisions pour l'ensemble des compétences qui peuvent le mieux être mises en œuvre à leur échelon ».

B) Pouvoir local et Constitution dans l'État régional : une autonomie politique des collectivités locales.

Avec l'État régional, un degré est franchi dans l'affirmation constitutionnelle de « pouvoirs locaux » puisque ceux-ci se voient reconnaître un pouvoir de nature législative sur leur territoire et sont représentés dans une Chambre haute au Parlement, comme en Espagne depuis 1978 ou en Italie depuis 2001. Cependant les autorités locales ont un pouvoir « octroyé » par la Constitution et le plus souvent par la loi de l'État, ce dernier continuant d'exercer un contrôle sur les pouvoirs locaux.

L'État régional est souvent présenté comme une étape vers l'État fédéral. De fait, on constate que certains d'entre eux ont subi des transformations progressives, jusqu'à accéder au fédéralisme, comme la Belgique. Il ne semble pas que ce soit une évolution systématique. Dans les cas cités de l'Espagne ou de l'Italie, la perspective fédérale n'est guère évoquée. Pour l'Espagne, il semble qu'en fait la revendication soit celle de l'indépendance pour certains groupes sociaux. C'est la même perspective qui s'offre en France avec la Nouvelle-Calédonie, dotée de compétences législatives, mais aussi d'un statut considéré comme transitoire dans la perspective de l'accession ou non, par référendum, à l'indépendance vis-à-vis de la France. Il n'y a plus dans cette hypothèse de « pouvoir local », il s'agit en effet plutôt d'un État-nation en émergence, ou d'une décolonisation.

C) Pouvoir local et Constitution dans l'État fédéral : un partage de souve-raineté entre l'État fédéral et les États fédérés.

La « loi de participation » qui caractérise l'État fédéral érige en États des collectivités locales co-détentrices de la souveraineté nationale. La manifestation de ce pouvoir réside dans l'existence d'une Chambre haute dans les États fédéraux, dans laquelle siègent ces États dont l'assentiment est nécessaire pour l'adoption de textes les concernant.

Or, en vertu du partage constitutionnel des domaines de compétences, mais aussi en raison de l'existence de nombreuses compétences partagées entre l'État fédéral et les États fédérés, rares sont les matières qui n'intéressent pas directement ou indirec-tement les « pouvoirs locaux ». On l'observe aux États-Unis, en Allemagne, en Suisse.

On remarquera cependant que les pouvoirs locaux ne sont pas égaux entre eux, puisque les États fédérés, en vertu de leur capacité de faire la loi au plan national, mais aussi au plan local dans leur domaine de compétence, exercent leur autorité sur les pouvoirs locaux de rang inférieur.

On observera également qu'il s'agit bien toujours d'États unitaires, puisque le droit de sécession n'est pas reconnu et que les États fédérés sont toujours subordonnés à une législation fédérale à laquelle ils ne peuvent individuellement s'opposer.

Conclusion

Ainsi, les pouvoirs locaux sont toujours plus reconnus dans les Constitutions démocra-tiques, et ce, au détriment de la toute-puissance interne et externe des États centraux. On ne peut manquer d'observer à leur égard que le mouvement de limitation de leur puissance s'exerce aussi par le haut, du moins au sein de l'Union européenne, puisque celle-ci non seulement exerce de plus en plus de compétences à leur place mais s'érige également en interlocuteur des pouvoirs locaux.

L'institution d'un Comité des régions par le traité de Maastricht en 1992 en est l'une des premières manifestations. Le projet de « traité constitutionnel » que les États de l'Union se proposent d'adopter en 2004 en est une également puisqu'il fait référence à deux reprises à la nécessité de tenir compte de l'autonomie locale et régionale. Mais dès lors que l'Union se pose de plus en plus en État doté d'institutions à caractère fédéral, une telle démarche s'inscrit dans la logique de la reconnaissance d'un pouvoir local dans toute Constitution. Paradoxalement, ce sont plutôt les États membres qui se trouveraient ici érigés en « pouvoirs locaux ».

▶ 2ᵉ sujet, Paris 2003, Institutions politiques : « Union européenne et consti-tutions nationales » ◀

On ne proposera ici que les grandes lignes d'un plan. On remarquera qu'un tel sujet reprend d'une certaine manière la problématique du premier.

I – Une grande diversité des situations nationales dont tire partie l'Union euro-péenne...

A) Une situation différente du fait de la nature différente des États européens, qui se partagent entre États fédéraux et non fédéraux (*cf.* plan précédent).

B) Néanmoins, pour tous, l'Union européenne constitue « un nouvel ordre juridi-que », dont chaque Constitution doit tenir compte.

Deux arrêts de la CJCE l'ont signifié. Le premier, l'arrêt Van Gend et Loos, du 5 février 1963, énonce que la communauté (l'UE aujourd'hui) constitue ce « nouvel ordre juridique » dont les sujets sont les États membres et leurs ressortissants. Il ne connaît pas d'écran national, d'où le fait que le droit communautaire soit d'applicabilité directe dans les États membres. Le second, l'arrêt Costa du 15 juillet 1964, consacre la primauté du droit communautaire sur les lois postérieures nationales, au motif que les États ont définitivement transféré des droits souverains à la communauté.

Ainsi, l'ensemble du droit communautaire, qu'il soit originaire (les traités) ou dérivé (les règlements et les directives), s'impose aux États membres. Le juge national doit en assurer le respect, la cour ayant rappelé notamment que « la Communauté économique européenne est une communauté de droit en ce que ni ses États membres ni ses institutions n'échappent au contrôle de leurs actes à la carte constitutionnelle de base qu'est le traité » (CJCE, 23 avril 1986, Parti écologiste les Verts).

II – …L'adoption d'une « Constitution européenne » semble de nature à harmoniser les rapports entre Constitutions nationales et Union européenne.

A) Une nécessité technique du fait de l'impératif d'« intelligibilité de la loi », y compris constitutionnelle.

Diverses raisons président à la volonté d'adopter une « Constitution européenne » exprimée dans le traité de Nice du 26 février 2001, qui n'ont pas de rapport direct avec la volonté de préciser les rapports entre Constitutions nationales et Union européenne, mais seulement d'assurer un meilleur fonctionnement de celle-ci dans une Europe à 25 membres, puis 27. Mais c'est aussi sa vocation.

B) L'occasion de clarifier les rapports qu'entretiennent les États membres avec l'Union européenne, par un « traité constitutionnel » énonçant les fondements de l'Union.

À cet égard, le « projet de Constitution pour l'Europe » remis au Conseil européen de Thessalonique, le 20 juin 2003, précise que la Constitution « établit » l'Union européenne et que celle-ci dispose de « compétences » pour atteindre des « objectifs communs ». Le mot fédéralisme ne figure pas dans le projet, en revanche on peut y découvrir les attributs de l'État au plan international : l'Union dispose d'un territoire, d'une population et d'un pouvoir fonctionnant par rapport aux États membres sur la base du principe de subsidiarité. Une répartition des compétences, d'inspiration fédérale, est donc par la suite décrite dans le projet de traité.

Il ne reste plus à celui-ci qu'à être adopté, ce qui n'est en rien acquis, dans une Europe à 25 dans laquelle il faut l'unanimité des membres pour modifier les règles de fonctionnement constitutives. Elle n'est pas à cet égard encore fédérale.

▶ 3ᵉ sujet, Paris 2003, Institutions politiques : « La réforme des institutions communautaires : une réponse au *déficit démocratique* de l'Union ? »◀

Là encore le sujet reprend les questions évoquées par les sujets précédents, mais sous un angle différent.

I – Le déficit démocratique de l'Union européenne est un mythe largement entretenu…

A) L'Union européenne est un « objet politique non identifié » (Jacques Delors), qui suscite le trouble du point de vue des ses référents démocratiques.

L'Union européenne est une construction sans modèle. On n'en trouve pas d'équivalent dans le monde, comme les démocraties anglaise, américaine, française ou suisse ont pu jouer ce rôle. Elle a des institutions originales issues de divers compromis politiques entre États membres. De ce fait, le citoyen est sans repères face à elle.

B) Si l'Union européenne est perçue comme non démocratique, c'est le plus souvent de la responsabilité de chaque État.

Les différents traités, tout comme les différentes adhésions, n'ont pas toujours été mis en œuvre dans la plus grande transparence dans chacun des États concernés. Le plus souvent il s'agissait de ratifications parlementaires, largement ignorées du citoyen. Les référendums comme ceux organisés pour l'adoption du traité de Maastricht constituent l'exception en la matière.

Par ailleurs, l'Union européenne est souvent présentée comme une « contrainte extérieure », alors que chaque gouvernement, a priori démocratiquement désignés dans les États membres, participe de son fonctionnement.

Dans les deux cas, la nécessité de réformer l'Union dans le sens d'une plus grande transparence ou lisibilité de son fonctionnement s'est imposée aux États membres. C'est pourquoi, on peut dire que c'est moins l'Europe qui n'est pas démocratique que la manière dont elle l'était, qui n'emportait pas vraiment l'adhésion d'un point de vue national comme d'un point de vue européen.

II – ...Les dernières réformes de l'Union adoptées ou en projet, vont cependant dans le sens d'une démocratisation différente de l'Union européenne.

A) Une meilleure association du Parlement européen, élu au suffrage universel, à la prise de décision.

Élu depuis 1979 au suffrage universel direct, le Parlement européen a depuis lors une légitimité différente des systèmes antérieurs. Elle puise sa source dans les populations européennes s'exprimant sans intermédiaires, puisque auparavant, il était composé de parlementaires nationaux, désignés dans leur pays. Il s'agit donc bien ici d'une refondation de sa légitimité démocratique, au-delà des États.

Le même Parlement dispose notamment avec l'adoption des traités de Maastricht et d'Amsterdam d'un véritable pouvoir de codécision législative, avec le Conseil européen. Il investit également le « gouvernement européen » qu'est la Commission et peut comme n'importe quel Parlement, la destituer.

B) Une volonté de se rapprocher du modèle démocratique traditionnel, au prix, le cas échéant, d'une paralysie de la construction européenne.

On remarquera cependant que la réforme des institutions de l'Union est paradoxale du point de vue démocratique puisqu'elle peut aboutir à paralyser l'Union. C'est en effet la perspective offerte par les conflits nés entre États à propos du « projet de traité constitutionnel », mais aussi à propos des futurs élargissements. Dans les deux cas, de nombreux États doivent recourir aux référendums, qui ont des chances certaines d'aboutir à une décision de rejet.

Il s'agira donc potentiellement d'un rejet démocratique de la démocratisation de l'Union dont est porteur le projet de traité constitutionnel. Cela ne fait que souligner que la démocratisation n'existe pas en soi, elle a besoin d'un point de référence. La question est ici de savoir s'il s'agit toujours de l'État-nation ou de la fédération d'États-nations.

Sociologie

I. Comment se préparer ?
Comment travailler ?

Pour le candidat ayant suivi la série ES, son cours pourra lui servir de support de révision. Mais les connaissances sociologiques ne sont pas suffisantes pour faire une bonne dissertation. Le candidat devra également retravailler les consignes méthodologiques incontournables afin de respecter les règles de l'épreuve. Pour le candidat ayant suivi une autre section, il lui sera utile de commencer par un dictionnaire de sociologie afin de comprendre l'approche spécifique de la sociologie par rapport aux autres sciences humaines.

Le candidat devra réaliser des **fiches de lecture** sur les ouvrages de référence qui lui permettront d'argumenter un devoir avec de la matière et non sur ses « prénotions ». Il lui est recommandé de commencer son travail par la lecture d'ouvrages généraux qui lui permettront de dégager les idées-forces de chaque thème, les débats, les controverses et les courants théoriques.

Ce travail facilitera l'approche dans des œuvres dont la lecture peut se révéler plus ardue.

Comment faire un bon devoir en sociologie ?

▶ Le constat ◀

Les correcteurs regrettent chaque année que les candidats ne respectent pas les règles propres à l'exercice de la dissertation. Les critiques adressées reposent sur le fond et la forme. Le candidat doit prendre conscience qu'il est risqué de ne pas respecter les règles de base de cet exercice : écriture soignée, paragraphe commençant par un alinéa, style clair et concis, copie aérée. Ces règles doivent permettre au correcteur de lire la copie sans s'arrêter sur le sens des mots, sur des expressions maladroites et confuses... Ces éléments rentrent bien évidemment en compte dans la note attribuée à cette épreuve. Pour d'autres candidats, les critiques concernent le fond lorsque les concepts essentiels ne sont ni définis, ni maîtrisés. Dès l'introduction, l'absence de définitions des notions clés trahit l'insuffisante maîtrise des concepts. L'argumentation, organisée autour d'une véritable problématique, doit être précise grâce à la connaissance des auteurs et des travaux empiriques.

▶ Des conseils ◀

Le jour J, ne pas se lancer tête baissée dans le sujet pour montrer tout votre savoir.

Plus une tête bien pleine, c'est d'une tête bien faite dont il faudra faire preuve. Une dissertation est une démonstration. On doit donc avancer pas à pas dans le raisonnement.

L'étape de la réflexion est donc essentielle. Commencez par noter toutes les idées qui vous viennent spontanément à l'esprit sur le sujet. Il conviendra de faire un tri après, mais cette précaution permet de limiter le risque d'oublier des idées essentielles. Cette première étape permet de passer ensuite, dans l'ordre, à l'élaboration du plan, puis à la rédaction de l'introduction, de la conclusion puis du développement.

▶ La rigueur ◀

La rigueur est le maître d'ordre

Il ne s'agit pas de faire un devoir « café-du-commerce » avec des « on entend dire que.. ». La sociologie nécessite l'apprentissage d'un **vocabulaire spécifique** qui permet en partie de parler des faits sociaux « comme des choses », selon Durkheim. Le vocabulaire employé aide le candidat à prendre du recul par rapport au sujet traité et donc contribue à ne pas se laisser aller à écrire de grandes banalités qui ont un effet désastreux sur la note !

Pour faire un devoir rigoureux, **il faut partir des définitions sociologiques** des termes employés dans le sujet. Il ne s'agit évidemment pas de faire un devoir « dictionnaire ». Le contenu des termes du sujet est propice à la réflexion, au questionnement. Il faut se laisser guider par les définitions. Plus vous utiliserez une définition complète, plus elle vous aidera. Par exemple, sur le thème de la socialisation, apprendre seulement que la socialisation est l'apprentissage des règles de vie en communauté ne vous aidera pas suffisamment… En revanche, une définition structurée qui intègre les deux facettes de la socialisation, « inculcation » et « construction identitaire », vous mettra directement sur la voie.

Il faut des définitions rigoureuses… et **des auteurs** reconnus comme références. La connaissance des auteurs est essentielle. Il est demandé au candidat, non seulement de maîtriser les approches méthodologiques, mais également de connaître les travaux des pères fondateurs, Durkheim, Weber, Tocqueville, Marx…, ainsi que les travaux des sociologues contemporains connus et reconnus qui ont traité dans des ouvrages les thèmes choisis.

▶ Le plan ◀

Travailler son plan est essentiel

Les arguments doivent s'enchaîner dans une logique explicite… dont le fil conducteur est la problématique. La clarté vient pour beaucoup du soin apporté dans les transitions entre parties et dans l'articulation entre les sous-parties. La rigueur vient de la démonstration. Le plan doit être travaillé au corps à corps… Les idées ne viennent que très rarement dans le « bon ordre ». Ne soyez donc pas effrayé par un brouillon raturé… c'est en effet plutôt bon signe. Le temps consacré au plan, à l'introduction et à la conclusion peut facilement couvrir 50 % du temps de l'épreuve. Un bon travail préparatoire assure en effet une progression efficace dans la phase de rédaction.

SOCIOLOGIE

L'introduction est fondamentale

Elle permet de cerner le sujet et d'en délimiter la portée. La définition des termes – leur acception dans un sens plus ou moins large que l'on s'attachera à préciser, permet de cadrer la réflexion qui sera menée dans le corps du devoir. L'interaction entre deux notions, deux concepts doit être précisée. Par exemple, sur le sujet de l'action collective et du changement social, l'interaction entre ces deux termes est flagrante. L'action collective produit du changement social et le changement social explique les mutations de l'action collective.

L'introduction doit présenter le plan général de la dissertation qui se structure autour d'une problématique. Elle doit éveiller la curiosité du correcteur et lui donner l'envie de lire le devoir... c'est dire qu'elle ne doit pas tout dévoiler !

La **problématique** est le fil conducteur du devoir, c'est la dynamique d'ensemble. Elle permet de révéler la nature du sujet, de le questionner dans une approche constructive et non pas linéaire, proche de la récitation de cours plate et sans saveur. Par exemple, le traitement du sujet portant sur la pertinence de la notion de classes sociales ne doit pas se limiter à un exposé des différentes approches théoriques.

Le dernier paragraphe de l'introduction doit annoncer clairement les grandes parties... que le candidat est tenu de respecter dans le devoir !

Le développement doit être structuré et argumenté

La pertinence et la richesse des exemples et des auteurs cités révéleront au correcteur les capacités du candidat à mener une réflexion solide. Avoir de bonnes connaissances théoriques permet de faire un devoir de sociologie mieux construit.

Le style doit être clair, précis, concis

Rien ne pénalise plus un candidat que l'utilisation d'un style ampoulé, grandiloquent, voire lyrique. L'utilisation du vocabulaire sociologique met le candidat à l'abri de ce travers qui nuit à la compréhension du devoir et laisse présumer du peu d'humilité du candidat.

La conclusion doit être également soignée

Elle permet d'évaluer les qualités de synthèse et de repositionner le sujet dans un cadre plus large. Il vaut cependant mieux s'abstenir de toute ouverture si les idées ne « coulent pas de source » plutôt que de finir sur une phrase vide de sens et sans aucune pertinence. Une mauvaise fin nuit à l'impression globale. Il est donc préférable de rédiger ou de tracer les grandes lignes de la conclusion au brouillon après l'introduction en prenant le temps, plutôt qu'à la hâte à la fin du devoir.

II. Exemples de plans détaillés

A. Thème : Socialisation et ordre social

▶ Sujet : « Socialisation : inculcation ou construction identitaire ? » ◀

Réaction : De quelle façon un individu s'intègre-t-il dans une société ? Par la reproduction des règles inculquées ou par l'accumulation d'expériences ? Le bon sens nous évitera de trancher cette question et montrera que la socialisation est un savant mélange entre ces deux interprétations, mélange dans lequel domine cependant la construction identitaire.

Introduction

En préambule : L'enfant se développe en tant que tel au contact de ses semblables dans le cadre d'un apprentissage socioculturel. Jean-Jacques Rousseau défend l'idée dans son roman *Émile ou De l'éducation* (1762) que l'homme est naturellement bon et qu'il ne doit pas être perverti par la société. Ses réflexions sur l'éducation inspireront les éducateurs modernes (Pestalozzi, Makarenko…). Mais d'un point de vue plus sociologique que philosophique, comment définir les mécanismes de l'apprentissage socioculturel ?

Définition précise de la socialisation : La socialisation permet d'assimiler les règles de vie en société afin de s'y intégrer. La socialisation n'est pas seulement un processus de transmission par lequel l'individu hérite d'un certain patrimoine culturel, c'est aussi un processus d'acquisition par lequel il accumule les expériences et participe activement à l'élaboration de ses propres schémas de représentation.

Problématique : L'individu garde-t-il une certaine liberté d'action individuelle ou est-il uniquement déterminé dans ses choix et ses actions par son inconscient ?

Annonce du sujet : La socialisation est-elle le résultat d'une inculcation ou d'une construction identitaire ?

Annonce de plan : I. Intériorisation et inculcation.
        II. Acquisition et construction (identité sociale).

Première partie : Intériorisation et transmission d'un certain patrimoine culturel…
(la socialisation participe à la reproduction sociale)

A. Approche théorique: vision déterministe de Durkheim (*L'Éducation morale* et *De la division du travail social*) et de Bourdieu (*La Distinction, capital social, habitus*)

La société s'impose à l'individu qui est conditionné, contraint par l'éducation qu'il a reçue.

B. Intériorisation des normes et des valeurs

La socialisation repose sur des procédés d'inculcation conscients et méthodiques. La transgression des règles et coutumes établies ouvre la voie à de sérieux conflits. Les sanctions positives ou négatives favorisent l'intériorisation par chacun de la culture (valeurs, normes) de son groupe et de la société dont il est membre.

C. Transmission d'un patrimoine culturel spécifique.

Les valeurs politiques et religieuses sont fortement déterminées par celles transmises par les parents (Annick Percheron, *La Socialisation politique,* 1993).

Les systèmes culturels (manières d'agir, de penser, de sentir) et par là même les modèles de socialisation diffèrent au sein d'une même société. Les clivages sociaux traduisent les différences de condition.

→ L'individu est un être façonné par la socialisation qu'il a reçue. Il adopte donc les mêmes valeurs et reproduit les mêmes normes que celles qui lui ont été inculquées (exemple de l'enfant battu qui reproduit souvent ce même modèle).

Deuxième partie : Mais la socialisation est aussi un processus d'acquisition et de construction d'une identité sociale

A. Approche théorique : vision individualiste de Max Weber

L'individu a une (relative) autonomie face à l'apprentissage des règles.

B. Approche constructiviste de Piaget (dans la deuxième partie du Jugement moral)

La socialisation repose sur l'accumulation d'expériences et sur un rapport de coopération fondés sur le respect mutuel et l'autonomie de la volonté.

La socialisation a une action sur l'individu qui n'est ni totale ni homogène. La multiplicité des agents socialisateurs contribue parfois à brouiller le message transmis. L'individu doit trouver ses repères au risque de sombrer dans l'anomie (Durkheim).

C. Les conflits avec les instances de socialisation sont source de changement social

La société est dynamique. Les nombreux conflits qui secouent les structures institutionnelles en sont un exemple, notamment au sein de la famille (F. de Singly).

Conclusion

Continuité et dynamique caractérisent une société dans laquelle la régulation sociale repose sur des instances de socialisation qui imprègnent et inculquent des valeurs à l'individu dès sa prime enfance. Mais la multiplicité des agents socialisateurs et l'accumulation d'expériences contribuent à dynamiser cette vision et à redonner à l'acteur une place à part entière dans l'espace social.

Ouverture : À l'heure actuelle, la tendance est à la concertation et les rapports d'autorité sont atténués, favorisant ainsi un climat moins conflictuel entre les générations.

▶ Sujet : « La déviance et le changement social » ◀

Réaction : La déviance va-t-elle à l'encontre ou au contraire favorise-telle le changement social ? Est-elle pathologique ou normale, voire fonctionnelle dans une société ?

Introduction

En préambule : Le contrôle social vise à assurer la conformité des individus à une société en luttant contre la transgression des normes sociales. La déviance semble n'être alors que le signe de l'échec de la pression sociale et des sanctions formelles et informelles.

Définition : Sont qualifiés de déviants les comportements et les opinions qui s'écartent des normes sociales dominantes d'un groupe et sont susceptibles d'entraîner une certaine réprobation des autres membres du groupe.

Problématique : La transgression des normes est-elle nécessaire ?

Annonce de plan : La déviance comme transgression des normes et produit de la régulation (I). La déviance est le moteur du changement social. Elle participe à l'élaboration de nouvelles règles sociales (II).

Première partie : La déviance comme transgression des normes et produit de la régulation

A. La déviance est « normale » selon l'analyse de Durkheim (Le Suicide)

1. La déviance se définit par rapport à des normes qui fondent la culture d'une société. Elle se manifeste par la sanction qu'elle entraîne.

2. L'anomie caractérise un état de dérégulation, d'affaiblissement des normes et la perte de sens de la vie sociale, Philippe Besnard, *L'Anomie* (1987).

3. La déviance peut être analysée comme une conduite de refus des normes sociales susceptible de favoriser l'émergence d'une contre ou sous-culture (Cohen, *Delinquents Boys*).

B. La déviance comme produit de la régulation

1. La déviance est le résultat de la complexité et de la multiplication des statuts et des rôles qui entrent parfois en contradiction.

2. La déviance est également le produit de tout un travail social comme le montre Howard Becker dans son ouvrage *Outsiders* (1963).

3. La déviance est produite par tous ceux qui définissent des normes et des sanctions. Les analyses de Becker et de Goffman se rejoignent sur les notions de stigmatisation et d'étiquetage social qui caractérisent ceux qui sont désignés comme déviants.

C. La déviance comme réponse à une situation sociale par les moyens illicites

1. R. Merton (*Éléments de théorie et de méthode sociologue,* 1965) analyse la déviance en termes de buts et de moyens. Il établit une typologie des comportements qui permet de saisir également le comportement déviant de ceux qui, en acceptant les valeurs, utilisent des moyens illicites.

2. Loïc Wacquant montre que les jeunes des ghettos noirs et portoricains aux États-Unis cherchent à se conformer au modèle de réussite en ayant recours à des moyens à leur portée, à savoir des moyens illicites.

Deuxième partie : La déviance est le moteur du changement social. Elle participe à l'élaboration de nouvelles règles sociales

A. La déviance est le fruit de l'innovation sociale

1. Selon la typologie de Merton, les innovateurs et les rebelles, en acceptant ou non les buts, en utilisant des moyens illicites, contribuent à établir d'autres règles sociales.

2. L'être charismatique est souvent celui qui cherche à changer l'ordre des choses dans un premier temps. Son charisme s'institutionnalise, c'est-à-dire que les règles de loi viennent légitimer son pouvoir (Max Weber, *Économie et Société*). Le général de Gaulle en est un exemple.

3. L'art est le domaine le plus frappant dans lequel les innovateurs (par exemple les impressionnistes) sont d'abord fustigés et accusés de transgresser les règles techniques, esthétiques de leur temps, avant d'être considérés comme des précurseurs.

B. La multiplication des normes brouille la notion de déviance

1. Affaiblissement de la régulation sociale, baisse de la conscience collective et crise du lien social accompagnent le développement de régulations locales, partielles, dont les sanctions varient (analyses de J. D. Reynaud, de Dubet).

2. La déviance est relative. Elle varie selon les normes qui peuvent rentrer en concurrence (par exemple les drogues douces, le PaCS…).

3. Les bouleversements des modèles familiaux (divorces, familles monoparentales, familles recomposées) brouillent les critères de la déviance.

Conclusion

La déviance ne peut être réduite à la transgression des normes. Elle contribue également à introduire un ordre social nouveau. Et sur ces nouvelles valeurs, la définition de nouvelles normes favorise l'émergence de transgression. La déviance est nécessaire, elle a pour fonction de tirer la sonnette d'alarme lorsque les règles sont perçues comme étant inadaptées, voire dépassées.

B. Thème : Pouvoir, domination et action collective

▶ Sujet : Action collective et changement social ◀

Réaction : L'interaction entre ces deux termes doit être mise en évidence. Mais pour ce faire, il convient de procéder méthodiquement en montrant tout d'abord comment l'action collective produit du changement social, pour montrer, dans un deuxième temps, que le changement social influence fortement l'action collective. Elle en explique les principales mutations.

Introduction

En préambule : Dans les rues de Paris, en mars 2000, résonnaient les cris des manifestants (les agents des impôts, les enseignants) qui s'opposaient aux réformes de leurs ministres respectifs. Si l'on veut dépasser l'explication selon laquelle le printemps est depuis longtemps une saison propice aux mouvements sociaux, on doit plus sérieusement s'interroger sur les rouages de l'action collective.

Définitions : Un devoir sur ce thème nécessite une bonne maîtrise des travaux qui ont permis de définir correctement l'action collective (Olson, Obershall, Tilly, Man, Favre, Mendras, Touraine…).

Problématique : Comment peut-on caractériser la relation qui relie l'action collective au changement social ? Mutation vers un nouveau type de société ou diversification des conflits et montée de nouvelles catégories sociales ?

Annonce de plan : I. L'action collective est source de changement social
II. Le changement social transforme l'action collective

Première partie : L'action collective est source de changement social

A. La logique de l'action collective

1. Le paradoxe de l'action collective (Mancur Olson, *La Logique de l'action collective*, 1965). Comment expliquer que les individus rationnels et utilitaristes ne se mobilisent pas tous pour défendre leurs intérêts communs ?

2. Explications : ticket gratuit, passager clandestin, effet pervers (R. Boudon, *La place du désordre,* 1991).

L'action collective produit un bien collectif, indivisible, c'est-à-dire profitant à tous, qu'ils aient participé ou non.

3. Les remédiations.

Incitations sélectives, avantages, pression à l'embauche. Erik Neveu (*Sociologie des mouvements sociaux,* 1996) donne comme exemple les pratiques de l'American Medical Association. Philippe Braud, *Sociologie politique,* 1998.

B. Les conditions de l'action collective

1. Importance du rôle des organisations du mouvement social dans la mobilisation du potentiel protestataire existant dans toute société (McCarthy et Zald).

2. Obershall montre que l'absence de liens et la décomposition des réseaux d'interaction sont un obstacle majeur à la mobilisation (*Social Conflict and Social Movements,* 1973).

3. A. O. Hirschman (*Défection et prises de parole,* 1995) analyse les réactions qui peuvent conduire à une mobilisation (prise de parole) et celles qui s'apparentent à la fuite (défection).

Transition

La mobilisation et l'action collective produisent de nouvelles valeurs qui progressivement vont bouleverser la société. (ex. : mouvement *gay,* Mai 68). Mais le changement social a également pour conséquence de favoriser l'action collective et de la transformer.

Deuxième partie : Le changement social transforme l'action collective

A. Les nouvelles formes (Dubet)

1. Institutionnalisation des conflits et de leur gestion. La frontière est plus floue entre le mouvement social et le groupe de pression.

2. C. Tilly, dans *La France conteste,* souligne que chaque mouvement social est en face d'une palette préexistante de formes protestataires déjà codifiées : les répertoires de l'action collective.

3. Invention de nouveaux répertoires d'action et de nouveaux modes d'organisation qui répondent à la pression médiatique (Michel Offerlé).

B. Les nouveaux objets

1. Nouvelles causes.

Les nouveaux mouvements sociaux (Alain Touraine) en lutte pour la direction sociale de l'historicité d'un ensemble historique concret.

2. Développement de mouvements sociaux défendant des causes (écologique, féministe, pacifique…).

3. Réduction des conflits liés à la sphère économique (moins de grèves et de mouvements sociaux dans le monde ouvrier, désyndicalisation). Rosanvallon, *La Question syndicale,* 1998.

C. Nouvelles valeurs

1. Émergence de nouvelles valeurs post-matérialistes à l'origine de nombreux mouvements sociaux actuels (Inglehart).

2. Montée de l'individualisme (Tocqueville, *De la démocratie en Amérique*). Repli sur la sphère privée (A. O. Hirschman, *Bonheur privé, action publique*).

3. Transformation des relations sociales moins basées sur l'autorité, source de conflits (Dahrendorf, *Classes et conflits de classes dans la société industrielle,* 1957).

Conclusion

L'action collective et le changement social sont en interaction. L'action collective produit du changement social. La dynamique ainsi créée bouleverse l'action collective qui prend de nouvelles formes pour défendre de nouvelles causes.

Ouverture : Le développement excessif de l'individualisme est le talon d'Achille de la démocratie. Le repli sur soi ou la recherche de l'égalitarisme au détriment de la liberté et de la mobilisation politique comportent un risque majeur : celui de voir la démocratie nourrir en son sein un despote, un tyran, comme ce fut dramatiquement le cas au XXe siècle.

C. Thème : Classes, stratification et mobilité sociales

▶ Sujet : L'analyse en termes de « classes sociales » est-elle encore pertinente aujourd'hui ? ◀

Réaction : Le sujet nécessite une bonne connaissance des théories, notamment celles de Marx, Tocqueville, Mendras, Bourdieu… mais il faut questionner le sujet afin de déterminer si la vision conflictuelle des groupes sociaux domine encore les rapports sociaux ou si finalement aujourd'hui, au regard de la réduction des conflits et de la désyndicalisation par exemple, la vision nominaliste en termes de strates semble dominer.

Proposition 1 :

Introduction

En préambule : « L'histoire de toute société jusqu'à nos jours est l'histoire de la lutte des classes. », écrit Karl Marx dans son ouvrage *Le Manifeste du parti communiste* publié en 1848.

Définition : Place dans les rapports de production et conscience d'un intérêt commun.

Problématique : La vision conflictuelle de la société est-elle toujours dominante ? La société post-industrielle démocratique est-elle malgré tout toujours une société de classes ?

Annonce du sujet : L'analyse en termes de « classes sociales » est-elle encore pertinente aujourd'hui ?

Annonce de plan : I. La société est encore pour certains sociologues dominée par l'opposition entre les classes sociales et cette opposition s'est étendue à d'autres champs, notamment culturel…

II. Mais cette analyse perd de sa pertinence face à l'évolution de la société ces dernières années.

Première partie : La société est pour certains sociologues encore dominée par l'opposition entre les classes sociales…

A. La société française se caractérise encore aujourd'hui par l'opposition de groupes sociaux aux intérêts économiques divergents

1. La forte homogamie contribue à la reproduction des classes sociales.

2. Les enjeux économiques sont toujours d'actualité. Les salariés s'opposent aux capitalistes (propriétaires du capital) pour recevoir une part des gains de la valeur ajoutée.

Le partage de la valeur ajoutée entre salaires et excédent brut d'exploitation modernise le débat marxiste... Depuis le début des années 1980, l'évolution s'est faite au profit de l'EBE et au détriment des salaires.

B. Mais la domination est également culturelle et sociale

1. Les classes sociales se définissent par rapport au capital économique possédé mais également par rapport au capital social, culturel et symbolique (Bourdieu, *La Distinction*).

2. La famille transmet un certain nombre de manières d'être, de penser et d'agir qui façonnent des individus et déterminent socialement les goûts, l'habitus.

3. La classe dominante impose le « bon goût » que la classe dominée contribue à légitimer en cherchant à l'imiter. Notion de violence symbolique (Pierre Bourdieu).

Deuxième partie : Mais cette conception conflictuelle de la société perd de sa pertinence face à l'évolution des rapports sociaux

A. La moyennisation de la société va de pair avec l'atténuation des conflits

1. Le développement d'une grande classe moyenne (Tocqueville, *De la démocratie en Amérique*) remet en cause l'analyse de Karl Marx (bipolarisation de la société).

2. Henri Mendras préfère utiliser le terme de constellation. Il montre que la constellation centrale prend plus d'importance par rapport aux autres.

3. Dans notre société qualifiée par certains de postindustrielle, les conflits sociaux sortent du champ économique pour se développer autour de causes comme les droits de l'homme, l'environnement... (*Les Nouveaux Mouvements sociaux*, Alain Touraine).

B. Baisse de la conscience de classe

1. La classe moyenne a moins de conscience de classe. Développement de normes de consommation plus proches et diffusion d'une culture de masse (E. Morin).

2. La réduction des conflits : distinction entre la classe objective et la classe mobilisée (P. Bourdieu). Repli sur la sphère privée (Hirschman) et désyndicalisation (P. Rosanvallon).

3. L'amoindrissement du rôle de la famille en tant qu'instance de socialisation. L'individu rencontre différents modèles familiaux, ils ont donc un impact moins fort.

Conclusion

Uniformisation culturelle, consommation de masse, développement de la classe moyenne, atténuation des conflits sociaux, désyndicalisation sont autant d'arguments qui semblent périmer l'analyse de la société en termes (*cf.* titre du sujet) de classes sociales. Intérêt commun et conscience de classe paraissent être des critères dépassés pour caractériser la société française aujourd'hui. Cependant, adopter une approche purement nominaliste en termes de strates semble également comporter le risque de perdre de vue que le partage des richesses est de plus en plus inégalitaire depuis ces vingt dernières années et que les conflits latents risquent de resurgir dans un contexte propice à l'action collective.

PROPOSITION 2 :

On pourrait également aborder le sujet en montrant que (I) l'évolution de la société semble remettre en cause la pertinence de ce concept du fait de l'éclatement de la classe ouvrière et de la moyennisation (A) de la société qui se concrétise par le rapprochement des modes et des niveaux de vie (sur le long terme). L'amoindrissement de la conscience de classe (B), notamment dans la classe moyenne, s'explique par le retrait de la vie politique (Hirschman) et la montée de l'individualisme (Tocqueville, Birnbaum). L'émergence de ces nouvelles valeurs (C) contribue à réduire les conflits et à expliquer la désyndicalisation. La réduction du temps de travail facilite par ailleurs le développement de réseaux de sociabilité en dehors du champ économique. Mais (II) cette notion reste toujours d'actualité du fait des inégalités économiques et sociales persistantes (A) : partage de la valeur ajoutée, émergence d'une nouvelle pauvreté, faible mobilité sociale. Ce thème est donc récurrent mais il se modernise (B) avec l'analyse de P. Bourdieu qui étend les inégalités au domaine culturel. Plus que les inégalités économiques, l'inégale répartition du capital culturel et social domine l'espace social. La violence symbolique exercée par la classe dominante donne la mesure des rapports sociaux antagonistes et asymétriques. La classe dominante impose sa culture, ses goûts à la classe dominée qui contribue à légitimer cette situation en cherchant à l'imiter.

D. Thème : Classes, stratification et mobilité sociales

▶ Sujet : Peut-on encore parler de « classe ouvrière » aujourd'hui, en France ? ◀

Réaction : La première question qui vient à l'esprit est : Quelles sont les évolutions qui ont fragilisé la notion de « classe ouvrière » ? La notion de classe prolétaire dans les écrits de Karl Marx reposait sur la classe ouvrière dépossédée des moyens de production et ayant conscience d'avoir un intérêt commun à défendre. Ne serait-ce plus vrai aujourd'hui ?

Introduction

En préambule : Née de la révolution industrielle, la « classe ouvrière » qui a transformé nombre de paysans en prolétaires est au cœur de l'analyse de Karl Marx. Dépossédés des moyens de production, les ouvriers n'auront alors plus qu'à vendre, pour un salaire de misère, leur force de travail aux capitalistes.

Définition : Parler de « classe ouvrière », c'est admettre implicitement que l'on reconnaît à un groupe d'individus occupant des conditions similaires dans les rapports de production, et plus ou moins bien approchés par la PCS « ouvriers », des intérêts communs mais également la conscience de leurs intérêts.

Problématique : Les mutations de la société postindustrielle remettent-elles en cause l'existence d'une classe sociale spécifique, la classe ouvrière, qui a été au cœur des transformations depuis la première révolution industrielle ?

Annonce du sujet : Peut-on encore parler de « classe ouvrière » aujourd'hui, en France ?

Annonce de plan : I. Évolutions de la société qui remettent en cause l'existence d'une classe ouvrière.

II. Cependant, les ouvriers forment toujours une classe dominée (et ayant conscience de l'être) qui continue à se démarquer du reste de la société.

Première partie : L'évolution de la société remet en cause la notion de classe ouvrière du fait de son déclin et de sa perte d'identité

A. Le déclin de la classe ouvrière

1. Déclin numérique de la profession et catégorie socioprofessionnelle (PCS) « ouvriers ».

2. Disparition des bastions ouvriers et augmentation des chômeurs ouvriers.

3. La modernisation industrielle transforme les « cols bleus » en « cols blancs ». Le « haut » de la classe rejoint les classes moyennes et le « bas » de la classe rejoint les exclus.

B. Une classe qui perd son identité

1. La classe ouvrière est éclatée en plusieurs secteurs (développement des emplois tertiaires), en de nombreuses qualifications et PCS, en différents statuts, en fonction de l'âge, du sexe, de la nationalité.

2. La classe ouvrière perd de sa spécificité dans de nombreux domaines : la consommation avec l'augmentation du niveau de vie, la production avec les mutations et l'organisation du travail, la culture avec le développement d'une culture de masse. Ce qui a eu non seulement pour conséquence de réduire la conscience de classe, mais a également entraîné la crise du syndicalisme et l'effondrement du Parti communiste français.

Deuxième partie : Les ouvriers forment toujours une classe dominée qui continue à se démarquer du reste de la société

A. Le nombre d'ouvriers

1. La « classe ouvrière » déborde de la profession et catégorie socioprofessionnelle ouvriers.

2. La PCS ouvriers reste la plus importante avec plus d'un quart des actifs.

B. Une classe dominée

1. Domination économique : les ouvriers ont le plus faible patrimoine moyen. Ils constituent le salariat inférieur (métiers pénibles, dangereux et manuels).

2. Domination culturelle : les enfants d'ouvriers ont les plus faibles chances de réussite scolaire en suivant des filières dévalorisées. Le conflit entre culture familiale et culture scolaire pénalise les enfants d'ouvriers.

C. Une classe qui continue à se démarquer du reste de la société

1. Forte homogamie chez les ouvriers.

2. Spécificités de la consommation ouvrière : logement, goût populaire.

Conclusion

La classe ouvrière aujourd'hui en France ne constitue pas une classe révolutionnaire au sens marxiste, mais on peut toujours parler d'une classe au sens nominaliste. C'est une classe en pleine mutation face aux évolutions de l'appareil productif. Le mode de vie d'une partie des ouvriers se rapproche cependant de celui de la classe moyenne, notamment pour les ouvriers qualifiés.

E. Thème : Classes, stratification et mobilité sociales

▶ Sujet : La mobilité sociale est-elle en panne ? ◀

Introduction

En préambule : Selon A. de Tocqueville, les valeurs fondatrices de la démocratie sont non seulement la liberté et l'individualisme, mais également l'égalité. Cet idéal égalitaire repose sur la méritocratie qui donne à tous l'égalité des chances, quelles que soient la profession et la catégorie socioprofessionnelle d'origine.

Définitions : mobilité sociale structurelle, nette, verticale, ascendante, descendante, horizontale, de proximité, géographique...

Problématique : Comment expliquer la faiblesse de la mobilité nette ?

Annonce du sujet : La mobilité sociale est-elle en panne ?

Annonce de plan : I. La mobilité sociale est-elle imposée uniquement par les mutations structurelles de l'économie ?

II. Quels sont les freins qui expliquent la faiblesse de la mobilité nette ?

Première partie : La mobilité sociale est essentiellement due aux mutations de l'appareil productif

A. Constat

1. En France, on constate une certaine évolution entre les PCS des fils et celles des pères, notamment dans la catégorie agriculteurs ou employés. Mobilité ascendante.

2. Cette mobilité reste cependant faible dans d'autres PCS, notamment celles des cadres et des ouvriers.

B. La mobilité constatée est essentiellement structurelle

1. La plus forte mobilité des agriculteurs s'explique par les changements de structure et d'emploi. 80 % des agriculteurs sont fils d'agriculteurs, mais seulement 25 % des fils d'agriculteurs deviennent eux-mêmes agriculteurs (lecture des tables de destinée et d'origine).

2. Cette mobilité se fait en général vers la PCS la plus proche (mobilité de proximité).

Deuxième partie : Les freins de la mobilité sociale

A. L'école reproduit les inégalités sociales

1. La faible mobilité montre l'insuffisance de l'école à assumer l'égalité des chances, c'est-à-dire une réussite au mérite (fondement de la démocratie).

2. Les inégalités scolaires sont dues en grande partie aux inégalités dans la dotation du capital culturel, social, économique et symbolique (analyse de Pierre Bourdieu). Les classes dominantes sont mieux pourvues et leurs enfants réussissent mieux. Le système scolaire contribue à légitimer cette domination.

B. La démocratisation de l'enseignement freine la mobilité sociale par les effets pervers qu'elle génère

1. L'inflation des diplômes (la course aux diplômes) entraîne leur dévaluation sur le marché du travail (paradoxe d'Anderson : un diplôme plus élevé que celui du père n'assure pas toujours au fils une position sociale supérieure), Raymond Boudon.

2. Cette inflation porte préjudice aux catégories défavorisées qui choisissent des filières sélectives.

3. À diplôme équivalent, la réussite professionnelle tient pour beaucoup à la situation sociale des parents (exemple : enquête de Pierre Bourdieu sur le devenir des élèves d'HEC).

Conclusion

La mobilité sociale est essentiellement due à des mutations de l'appareil productif. Loin de favoriser réellement l'égalité des chances, le système scolaire se heurte à ses propres limites, notamment celle de la dévalorisation des diplômes.

La forte homogamie en France renforce d'autant la faible mobilité sociale dans une société touchée de plein fouet par la crise de ces vingt-cinq dernières années.

Ouverture : La reprise de la croissance économique sera-t-elle suffisante pour redynamiser la mobilité sociale ?

F. Thème : Culture et systèmes de valeur

▶ Sujet : Peut-on parler d'« uniformisation culturelle » ? ◀

Réaction : Tout laisserait à penser à première vue que l'on assiste à l'uniformisation culturelle (valeurs, normes, pratiques… : la mondialisation, la massification de l'enseignement, la consommation de masse, les mass media, Internet… et pourtant une analyse plus fine montre que les spécificités culturelles résistent au changement d'environnement. L'exception culturelle française est bâtie sur la diversité culturelle.

Introduction

En préambule : Les taux d'équipement des ménages en télévision dépassent les 100 % et désormais, plus de la moitié d'entre eux regardent des cassettes vidéo. Les pratiques culturelles évoluent avec un accès de plus en plus facile à Internet, de plus les cédéroms ouvrent à beaucoup les portes de la culture.

Définition : Homogénéisation, voire standardisation des valeurs, des normes, des manières d'être, de sentir et d'agir favorisées par des pratiques culturelles similaires.

Problématique : Les différences culturelles se sont-elles estompées sous l'effet conjugué des mutations économiques et de l'évolution sociale de la France ?

Annonce du sujet : Peut-on parler d'« uniformisation culturelle » ?

Annonce de plan : I. Uniformisation culturelle.
II. Persistances de spécificités culturelles.

Première partie : Uniformisation culturelle

A. *Émergence d'une culture de masse (E. Morin, Dollot)*

1. Impact des médias, notamment de la télévision dans la définition d'une culture commune. Programmation des chaînes publiques pour couvrir la plus grande audience.

2. Développement de nouveaux réseaux de communication (Internet)

3. Mise en place d'une politique culturelle (musées gratuits certains jours, théâtres, cinémas…) qui contribue à développer les pratiques culturelles dans toutes les catégories sociales.

B. *« Moyennisation » des groupes sociaux*

1. Resserrement des inégalités de revenus et consommation de biens culturels, dits « supérieurs », avec l'augmentation des niveaux de vie (loi d'Engel) ont contribué à atténuer les différences (développement du rayon « culture » – disques, livres, billetterie dans les hypermarchés).

2. Atténuation des différences (relâchement des systèmes des grandes institutions porteuses de valeurs fortes : l'Église, le mouvement ouvrier, l'armée, qui contribuaient à forger des valeurs différentes et à polariser les comportements, d'après H. Mendras).

3. Impact de la massification de l'enseignement : transmission d'un ensemble de valeurs républicaines véhiculées par l'école.

Deuxième partie : Persistances de spécificités culturelles

A. Les inégalités sociales produisent des inégalités culturelles

1. Domination de la classe dominante sur la classe dominée (*Violence symbolique*, P. Bourdieu).

2. Les pratiques culturelles restent fortement marquées par l'appartenance sociale (Pierre Bourdieu).

3. Les goûts sont fortement déterminés par la classe (ex : goûts musicaux de la classe populaire différents de ceux de la classe bourgeoise).

B. Développement de sous-cultures en fonction de différents critères sociaux

1. En fonction de l'âge, la culture jeune (O. Galland, Borredon).

2. Développement de sous-cultures régionales (basque, bretonne, corse…).

Conclusion

En dépit d'une certaine homogénéisation des modes de vie, du développement des mass media, de la mondialisation de certains produits, on ne peut pas parler d'« uniformisation culturelle ». Ce terme se heurte aux spécificités des groupes sociaux qui se définissent comme étant autant de sous-ensembles culturels.

III. Les sujets d'annales

▶ Sujets 2001 ◀

Assiste-t-on à une « moyennisation » de la société française ?
La réussite scolaire détermine-t-elle la destinée sociale ?
Conflits et ordre social ?

▶ Sujets 2002 ◀

Assiste-t-on à une montée de l'individualisme en France aujourd'hui ?
Toute relation sociale est-elle une relation de pouvoir ?
Quels sont les effets des contacts entre cultures ?

▶ Sujets 2003 ◀

Normes sociales et normes juridiques
Quels sont les problèmes posés par la mesure de la mobilité sociale ?
Peut-on parler de la fin des classes sociales en France aujourd'hui ?

Corrigés proposés

▶ Sujet : Normes sociales et normes juridiques ◀

Face à ce sujet, le candidat a la possibilité de choisir entre deux types de plan.

Le plan 1 propose une approche plus en relief dans la mesure où il s'articule autour de la problématique suivante : les normes juridiques sont-elles productrices ou produits des normes sociales ?

I. Les normes juridiques créent les normes sociales

A. Le droit éducateur

1. Les premières lois des révolutionnaires avaient pour but de dicter des normes sociales. Ex. : la loi sur le divorce de 1972 pour promouvoir la liberté des individus même mariés.

2. Les normes juridiques peuvent aussi se heurter aux normes sociales au nom de l'intérêt général (la loi sur la parité hommes-femmes, réglementation sur le tabac, l'alcool) afin de faire passer dans les moeurs ce qu'elles jugent comme légitimes.

B. Les normes juridiques participent à la domination et à la reproduction de l'ordre social

1. La norme juridique favorise la reproduction de la norme sociale et des rapports sociaux entre prolétaires et bourgeois, selon l'approche marxiste.

2. Selon Bourdieu, le droit « consacre l'effort des groupes dominants ou en ascension pour imposer, notamment à la faveur de situations critiques ou révolutionnaires, une représentation du monde social qui soit conforme à leur vision du monde et favorable à leurs intérêts ».

II. Les normes sociales contribuent à déterminer les normes juridiques

A. Les normes juridiques ne font souvent qu'entériner les changements sociaux

1. Relation entre le lien social, le droit et le type de société. Selon Émile Durkheim, la division du travail a entraîné la spécialisation des individus. Devenus différents, ils ont eu besoin les uns des autres. De cette interdépendance et de l'amoindrissement de la conscience commune, est apparue la nécessité d'un droit restitutif, capable de prendre en compte la variété des modes de conduite et de sanction afin de réparer les fautes commises.

2. Les normes juridiques peuvent être dictées par la pression sociale (ex. : la loi Veil sur l'IVG ou la nouvelle loi sur les divorces).

B. Cependant, le droit perd du pouvoir face à l'évolution sociale.

1. L'évolution très rapide des comportements, notamment familiaux, a contraint le droit à entériner des situations et à devoir proposer une diversité de choix (mariage avec ou sans contrat, cohabitation, PaCS).

2. Le droit devient maintenant supranational. Les règles juridiques perdent parfois leur légitimité lorsqu'elles s'opposent aux décisions politiques nationales. On assiste alors à des conflits de droit.

L'interaction entre règles sociales et règles juridiques est au cœur de la régulation sociale. Cependant, la règle juridique peut se heurter à l'anomie (Durkheim) et favoriser des situations de déviance (Merton). Pour répondre à ce que certains qualifient de crise morale, il conviendrait de favoriser les lieux au sein desquels se développe une forte solidarité mécanique grâce à l'intensité des normes sociales.

Le plan 2 : dans une première partie, les points communs (A) et les différences (B) entre normes sociales et normes juridiques, puis dans une seconde partie, l'interaction entre les unes et les autres (A) afin de montrer qu'en dépit d'un mécanisme commun d'acquisition, elles sont différemment intériorisées et interprétées (B).

▶ Sujet : Quels sont les problèmes posés par la mesure de la mobilité sociale ? ◀

Le candidat sera attentif à ne pas se plonger dans un sujet général sur les tables de mobilité. Il lui faudra ici organiser sa réflexion autour des limites que posent les tables de mobilité afin de réaliser des comparaisons dans le temps et dans l'espace. La candidat doit maîtriser l'outil statistique pour montrer que cet indicateur est difficile à utiliser sur le long terme (I).

Le changement de critères intervenu en 1982 rend difficile l'analyse des séries statistiques. Que conclure de l'évolution constatée ? Est-il dû à un changement de critère ou à un changement de structure ? (1)

Cet indicateur construit des catégories dont le contenu n'est pas homogène. Les actifs sont artificiellement rassemblés au sens d'un même groupe. (2)

Les frontières sont parfois floues et en dépit de leurs caractères objectifs, il est difficile de classer tous les actifs selon ces critères. (3)

Les critères utilisés sont de moins en moins pertinents pour rendre compte de la structure sociale actuelle. (II)

Le classement du ménage en fonction de la « personne de référence », soit l'activité de l'homme essentiellement, est rendu caduc par la généralisation du travail féminin. (1)

Essentiellement quantitatives, les CSP restent un outil statistique qui ne rend pas compte des modes de vie des individus. La massification de l'enseignement et la généralisation des diplômes ont rendu ce critère moins pertinent. (2)

Le nombre grandissant d'individus exclus de la sphère productive et donc de la nomenclature pose problème pour avoir une juste représentation de la structure sociale.

Plus précisément, cette nomenclature donne une représentation limitée de la réalité et donc imparfaite. (3)

▶ Sujet : Peut-on parler de la fin des classes sociales en France aujourd'hui ? ◀

Ce sujet est un grand classique ! La moyennisation de la société annoncée par des auteurs comme Tocqueville et défendue par Henri Mendras annonce-t-elle la disparition des classes sociales ?

Introduction

En préambule : « L'histoire de toute société jusqu'à nos jours est l'histoire de la lutte des classes. », Karl Marx, *Le Manifeste du parti communiste* (1948).

Définition de la notion de classe : position dans les rapports de production et conscience de classe.

L'atténuation des conflits professionnels et la baisse de la conscience de classe quantifiée par les sondages sonnent-elles la fin des classes sociales en France ?

Annonce de plan :

I- Si les clivages de classes aujourd'hui ont perdu de leur virulence...

II- ...on ne peut toutefois pas parler de la fin des classes sociales

I. Cette conception conflictuelle de la société perd de sa pertinence face à l'évolution des rapports sociaux

A. *La moyennisation de la société va de pair avec l'atténuation des conflits*

1. Le développement d'une grande classe moyenne (Tocqueville, *De la démocratie en Amérique*) remet en cause l'analyse de Karl Marx (bipolarisation de la société)

2. Henri Mendras préfère utiliser le terme de constellation. Il montre que la constellation centrale prend plus d'importance par rapport aux autres.

3. Dans notre société qualifiée par certains de postindustrielle, les conflits sociaux sortent du champ économique pour se développer autour de causes comme les droits de l'homme, l'environnement... (*Les Nouveaux Mouvements sociaux*, Alain Touraine).

B. *Baisse de la conscience de classe*

1. La classe moyenne a moins de conscience de classe. Développement de normes de consommation plus proches et diffusion d'une culture de masse (E. Morin).

2. La réduction des conflits : distinction entre la classe objective et la classe mobilisée (P. Bourdieu). Repli sur la sphère sur la sphère privée (Hirschman) et désyndicalisation (P. Rosanvallon).

3. L'amoindrissement du rôle de la famille en tant qu'instance de socialisation. L'individu rencontre différents modèles familiaux. Ils ont donc un impact moins fort.

II. La résurgence de la notion de classe sociale

A. *Inégalités sociales et économiques persistantes*

1. Partage de la valeur ajoutée entre les salaires et les profits de plus en plus inégalitaire.

2. Émergence d'une nouvelle pauvreté.

3. La faible mobilité sociale renforce les inégalités de départ.

B. *La notion de classe sociale se modernise*

1. Les enquêtes statistiques montrent l'écart grandissant entre les classes sociales en termes de loisirs, de lieux de vacances, d'aides à domicile, de cours particuliers. La capacité des uns à acheter le temps des autres redevient un élément au cœur de la notion de classe sociale.

2. Les familles transmettent un ensemble de manières d'être, de penser, de sentir et d'agir qui façonnent les individus et déterminent socialement les goûts, l'habitus.

3. La notion de classe sociale est aujourd'hui davantage culturelle. Il ne s'agit plus seu-

SOCIOLOGIE

lement d'un groupe qui vend sa force de travail mais de classes caractérisées par des centres d'intérêt, des goûts, une culture spécifiques.

Conclusion

L'atténuation des conflits de classe ou l'amoindrissement de la conscience d'appartenir à un groupe social spécifique ne doivent pas faire conclure hâtivement à la fin des classes sociales. La moyennisation d'une partie de la population favorisée par la consommation de masse n'entraîne pas la fin des inégalités. Au contraire. Elles se recomposent autrement mais trahissent une société moins mobile au sein de laquelle les pratiques de distinction sont toujours fortes. La violence symbolique exercée par la classe dominante donne la mesure des rapports sociaux antagonistes et asymétriques. L'école est le lieu de socialisation qui contribue, en dépit de l'idéal démocratique, à légitimer cette situation.

Dans les épreuves programmées à l'examen d'entrée en première année Sciences Po, c'est l'économie politique qui se rapproche le plus de la sociologie. Nous vous conseillons de lire, en plus, les recommandations qui pourraient vous être utiles.

Langues vivantes

I. Introduction générale

Parmi les 4 épreuves écrites que comporte l'examen, celle de langue étrangère est la seule qui soit éliminatoire, nul ne pouvant être admis « s'il n'a pas obtenu une note au moins égale ou supérieure à 7/20 ».

Le choix porte sur l'allemand, l'anglais, l'arabe, l'espagnol, l'italien, le portugais ou le russe.

La durée de l'épreuve est de trois heures pour une gamme d'exercices très variée, qui exige de l'étudiant un niveau linguistique élevé et une bonne connaissance de la société contemporaine et de l'histoire récente du pays.

Les textes proposés, d'une longueur variable (500 à 650 mots environ), portent en effet sur des sujets d'actualité ou des problèmes de société ; ils sont extraits des quotidiens ou des revues de grande diffusion, plus rarement d'œuvres littéraires. Enfin l'usage du dictionnaire n'est pas autorisé.

II. Présentation de l'épreuve

A. Le texte

▶ Il aborde des questions qui se réfèrent au contexte du pays lui-même, mais aussi des problèmes de société d'ordre plus général ◀

À titre d'exemple, il pourra s'agir de l'arrêt des exportations de viande vers l'Europe lié au problème de la vache folle ou du phénomène Berlusconi ou encore du rôle de l'Espagne dans l'Union européenne, mais aussi, et plus largement, des problèmes de la violence dans la société contemporaine, de l'immigration et de son corollaire l'émigration, du chômage et de tout ce qui peut toucher à la construction européenne et aux répercussions de l'application des différents traités sur la vie quotidienne et la politique économique des pays concernés…

C'est donc en lisant la presse régulièrement et en relisant l'histoire des cinquante ou cent dernières années que l'étudiant pourra aborder trois types d'épreuve, après une lecture attentive du texte et un « repérage » des principaux arguments du discours.

B. La compréhension du texte

▶ Les différents types d'exercices devant servir de « tests » vont de l'explication pure et simple d'un mot ou d'une expression à la traduction d'un court extrait en passant par la réponse à des questions, le tout en langue étrangère bien entendu ◀

Les réponses tiennent en quelques lignes (2 pour l'explication des mots ou expressions et 5 ou 6 pour la réponse aux questions).

Réponses et explications

Ces dernières impliquent souvent une prise de position personnelle face à une réflexion ou à un argument qui prêtent à commentaire. Comme il est précisé, il est alors possible « d'utiliser l'information fournie mais en aucun cas de recopier le texte ».
À titre d'exemple, il est demandé d'expliquer pourquoi la proposition faite de « dépénaliser la drogue » n'a pas été retenue par le monde politique. Si l'espace réservé à la réponse (5 lignes) ne permet pas d'ouvrir un débat ou de donner lieu à une polémique, il n'est pas pour autant interdit d'avancer une ou deux propositions du type : « la dépénalisation pourrait provoquer un choc dans l'opinion et faire fuir l'électorat ».
Comme on le voit, les réponses préparent à un exposé plus personnel et plus développé qui prendra alors la forme de l'*essai* et l'on note une progression incontestable et une continuité entre les deux exercices.

Traduction

Quant à la **traduction**, pas toujours proposée, il faut le dire, elle doit privilégier le sens et l'idée et ne pas être un simple « transcodage » ou mot à mot qui tournerait vite au charabia et, par là même, à la confusion. Chaque langue a son « génie » propre et ses moyens d'expression et il serait vain de vouloir « coller » à la lettre pour traduire une pensée. Fidélité donc, mais non point servilité ou désinvolture qui trahiraient l'esprit et son mode d'expression.

C. L'essai

▶ L'essai consiste à traiter en 250 mots environ l'un des deux sujets proposés, en rapport étroit avec la problématique abordée dans le texte ◀

Qu'il s'agisse d'une phrase extraite de ce dernier ou d'une question plus générale, il ne doit pas prendre la forme d'une dissertation mais d'« une réflexion personnelle et argumentée sur un sujet déterminé » conduisant à une conclusion.
Comme pour la compréhension, une lecture attentive du sujet s'impose afin d'en bien comprendre les termes et d'éviter les hors-sujets et les développements « passe-partout ». De même faudra-t-il s'interdire de paraphraser ou de « délayer » l'information fournie par le texte ou d'y puiser des citations trop longues, censées illustrer une idée ou appuyer un raisonnement. On peut certes s'en inspirer mais d'une **manière critique**, en ne perdant jamais de vue le but à atteindre.
Les thèmes peuvent porter sur des problèmes d'ordre général tels que l'élargissement de l'Union européenne, la politique en matière d'hygiène alimentaire ou le racisme, mais soulever aussi des interrogations sur les différents pays concernés. On ne traitera

pas de la même façon le problème de la violence à l'école et celui des Italiens face à leur histoire. Il suffira dans le premier cas d'être suffisamment informé par les médias pour traiter la question et exprimer un avis personnel alors que, dans le deuxième cas, il faudra avoir étudié l'histoire récente de l'Italie.

Dans les deux cas cependant, il convient d'insister sur la nécessité de lire régulièrement la presse et d'être toujours au fait de l'actualité sous tous ses aspects (le gouvernement et les partis au pouvoir et dans l'opposition, les problèmes économiques, les « pesanteurs sociologiques », les coutumes et les mœurs, les mentalités et les croyances…).

Le contenu étant inséparable de la forme, la rédaction de l'essai doit être soignée et l'écriture lisible. L'étudiant est invité à suivre un **plan cohérent** comportant une brève introduction du sujet, un développement des idées, conduit de façon claire et logique, et une conclusion qui, reprenant l'essentiel, apporte une réponse personnelle à la question posée, le tout, est-il besoin de le répéter, en 250 mots environ, ce qui exclut tout bavardage inutile ou toute digression intempestive.

La correction de la langue utilisée et l'aisance dans l'expression sont enfin les conditions exigées de tout candidat à l'épreuve de langue, l'essai étant avant tout un **exercice de style** et de **réflexion** et le meilleur révélateur des aptitudes et des qualités de l'étudiant dans le maintien de la langue et l'expression des idées.

D. Grammaire et vocabulaire

▶ Cette partie, plus « technique » que les précédentes, doit permettre à l'étudiant de faire le plein en points (20 maximum) à condition de maîtriser les mécanismes syntaxiques et lexicaux de la langue étudiée ◀

Les « tests » proposés pour s'en assurer sont d'une grande diversité et consistent essentiellement en exercices de « transposition ».

Parmi les plus fréquents, on trouve le passage du présent au passé, qui implique que l'on connaisse les formes irrégulières de certains verbes, le passage du style direct au style indirect ou vice versa, l'expression de l'ordre à partir de formes verbales données à l'infinitif, la transposition à la forme interrogative de phrases données à la forme affirmative, etc.

Ce ne sont là bien sûr que quelques exemples, mais ils sont significatifs et permettent d'orienter la préparation et de rassurer ceux des étudiants qui ont une bonne connaissance « théorique » de la langue alors que la « pratique » est plus laborieuse. À ce propos, il semble préférable pour eux de donner la priorité à cette 3ᵉ partie de l'épreuve, afin de pouvoir consacrer plus de temps à l'essai et aux réponses aux questions.

Le 2ᵉ type d'exercice consiste, lui, à compléter des phrases ou un texte dans lesquels on a retiré un mot, remplacé par des pointillés. Il peut s'agir parfois d'une simple préposition ou d'un adverbe, l'essentiel étant de redonner un sens à l'ensemble. La marge de manœuvre est étroite et il n'est pas toujours évident de « tomber juste », mais l'on saura gré à l'étudiant de respecter la logique de la phrase en tenant compte du contexte.

Comme on le voit, le temps imparti, trois heures, n'autorise aucune « flânerie » et la préparation à l'épreuve doit être prise au sérieux. Ce guide a pour but de proposer une méthode et des applications, sous forme de corrigés de sujets récents, susceptibles d'informer l'étudiant et de lui permettre de s'entraîner afin qu'il puisse aborder l'épreuve avec une claire conscience des enjeux et ainsi mettre toutes les chances de son côté.

⌐ANGLAIS

I. L'épreuve

Disparité des épreuves

Les modalités des épreuves d'anglais du concours d'entrée des centres universitaires d'études politiques varient suivant les centres. La durée même de ces épreuves va de trois heures (Paris) à une heure pour Lille ou Toulouse. Il en est de même pour les coefficients de langue, qui vont souvent du simple au double. Certains centres n'ont pas de note éliminatoire, mais la plupart en ont une qui tourne autour de 6/20.

D'une façon générale, les exercices proposés à ces concours sont conçus pour permettre de juger la bonne compréhension des candidats, leurs connaissances grammaticales et lexicales, leurs capacités d'expression.

▶ S'informer ◀

Mais les ressemblances s'arrêtent là, les uns ayant recours à un QCM là où les autres préfèrent des questions. Les exercices grammaticaux sont fréquents mais ne figurent pas toujours. Thèmes et versions semblent assez répandus, ainsi que le classique essai, mais des « *cartoons* » peuvent très bien servir de point de départ à l'expression écrite. Les mêmes centres ne proposent pas non plus les mêmes exercices chaque année, bien que certaines tendances générales se dessinent. Il sera donc utile de se renseigner à l'avance sur les préférences de chaque centre, mais il ne faudra négliger aucun des autres exercices susceptibles d'être présentés aux candidats.

C'est pourquoi nous nous sommes efforcés de donner des propositions de réponses, un guide et des commentaires pour l'éventail des épreuves.

Compréhension
- Questions sur le texte support
Vocabulaire
- Synonymes/antonymes
- Rédaction d'un commentaire sur un graphique
Expression
Essais

Chaque type d'épreuve demandera de la part du candidat une sérieuse expérience de tous ces exercices et une réflexion personnelle quant à la stratégie à adopter – ordre des opérations, organisation du temps.

▶ Se Former ◀

Les examinateurs sont souvent surpris par la méconnaissance des mots courants que tout candidat doit employer quel que soit le sujet, par exemple « *on the one hand* »,

« *under no circumstances* », « *criticism* », etc. Ils remarquent souvent des erreurs de temps, surtout entre le « *past simple* » et le « *present perfect* », l'oubli du « *s* » à la troisième personne du présent simple, et la différence entre « *should* » et « *will have to* ».

Il faut donc se former : plus l'information en amont est étendue, moins les textes seront difficiles à appréhender, puisque l'on sera habitué et sensibilisé au contenu de ceux-ci, au vocabulaire, et aux tournures idiomatiques et journalistiques. Il faut donc s'entraîner régulièrement par la lecture de la presse anglo-saxonne et l'écoute des nombreuses émissions radiophoniques et télévisées.

En conclusion, rappelons les conseils des concepteurs de l'épreuve : une copie doit permettre d'évaluer la capacité d'un candidat à utiliser une langue étrangère en contexte, en vue d'un emploi à des fins de communication. La nature de l'épreuve exige une bonne culture générale et une ouverture à l'international. Le candidat doit savoir **lire et comprendre** au-delà de simples faits, et saisir toutes les nuances de culture, d'humour, de critique, etc.

II. Sujet d'annales corrigé

A. IEP de Paris, examen d'entrée en 1er cycle, septembre 2003

▶ Compréhension du texte ◀

A. Lisez attentivement le texte et répondez aux questions suivantes en anglais. Utilisez les informations fournies par le texte mais ne le recopiez pas.

1. What is the tough geopolitical reality the columnist is talking about?

2. What kind of alliance is the US building? What for?

3. How does the columnist explain the wave of anti-Americanism that has swept Europe since last year?

Total A :   /6 pts

B. En tenant compte du contexte, remplacez chacun des mots suivants par un synonyme :

1. roaming (l. 28)
2. dissent (l. 66)
3. claim (l. 78)
4. genuine (l. 101)

Total B :   /2 pts

Won't play

When you have been the centre of the world for half a millenium, it is painful to see people's eyes wandering off to other parts of the globe; but it is daft to react by just rolling yourself up in a ball and
5. waving a furious fist. That is the temptation facing 21st-century Europe, and the coming year should show whether Europe is about to succumb to it.

There are two reasons why 21st-century Europe may imitate the isolationism of 19th-century
10. America. The first is a tough geopolitical reality. For the past few centuries, right up to the end of the cold war, Europe could claim to be the centre of the world not only because for most of that time it had more material power and intellec-
15. tual self-confidence than other places, but also because Europeans kept fighting each other – first to be top dog in Europe, and then in the rest of the world. That led, in the past century alone, to two global hot wars and the 40-year cold war between communism and the Atlantic democracies.

Now all that is over. The final loose ends of the
20. cold war have been tied up in the Balkans, and Europe is at long last more or less at peace with itself. Most of the new century's geopolitical agenda will therefore take place outside Europe.

The new agenda may include, 10 or 15 years from now, a confrontation with an expanding, national-
25. ist-driven Chinese superpower. But, whether or not it happens, the agenda will certainly include an attempt by America to prevent the spread of nuclear weapons of mass destruction into the hands of alarmingly unpredictable dictators or roaming ideological fanatics: the anti-apocalypse
30. campaign, you might call it. To cope with these two problems, China and proliferation, the United States is building a new alliance that reaches far beyond its alliances with the European democra- cies in 1917, 1941 and the cold war.

The Americans have constructed a new relation-
35. ship with President Putin's Russia. They would like to enlist India, which qualifies for the new alliance both as a fairly steady democracy and as a country whose army has plenty of the efficient foot-sloggers even the highest-tech war still needs.

Other members of the emerging alliance already
40. include Turkey, Australia, perhaps Pakistan (if India can be coaxed into a reasonable deal with its neighbour over disputed Kashmir) and certainly Japan, if Chinese expansionism turns out to be real. The Europeans, tucked away in their now largely peaceful corner of the world, have a choice. They
45. can sign up for the new, wider alliance; or they can roll up in a ball and pretend these things are no business of theirs.

The second reason why Europeans may go for the isolationist option is a matter not of politics, but of
50. psychology. The past year has seen an explosion of anti-American anger in Europe, even in usually calm places like Britain, Germany and Switzer- land. The detonator was how to deal with Saddam

Hussein, but the outburst soon became a criticism of almost everything America has done in the
55. world since the end of the cold war. The arrogant Americans walways insist on doing things their way, and so have got almost everything wrong.

Damned for being right
60. The curious thing is that, in fact, the Europeans have belatedly accepted that the Americans were right in pretty well every foreign-policy argument of the past ten years. It was their own hesitations and quibblings that were wrong. On some economic and environmental issues, to be sure, the
65. Europeans have fair grounds for dissent. George Bush's new farm subsidies and steel tariffs do an injury to the principle of free trade (though Europe does similar injuries, for similar reasons). And probably the Americans should not have flatly rejected the Kyoto protocol. But when it comes to
70. the big geopolitical decisions of those ten years, the Europeans fall uneasily dilent.

In the Balkans, they eventually agreed that the Americans had been correct to say the solution was not "peacekeeping", because there was no peace to keep, but the need to use force against Slobodan
75. Milosevic and his Greater Serbia allies. On the Russian front, the Europeans ultimately accepted America's claim that it was safe to expand NATO up to Russia's borders, because Russia would not really mind. Ditto with America's decision to go for an anti-missile shield (which many Europeans
80. now admit they may like to share). They realised, this time rather more promptly, that it was neces- sary to attack Al-Qaeda and the Taliban in Afghanistan. Even in the argument about Iraq, most Europeans have agreed with America in wanting a disarmed Saddam, and in believing that
85. Iraq would be a far happier country without him; their hesitations have been about how to do it, and the cost of doing it: about means, not ends.

This new wave of anti-American indignation, in short, is not really based on objective disagreement bout solid facts. It is more a welling up of the
90. melancholy envy felt by countries which produced the Renaissance, the Reformation and the industrial revolution, which then collected much of the rest of the world into their various empires (out of one of which came the United States), but which then chose to fight each other to a stand-still. Thereupon
95. they discovered that the power and the splendour had gone somewhere else.

Of course, there are plenty of Europeans who understand this: who see that, although the democ- racies on the two sides of the Atlantic will often
100. have genuine differences of economic interest, they share the same cultural origins and geopolitical interests. In the end these more open-minded Euro- peans will probably prevail. But it will take time for the old centre of the world to overcome that
105. melancholy envy.

C. EXERCICE DE RÉDACTION. Commentez en anglais le graphique ci-dessous :

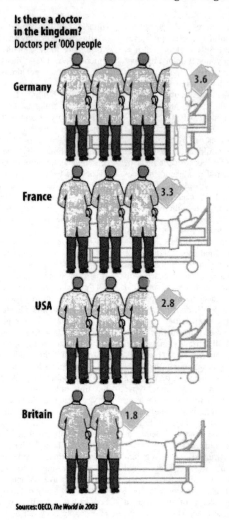

Is there a doctor in the kingdom?
Doctors per '000 people

Germany 3.6

France 3.3

USA 2.8

Britain 1.8

Sources: OECD, *The World in 2003*

Total C :   /2 pts

Total A+B+C =   /10

▶ Essai ◀

Exposez en anglais vos réflexions, sur l'un des deux sujets suivants, en une ou deux pages composées et argumentées. Entourez le numéro du sujet choisi.

1. Do you agree with the columnist that "the new wave of anti-American indignation [...] is not really based on objective disagreement"?

2. Do you agree with the following description of Europe "the power and the splendour [has] gone somewhere else"?

B. Corrigé

Conseils

Un examen rapide du sujet montre que les thèmes des deux essais sont en rapport avec le texte support, il faut donc les lire très soigneusement pour les avoir présents à l'esprit lors de la deuxième lecture de l'article. Les questions de compréhension sont en deux parties portant l'une sur le vocabulaire, l'autre sont des questions sur le texte support. L'exercice de vocabulaire est un exercice de synonymes ; il serait donc judicieux, lors de la relecture du texte, d'essayer de comprendre le mot ou l'expression selon son environnement syntaxique.

Le dictionnaire est autorisé, il faut apprendre à s'en servir judicieusement, ne pas se contenter de la première traduction trouvée mais aller plus loin. Je crois qu'un dictionnaire unilingue est le meilleur support. Lire et comprendre un mot valent mieux que mille traductions.

La stratégie pour cette épreuve pourrait être la suivante :

20 minutes (1) lire attentivement l'intitulé des sujets d'essai,

(2) lire attentivement le texte (voir méthodologie en première partie),

10 minutes (3) noter les idées que le texte vous suggère en rapport avec les sujets d'essai,

15 minutes (4) répondre aux questions de compréhension (en même temps relire tout le texte support),

10 minutes (5) faire la grammaire : les synonymes, pour choisir les plus pertinents,

15 minutes (6) faire l'exercice de rédaction,

10 minutes (7) faire un plan précis pour l'essai, en utilisant les idées du texte et s'y tenir strictement,

10 minutes (8) rédiger au brouillon l'introduction ainsi que la conclusion. Ceci aide à trouver la ligne directrice de l'essai,

80 minutes (9) rédiger l'essai comprenant au maximum de 2 pages, ne pas hésiter à donner des exemples pris dans les lectures personnelles de l'actualité pour illustrer les idées, car elles doivent être structurées et argumentées. Ces exemples doivent être pertinents pour donner un fondement à la démonstration,

10 minutes (8) ne pas oublier de relire l'ensemble.

L'article est dense, plus de 900 mots et il est divisé en 10 paragraphes, ce qui facilite la lecture, tout en soulignant la progression logique vers une conclusion nuancée, qui fait écho au titre, une véritable remise en question du bien-fondé de la nouvelle vague anti-américaine que ressentent certains Européens.

Le journaliste critique ouvertement le « Vieux Continent » qui ressent de la nostalgie pour sa gloire passée et envie l'Amérique pour son rôle prépondérant dans le monde. Quant à celle-ci, après la fin de la guerre froide, elle cherche maintenant d'autres alliances pour pouvoir contrer la montée en puissance de la Chine, d'où des traités contre nature avec la Russie et avec de nouveaux pays émergents.

D'autre part, elle s'est assigné la tâche de circonscrire toute prolifération d'armements nucléaires pour empêcher qu'elles ne tombent dans de mauvaises mains. C'est la manière d'appliquer cette politique étrangère qui dérangent les pays européens, bien que ceux-ci soient tout à fait d'accord sur les nécessités de contrer les terroristes et dictateurs de tout bord. L'Europe pense que l'Amérique fait cavalier seul, sans respecter les règles internationales. Mais est-ce vraiment là la vraie pierre de discorde, ou est-ce l'accumulation de toutes les frustrations ressenties par les Européens envers l'Amérique. Celle-ci n'a-t-elle pas refusé toute ingérence dans sa politique étrangère et dédaigner certains accords qui la gênaient ? L'Irak a été la goutte qui a fait « déborder le vase ». Le journaliste semble pourtant optimiste sur l'entente transatlantique, après tout n'avons-nous pas les mêmes racines, la même culture, et certains Européens chercheront un terrain d'entente, mais il faut donner du temps à l'Europe pour qu'elle se remette en question.

▶ Compréhension du texte ◀

A. Lisez attentivement le texte et répondez aux questions suivantes en anglais. Utilisez l'information fournie par le texte mais ne le recopiez pas.

Conseil : la faute souvent rencontrée est la paraphrase ou la simple copie. Les idées sont souvent disséminées dans le corps du texte il faut donc les rechercher, puis formuler la réponse exacte dans une langue personnelle qui démontre non seulement votre compréhension mais aussi vos qualités d'expression.

1. What kind of tough geopolitical reality the columnist is talking about?

China is emerging as an economic power, a threat for the US economy and may be its security. But most of all the proliferation of WMD (weapons of mass destruction) is the US prime concern, as fallen in the wrong hands (dictators and terrorists) they can cause havoc in the world.

2. What kind of alliance is the US building? What for?

The US is building a new kind of alliance with emerging countries to counteract the economic growth of China which represents a potential threat and protect its own interests. They want to keep under control any mass destruction weapons. Its alliance with Russian its former enemy is strategic in surrounding China. As for India, it will provide the US with underpaid but highly skilled workers for the IT industry.

3. How does the columnist explain the wave of anti-Americanism that has swept Europe since last year?

The accumulation of disagreement over world issues (pollution, economic policies) and on top the war in Irak have created quite a strong wave of anti-Americanism in Europe. The Europeans, unlike some of their governments, are quite shocked by the brutal Way the US is implementing its foreign policy disregarding any diplomatic mean. The Americans are seen as arrogant, and their statement "either you are with us or you are against us" sounded like an order rather than an invitation to participate in keeping peace in the world.

B. En tenant compte du contexte, remplacez chacun des mots suivants par un synonyme :

Conseil : Ce type d'exercice demande une lecture attentive du contexte qui éclaire souvent le sens et permet une précision plus adaptée au texte. Évitez les listes de synonymes. Si vous consultez le dictionnaire ne vous arrêtez pas à la première traduction

ou au premier sens, cherchez la signification qui vous permet de comprendre au mieux l'expression dans son contexte.

1. roaming (l. 28) : wandering, *bien que s'agissant de terroristes, je lui préfère* lurking.

2. dissent (l. 66) : disagreement, *il s'agit bien ici de désaccord et non de dissidence.*

3. claim (l. 78) : assertion, *ici les Américains affirment.*

4. genuine (l. 101) : real, *car les différences sont réelles.*

C. EXERCICE DE RÉDACTION. Commentez en anglais le graphique ci-dessous :

Conseil : Il ne s'agit pas seulement de donner une description précise du graphique, mais aussi de rédiger un commentaire approfondi. Il faut dégager la signification des chiffres et mettre en évidence le problème posé.

The graph shows the number of doctors available per thousands patients in different countries. We can see that Germany comes first as there 3. 25 doctors for 3,600 patients. As we go down the graph France is not far away, the Us just behind and tailing back comes the UK (Britain) with only 2 doctors for 1,800 patients. This illustrates the shortage of General Practitians in Britain causing long waiting lists. The state of medical care is awesome for Britons, and some do not hesitate to cross the Channel to come and be cared for in France. This can explain the caption under the form of a question (as an outcry!!) "Is there a doctor in the Kingdom?"

▶ Essai : traitez en anglais l'un des sujets suivants. Cochez le numéro du sujet choisi ◀

1. Do you agree with the columnist that "the new wave of anti-American indignation […] is not really based on objective disagreement"?

2. Do you agree with the following description of Europe "the power and the splendour has gone somewhere else"?

Il faudra se décider rapidement sur le sujet à traiter, ne pas oublier de l'énoncer clairement dans l'introduction. Les deux sujets sont différents, l'un traite de la vague d'anti-américanisme et l'autre de la splendeur et la puissance perdues de l'Europe.

La limite de deux pages présente le danger d'éparpillement de l'essai et donc de mener soit à un hors-sujet soit à un fourmillement d'idées indigestes.

Il faut donc un plan structuré que l'on peut faire après avoir dressé une liste des idées que l'on se propose de développer : pas une énumération d'arguments pour ou contre mais un énoncé précis de l'argumentation illustrée par des exemples choisis d'une façon pertinente pour détailler son (ou ses) point(s) de vue. La conclusion viendra clore judicieusement la démonstration d'une réflexion personnelle.

L'introduction et la conclusion doivent être rédigées au brouillon de préférence. Il est conseillé de bien espacer son texte et d'en indiquer la structure en délimitant bien les paragraphes.

L'essai est un genre moins contraignant que la dissertation mais il ne s'improvise pas et demande beaucoup de pratique. Il faut dès le début de la préparation s'habituer à écrire en anglais en commençant par quelques phrases à partir desquelles on constituera des paragraphes : le but étant de rédiger un texte cohérent sur tous les sujets.

La presse anglophone fournit en abondance des modèles dont on pourra s'inspirer. On veillera surtout à la clarté (phrases bien construites, expressions naturelles et personnelles, idiomes) et bien sûr à la concision. La lecture des journaux et revues anglo-saxons vous fait acquérir des tournures qui peuvent être réutilisées, mais surtout une connaissance indispensable à ce type d'exercice.

1. Do you agree with the columnist that "the new wave of anti-American indignation [...] is not really based on objective disagreement"?

Le sujet ne suggère pas de limiter l'anti-américanisme à l'Europe seulement, donc on peut l'étendre au monde entier et respecter ainsi la dualité du sujet.

Brian Bedham stated in his column that "the new wave of anti-American indignation is not really based on objective disagreement", I would agree with him to a certain extent, but looking deeper into the issue, that indignation goes beyond a mere disagreement on facts and points of view, especially if you cross Europe's frontiers and apply it to the world.

For many countries in the world, including Europe, the US has always been the symbol of freedom. It has been dubbed the champion and defender of democracy worldwide. It has used its might to save Europe first from the Nazis and help it back on its feet. We can have as proof the grand anniversary of "D-DAY" organised by France to thank the "boys", come to die on the Normandy beaches.

Then the threat of communism took over and once again, thanks to NATO Europe had been protected from any threatening enemies. The "Cold War" has ended now, so the "Old Continent is at last in a relative peace". But to counteract terrorists acts and prevent a genocide in the Balkans, the US has sent troops to the rescue to keep peace. Meanwhile Europe unable to show an united front to react just followed suit. On the one hand Europe agrees with the US foreign policy, on the other it disagrees on the way it is carried out. They think the Americans are too quick to use force to impose peace, at least the peace the Americans would like to see. The Europeans' indignation lies in the fact that they think force does not always solve everything. In many other issues such as the protection of the planets, the global economy the US does not seem to be bothered and goes ahead without heeding the warnings of hazards and sufferings imposed on others. This does exasperate the Europeans who could not help thinking that in all its interventions worldwide, under the cover of defence of the free world the US only acts to protect its own interests and in a brutal way at that. So the Europeans agree with the US on the global issues at hand, but they are dubbious about the means. They may be secretly envious of such power and boldness, while they are so hopelessly in search of unity both military and economically. In that sense we can say that the Eurorpean "new wave of indignation is not really based on objective disagreement."

Nevertheless, let us have a deeper look into these global issues and analyse the underlying reason for this wave of indignation worlwide. For many poor countries the US represent the cause of all their sufferings. Indeed America seems to disregard any rule that does not serve its interets. It does not hesitate to stump on any measure that would hinder its economic power. To make matters worse since the burst of the former Eastern Block, there no longer seems to be a country powerful enough to be able to stop or challenge them. More and more the world has come to consider the US as an arrogant bully pushing its way through in a cowboy's style. This has been well illustrated in the Irak war. The "axis of evil" created by the US president has deepened this indignation, and in some cases worsened the hate for America. This axis has created a sort of Holy War between the Extremist Muslim World and the Christian Crusaders embodied by the US. Many Muslims feel humiliated by the way the US has pointed at them as heathens. In return the Muslim world dubbed the US as "The Great Satan". All the recent events have alienated a great part of the world against the US. Some would say that it not the American people who are to blame but their government. They have been blinded by a clever communication system and made to believe that everything is granted for America. We only have to hear them cry out "why do they hate us so much" after the 11 September events to understand how much they have misled.

In conclusion, we may say that the columnist was right about Europe, for given the chance and the power it might have done the same thing as the US, when it boils down to protecting its own interests. But worlwide, we have to disagree with him because the wave of indignation has ground for resentment and hatred, in the view of the brutal and undiplomatic way the US goes round the world to police dictators and terrorists. Besides as more than often in many conflicts the innocent population suffers most from all kinds of violence.

2. Do you agree with the following description of Europe "the power and the splendour has gone somewhere else"?

Pour cet essai, il s'agira de démontrer que la puissance et la splendeur économiques de l'Europe est peut-être lointaine mais sa culture, son passé, ses arts font encore l'émerveillement des touristes du monde entier. Nous ne pouvons être d'accord avec le journaliste car celui-ci est clairement pro-américain et très critique de la « vieille Europe ».

⌐ALLEMAND

I. Conseils particuliers pour l'épreuve de langue allemande

A. Objectif de l'épreuve

L'épreuve doit permettre d'évaluer la capacité des candidats à utiliser une langue étrangère en contexte, à des fins de communication.

La nature de l'épreuve ne nécessite pas absolument des connaissances particulières dans le domaine des sciences sociales.

Toutefois elle exige une bonne culture générale et une ouverture d'esprit à l'international, exigence placée au cœur du projet pédagogique de Sciences Po.

L'épreuve permet de s'assurer :

– que le candidat est capable d'utiliser ses acquis pour lire et comprendre un texte qui peut exprimer, outre de simples informations, un commentaire ou une opinion.

– qu'il peut se servir de ses connaissances en langue étrangère pour exprimer par écrit une réflexion personnelle qui doit être exposée de façon claire, structurée et pertinente.

Ces deux compétences de base lui seront en effet indispensables dès le début de la formation qu'il recevra en langue étrangère pendant son cursus à Sciences Po.

B. Préparation

Comptez environ huit heures de travail par semaine pour cette matière, en plus du traitement du sujet. Il est préférable de répartir ce temps par tranches d'une heure ou une heure et demie pour maintenir un rendement optimal du travail fourni : des tranches de travail trop longues sur une même matière favorisent la somnolence et par conséquent la baisse de la productivité !

▶ Les connaissances de base : vocabulaire et grammaire, histoire et civilisation ◀

Le niveau des épreuves de Sciences Po nécessite des connaissances plus précises que celles du baccalauréat.
Vous tirerez profit à étudier systématiquement le vocabulaire dans l'un des manuels courants, par exemple :
Barnier Delage, le plus complet, le plus riche en expressions idiomatiques (Hachette, 1971),

Michéa, vocabulaire allemand progressif élaboré d'après des tables de fréquence établies par ordinateur (éd. Didier, 1959),

Chatelenat Henzi (éd. Hachette, 1993),

Robin (éd. Bordas, 1997), le plus élémentaire.

On ne peut en effet se contenter, contrairement à ce que pensent de nombreux lycéens et étudiants, d'étudier seulement par les textes un vocabulaire si fondamentalement différent de celui de notre langue maternelle.

Revoyez systématiquement la grammaire allemande. Vous pouvez utiliser par exemple les manuels suivants :

Saucier (Bordas, niveau très élémentaire),

Chassard et Weil (Hachette, niveau moyen, 1971),

Bouchez (Belin, niveau supérieur, non réédité, qu'on peut trouver d'occasion).

Vous devez connaître les bases de l'histoire allemande moderne, voyez par exemple :

Berstein et Milza, *L'Allemagne 1870-1970* (Armand Colin),

G. Castellan, *La République de Weimar* (coll. U, 1969),

A. Grosser, *La République fédérale* (PUF, 1992),

L'Allemagne (Flammarion, 1991),

H. Ménudier, *L'Allemagne contemporaine* (Complexe, 1990).

▶ La pratique de la langue moderne ◀

Vous devez pratiquer régulièrement la presse de langue allemande, être à l'écoute de l'actualité telle qu'elle est vue et vécue par nos voisins d'outre-Rhin. Vous constaterez que les journaux allemands traitent les événements, qu'ils soient internationaux, allemands ou français, d'un point de vue très différent de celui de vos journaux habituels. La plupart des sujets posés sont tirés de cette presse.

Le meilleur journal, pour l'abondance des informations fournies, la profondeur des analyses et des commentaires, la qualité du style est le *Frankfurter Allgemeine Zeitung,* organe proche des milieux d'affaires.

Un point de vue plus indépendant, souvent très critique envers la France, est exprimé par le *Spiegel*, hebdomadaire de format tabloïd dont le style laisse parfois à désirer (nombreux gallicismes et anglicismes, constructions parfois lourdes et manquant de clarté).

Vous aurez avantage à lire également *Die Zeit* de Hambourg, le journal qui compte parmi ses éditorialistes l'ancien chancelier Schmidt, et le *Süddeutsche Zeitung* de Munich, ainsi que le *Neue Zürcher Zeitung* suisse.

Lisez ces journaux avec un dictionnaire **unilingue,** par exemple le petit *Brockhaus* ou le petit *Duden* : vous devez apprendre à nuancer votre vocabulaire **directement en allemand,** sans repasser par le français, ce qui serait une perte de temps et vous conduirait à des erreurs ou à des imprécisions.

Écoutez aussi fréquemment la radio allemande, qui fournit (sauf l'émetteur de Munich) des modèles de prononciation, libérée de toutes influences dialectales. Vous pouvez aussi écouter la version allemande d'Arte, plus facile à suivre que la radio, puisque le mouvement des lèvres des intervenants vous rend l'identification phonétique plus aisée.

C. L'entraînement aux épreuves

• Traitez une épreuve par quinzaine.

• Essayez de traiter le sujet sans dictionnaire en temps réel (différent suivant les IEP) avant de lire et d'étudier le corrigé.

• Lisez d'abord le texte proposé :
  – une première fois rapidement, pour en saisir le sens général, sans vous attarder sur les difficultés de vocabulaire que vous pourrez rencontrer, mais en les surlignant dans le texte ;
  – une seconde fois plus lentement, afin de résoudre les difficultés et d'approfondir les éléments qui n'auraient pas retenu votre attention à la première lecture ;
  – une troisième fois, pour vérifier la cohérence des idées et du raisonnement, tant dans le texte de l'auteur que dans votre propre compréhension, et pour affiner votre interprétation.

• N'oubliez pas que, pour élucider des termes de vocabulaire allemand qui vous posent problème, vous disposez de trois méthodes que vous pouvez utiliser tour à tour, en comparant leurs résultats :
  – l'étymologie : décomposez le mot inconnu en ses différents éléments ; l'ensemble du vocabulaire allemand est construit sur 2 500 racines (*Stammwörter*), dont 1 500 usuelles, mono- ou bisyllabiques. Induisez le sens du mot composé à partir de ses composants. N'oubliez pas, dans votre raisonnement, que l'ordre des idées, en allemand, est généralement l'inverse de l'ordre français.
    Exemples :
    – *das Gleichgewicht ... das Gewicht* = le poids, *gleich* = égal, donc **l'équilibre**.
    – *der Spitzbogenstil* : le style à arcs pointus, donc **gothique** ≠ *der Rundbogenstil* le style à arcs arrondis, donc le style **roman**.
    – *der Halbwüchsige* = celui qui a accompli la moitié de sa croissance, donc **l'adolescent**.
    – *die Rheindampfschiffahrtsgesellschaft* = la compagnie de navigation à vapeur sur le Rhin.
    – *höflich* de *der Hof*, la cour, donc **courtois, poli**.
  – le rapprochement avec d'autres langues (anglais, français). Deux tiers des racines sont communes aux vocabulaires anglais et allemand, parce les deux langues sont dérivées des mêmes vieux dialectes saxons. Les racines sont des radicaux, donc il faut raisonner d'abord sans tenir compte des préfixes ni des terminaisons.
    Exemples :
    – *das Gewicht, cf.* anglais *weight* = le poids.
    – *die Zunge, cf.* anglais *tongue* = la langue.
    Certains mots sont communs aux trois langues : français, anglais, allemand
    Exemples :
    – Guillaume, William, Wilhelm
    – heaume, *helmet, Helm* (casque).
    D'autres viennent du français, avec ou sans déformation du sens.
    Exemples :
    – *marschieren* = défiler.

– *demonstrieren* = manifester.

– *der Apotheker* = le pharmacien (l'apothicaire).

– le contexte : dans une proposition où cinq mots sont essentiels, c'est un jeu assez simple d'en deviner un lorsqu'on connaît les quatre autres. Essayez une hypothèse, éventuellement une ou plusieurs autres et comparez avec ce que vous suggèrent les deux autres méthodes. Affinez ainsi votre compréhension.

• Traitez ensuite la version, puis les exercices de compréhension, les exercices grammaticaux, et enfin l'essai.

• N'oubliez pas de contrôler votre gestion du temps : proportionnez le temps passé aux différentes parties de l'épreuve.

• N'oubliez pas de relire ce que vous écrivez :
  – dès la fin de chaque proposition (ensemble de mots autour d'un groupe verbal) ;
  – après chaque phrase ;
  – après chaque paragraphe ;
  – à la fin de chaque sous-partie du devoir ;
  – et surtout n'oubliez pas de vous relire suivant les méthodes acquises durant votre préparation.

D. Le jour de l'épreuve

▶ Compréhension du texte ◀

A. Questions

Réutilisez la méthode des trois lectures successives, pour le texte lui-même, en particulier pour la partie qu'on vous demande de traduire, s'il y en a une, et aussi pour les questions posées. Réutilisez aussi les trois méthodes d'élucidation du vocabulaire exposées dans les deux pages précédentes. Si l'on vous demande la traduction d'un passage, n'oubliez pas les règles d'or du traducteur :

- n'ajoutez rien, ne retranchez rien, ne changez rien au texte, sauf nécessité absolue.

- adaptez-vous au niveau de langue, au mouvement et au style du texte.

N'oubliez pas que, dans leurs réponses aux questions, les candidats doivent utiliser l'information fournie par le texte, mais non paraphraser celui-ci. Ils seront donc évalués sur leurs capacités de reformulation.

Vous devez rédiger et écrire votre copie d'une manière aérée, agréable à lire, en laissant de la place pour les annotations du correcteur. Gardez-vous également de deux écueils : les réponses trop courtes ou trop longues peuvent être sanctionnées.

B. Expressions et synonymes

Par sa référence aux nuances plus fines de la langue et aux tournures très typiques de la langue étrangère, cette section est l'une des plus probantes de l'épreuve. Elle exige un examen attentif du contexte qui éclaire souvent le sens de l'expression et permet une précision plus rigoureuse, plus adaptée au texte proposé.

Il faut éviter de donner une liste de synonymes, il vaut mieux choisir celui qui convient le mieux au texte.

▶ L'essai ◀

Il s'agit de la partie la plus délicate de l'épreuve. Souvent négligé par les candidats, faute de temps, c'est pourtant l'essai qui révèle de la manière la plus évidente les qualités ou les faiblesses de leur expression écrite en langue étrangère.

Les candidats doivent :
– introduire le sujet et définir l'approche qu'ils ont choisie ;
– développer une argumentation structurée et convaincante ;
– l'illustrer par des exemples ;
– s'exprimer avec clarté pour mettre en valeur leurs idées ;
– achever leur texte par une conclusion.

Parmi les défauts les plus souvent rencontrés, il faut citer :
– des essais non terminés ou trop courts ;
– des essais hors sujet ;
– la paraphrase ;
– une argumentation inexistante ou décousue, désordonnée.

Surtout gardez-vous du temps pour vous relire, suivant les méthodes acquises durant votre préparation.

II. Sujet de l'IEP de Paris, session 2003, 1ᵉʳ cycle

EINMAL DDR UND ZURÜCK

Nun werden also wieder Fahnen geschwenkt,die schwarz-rot-goldenen mit Hammer und Sichel, Jugendliche ziehen sich blaue FDJ-Hemden über, und in Kinos, in denen Insignien des siegreichen Sozialismus und der deutsch-sowjetischen Völkerfreundschaft prangen, kann man mit Ost-Mark bezahlen. Generalsekretar Erich und Trotzki diskutieren über Lenin, und die Super-Ilu », das Zentralorgan der Ossi-Befindlichkeit, titelt : „Das neue DDR-Gefühl" – natürlich nicht ohne die rhetorische Zusatzfrage : „harmlos oder gefährlich? ».

Harmlos natürlich! Schliesslich geht es hier nur um einen Film, die Wende-Groteske "Good Bye, Lenin!". Die DDR-Fahnen und FDJ-Hemden sind Begleiterscheinungen von Fans in einer Spassgesellschaft, die Kinos werden bei jedem Hollywood-Hit aufwändiger dekoriert, und die Ost-Mark-Aktionlief gerade mal an einem Tag. Und « Erich am Mittag » und Trotzki » sind Intemet-Pseudonyme, unter denen sich Zuschauer auf der Website des Films zu Wort melden.

Der Auslöser für den scheinbar wieder auflebenden Ostalgie-Kult, der allerdings im Westen einen nicht minder groBen Hype entfesselt, lässt sich auf einen schlichten Nenner bringen : Knapp vier Millionen Deutsche haben sich bis zu diesem Montag die Tragikomödie angeschaut, in der ein junger Ostberliner seiner Mutter, die die Wende im Koma verschlafen hat, den Fortbestand der DDR vorgaukelt. Und ein Ende ist noch nicht abzusehen. Mindestens fünf Millionen visiert der Verleih an, mittlerweile gibt es T-Shirts, Tassen, Fussmatten und andere Merchandising-Artikel zum Film. Eine neue

Werbekampagne mit Flugzeugen samt „Good Bye, Lenin!"-Banner und einer Team-Tour durch zehn Städte läuft an, und nach vielerlei Schulvorführungen in Ost und West darf nun auch der Bundestag zu einer Exklusiv-Sichtung am 2. April ins Kino gehen.

„So was erlebt man nun einmal im Leben", sagt Anatol Nitschke, der Verleihchef von X-Filme. Von vielleicht einer Million Zuschauer hatte man firmenintern geträumt - und das auch nur,nachdem man tolle Werte bei einer Testvorführung bekommen hatte. „Wir sind extra in die Höhle des Löwen gegangen,nach München, so weit weg von Ost-/Westberlin wie möglich", erzählt Nitschke : „Und dann waren die Ergebnisse wie bei einer Volkskammerabstimmung".

Das gab vielen Beteiligten den Glauben an dieses bereits ewig real existierende Projekt zurück, die schon langsam jede Hoffnung verloren hatten.

Nach jahrelangen Vorarbeiten wurde der Dreh im Herbst 2001 zur Katastrophe, erst machten Unwetter Sequenzen mit immensen Berliner Innenstadt-Absperrungen unrnöglich, dann zerfrassen Wildschweine die extra gebaute Wald-Datsche. Der Schnitt zog sich hin, die enttäuschenden Digitaleffekte mussten überarbeitet werden, und schliesslich kronte Regisseur Wolfgang Becker seinen Ruf als „irrer Perfektionist", indem er sich auf den letzten Drücker einen neuen Komponisten einbildete - Yann Tiersen, der auch die „Amelie"-Musik schrieb.

Das Wasser stand den X-Filmerm, eine Art Kreativkollektiv der Regisseure Becker,Tom Tykwer („Lola rennt"), Dani Levy („Väter") und des Produzenten Stefan Arndt, nach diversen Rops ohnehin schon bis zum Hals. Und dann war das „Lenin"-Budget von 3,5 auf fast fünf Millionen Euro gestiegen. Mit dem Mut der Verzweiflung setzte man alles auf eine Karte - und gewann.

„Da ist uns schon ein brutaler Stein vom Herzen gefallen", bekennt Arndt. Inzwischen ist „Lenin" in 17 Lander verkauft, und um die US-Rechte bieten vier Verleihe um die Wette. Argumentationshilfe liefert da zusätzlich eine englisch untertitelte Fassung, die in Berlin vor ständig ausverkauftem Haus läuft.

So hat der „Lenin"-Triumph den schönen Nebeneffekt, dass er eine der wenigen verbleibenden und wichtigen Kinoproduktionen saniert. Die Medienkrise forderte auch hier ihre Opfer, gerade hat die deutsche Columbia nach dem Flop von « Anatomie 2 » ihren Produktionszweig geschlossen, und der Markt für heimische Filme monopolisiert sich immer mehr zur Constantin-Film hin.

„Das Leben ist kein Genre", hat Regisseur Becker programmatisch zu "Good Bye, Lenin!" postuliert. Auch damit hat er - respektive der Publikumszuspruch - ein Zeichen gesetzt. Denn ausser Genrestücken, vor allem Kinderfilmen, Teeniekomödien oder Horrorschockern, liess sich in letzter Zeit in Deutschland kaum etwas finanzieren. Das dürfte sich nun auch wieder etwas ändern.

Das Rätselraten um das Geheimnis des Erfolgs und die Motivforschung um den Kult gehen also munter weiter. Zwei Aspekte lassen sich indes als gesichert verbuchen : „Lenin" ist - im Gegensatz etwa zu „Sonnenallee„, der sein Publikurn hauptsächlich im Osten fand- kein reines (N)Ostalgie-Phänomen, der Film begeistert gesamtdeutsch. Und es scheint ein gewisser Abstand vonnöten zu sein, bis das Interesse an jüngster Zeitgeschichte wieder richtig erwacht.

Filme wie „Go Trabi Go!" (91), „Das Versprechen" (94), „Helden wie wir" (99), „Berlin is in Germany" (01) behandelten auch die DDR oder die Wende. Keiner hatte so eine Resonanz wie „Lenin".

In grosser Nähe, so fern. Erst durch die Distanz könne man „einen anderen Blick auf grosse Ereignisse werfen, sie auch ironisch kommentieren", meint auch Regisseur Becker, ein Westfale, der in Berlin lebt. Der Abstand von gut 13 Jahren zur Wende hat allerdings eine Kinogänger-Generation geschaffen, die die politischen Umwälzungen kaum richtig mitbekommen hat. Nun erleben diese Jugendlichen im Kino, oft zusammen mit ihren Eltern, zwei gute Geschichtsstunden, die mit Didaktik und Schule rein gar nichts zu tun haben, dafür vielmehr mit Lachen, Rührung und Weinen.

Glaubt man den Selbstbekenntnissen auf der Filmwebsite (www. 79qmDDR.de), dann führt der Film nicht nur zu Annäherung zwischen Ost und West, sondern auch zwischen Jung und Alt. Gemeinsam wird eine Art Katharsis durchlitten und durchlebt, weil "Good Bye, Lenin!" die Utopie des Sozialismus sowohl zugleich ernst nimmt als auch grotesk bricht. Zwischen Debattenbeiträgen von „Eastbeast", „Zonendödel" oder „Mutanten-Wessi" findet sich sogar eine filmbewegte Koreanerin, die nun auf eine Wiedervereinigung ihrer Heimat hofft . . . .

Harald Pauli, Focus 13/2003.

▶ Compréhension du texte ◀

A. Lisez attentivement le texte et repondez aux questions suivantes. Utilisez les informations fournies par le texte mais ne le recopiez pas.

1. Woran kann man den Kino-Erfolg des Filmes „Good Bye Lenin" messen?
2. Unter welchen Bedingungen wurde der Film „Good Bye Lenin" gedreht?
3. Welche Gründe für den Erfolg von „Good Bye Lenin" könnten genannt werden?

6 pts

B. En tenant compte du contexte, remplacez chacun des mots ou groupes de mots souligné par un mot ou une expression synonyme :

1. Den Fortbestand der DDR vorgaukeln
2. Das Wasser stand den X-Filmem bis zum Hals
3. Regisseur Becker hat em Zeichen gesetzt
4. Die politischen Umwalzungen

2 pts

C. Exercice de rédaction

Commentez le graphique ci-dessous :

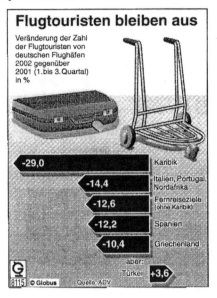

Flugtouristen bleiben aus

Veränderung der Zahl
der Flugtouristen von
deutschen Flughäfen
2002 gegenüber
2001 (1.bis 3.Quartal)
in %

-29,0 — Karibik
-14,4 — Italien, Portugal, Nordafrika
-12,6 — Fernreiseziele (ohne Karibik)
-12,2 — Spanien
-10,4 — Griechenland
aber:
Türkei +3,6

8115 © Globus — Quelle: ADV

2 pts

Total A+B+C = /10 pts

► Essai ◄

Exposez en allemand vos réflexions sur l'un des deux sujets suivants en une ou deux pages composées et argumentées. Entourez le numéro du sujet choisi.

1. Wie kann man erklären, dass seit einigen Jahren in den neuen Landem der Bundesrepublik ein „Ostalgie-Phänomen" begonnen hat?

2. Worauf ist Ihrer Meinung nach der weltweite Erfolgeines Filmes zurückzuführen?

Corrigé

► Compréhension du texte ◄

A. 1. Woran kann man den Kino-Erfolg des Filmes „Good Bye Lenin" messen?

Vier Millionen Deutsche haben sich den Film angesehen, allerlei Artikel werden verkauft, die an den Film erinnern, sogar der Bundestag will sich den Film ansehen, der Film wird auch in Schulen gespielt, und 17 Länder haben ihn gekauft. Sogar in den Vereinigten Staaten wird er bald verliehen.

2. Unter welchen Bedingungen wurde der Film „Good Bye Lenin" gedreht? Der Film wurde unter schlechten Bedingungen gedreht : wegen Unwetter in Berlin, Wildschweine im Walde, finanzieller Schwierigkeiten usw.

3. Welche Gründe für den Erfolg von „Good Bye Lenin" könnten genannt werden? Für den Film begeistern sich nicht nur Ossis, sondern Deutsche aus allen deutschen Ländern. Der Abstand zu den Ereignissen von 1989 ist bei der Erscheinung des Films lang genug (13 Jahre), so interessieren sich die Zuschauer für die Zeitgeschichte wieder, die sie zuerst hatten vergessen wollen. Neue Generationen sind angekommen, die die DDR und ihren Sturz kaum oder gar nicht miterlebt haben. Und der Film, obgleich er von Zeitgeschichte handelt, ist nicht didaktisch und folglich langweilig, sondern drollig, ironisch und manchmal ergreifend. Er verursacht eine Art Gemeinschaft zwischen Wessis und Ossis, und sogar zwischen Jung und Alt. Er gefällt denen, die an den Sozialismus glaubten, und denen, die diese Doktrine verspotteten. Sogar andere Völker können ihn schätzen : zum Beispiel Koreaner, die dieselbe Problematik der Vaterlandsteilung erleben.

B. 1. Den Fortbestand der DDR vorgaukeln = lügnerisch glauben lassen, dass die DDR noch heute existiert.

2. Das Wasser stand den X-Filmern bis zum Hals = Die X-Filmer waren in einer Notlage.

3. Regisseur Becker hat ein Zeichen gesetzt = Mit dem Erfolg seines Films beginnt eine neue Epoche in der deutschen Filmgeschichte.

4. Die politischen Umwälzungen = die politischen Umstürze.

C. Diese Darstellung will beweisen, dass die Zahl der Flugtouristen von deutschen Flughäfen nach gewöhnlichen Zielen (Karibik, Italien, Portugal, Nordafrika, Spanien, Griechenland) im Jahre 2002, oder, genauer gesagt, in den ersten drei Vierteljahren dieses Jahres, stark abnimmt.

Soll es bedeuten, dass die Deutschen nach diesen Ländern nicht mehr so gerne reisen? Für einige Länder (Algerien, Tunesien, Kuba) wäre vielleicht die Unsicherheit und die Furcht vor den Attentaten eine Erklärung. Für andere (Italien) dürfte die Inflation, die diese Länder weniger günstig machen, erwähnt werden. Die Abnahme ist aber allgemein. Vielleicht trägt die Verminderung des deutschen Wirtschaftswachstums die Verantwortung dafür.

Auch könnte man sich fragen, ob viele deutsche Touristen nicht lieber von Nachbarländern abfliegen (Luxemburg, Belgien, Tschechei), in denen die Flugpreise oft billiger sind.

▶ Essai ◀

Sujet 1 : Wie kann man erklären, dass seit einigen Jahren in den neuen Ländern der Bundesrepublik ein „Ostalgie-Phänomen begonnen hat?

Bei der ersten freien Wahl in der Geschichte der DDR (18. März 1990), erhielten die Anhänger des kommunistischen Regimes nur 15,5 % der Stimmen, obgleich sie noch an der Macht waren. Nach der schnellen Übergangsperiode, die zur Wiedervereinigung führte (3.Oktober 1990), konnte man glauben, dass die DDR ganz überholt, verspottet, verachtet war. Die Ostdeutschen freuten sich über die neuen Freiheiten, die sie errungen hatten : Meinungs-, Glaubens-, Erziehungs-, Versammlungsfreiheit, Aufhebung

der Berufsverbote, Streikrecht, vor allem Reisefreiheit. Sie wurden an ihren Arbeitstellen nicht mehr überwacht. Sie hofften auf einen schnellen Wirtschaftsaufschwung. Bald mussten die sowjetischen Besatzungstruppen weg(1994).

Jedoch muss man seit einigen Jahren in den neuen Ländern ein „(N)Ostalgie-Phänomen" feststellen.

Die Enttäuschung ist spürbar. Sie äussert sich politisch : alle Abgeordneten in Ostberlin, mit einer einzigen Ausnahme, sind Mitglieder der PDS. Diese Partei ist die neue, kaum modernisierte Form der ehemaligen SED, die Ostdeutschland 40 Jahre lang diktatorisch regierte. In den neuen Bundesländern erhält sie 11 % der Stimmen.

Dazu gibt es Gründe :

– In erster Linie **die Kolonisierung,** die wirtschafliche Eroberung durch die Wessis.

Die ostdeutsche Wirtschaft, (einige Metall- und Chemie Betriebe und Optik ausgenommen), war im Rückstand. Sie konnte die westliche Konkurrenz nicht ertragen. Die Ostdeutschen hatten kein Geld, die sie hätten investieren können. Deshalb wurden die schönsten Grundstücke, Gebäude, Schlösser, Fabriken, Unternehmen, Läden innerhalb von drei Jahren von Wessis ganz billig gekauft, um so mehr, dass die 13.000 ostdeutsche Firmen von der Treuhandanstalt zu schnell privatisiert wurden. Die neuen Eigentümer wollten ihre Methoden, ihre Manager, ihre Lieferanten aufzwingen. Viele ostdeutsche Diplome wurden nicht anerkannt.

– Die kapitalistische Konkurrenz hat die wirtschafliche Verantwortung und folglich **Arbeitslosigkeit** in Ostdeutschland eingeführt. Z. B. hat Volkswagen die ostdeutschen Firmen Trabant und Wartburg gekauft, die alten Gebäude zerstört, neue Produktionsmethoden eingeführt und 60 % der Arbeiter gekündigt. Gleichfalls wurden die Rostocker Werfte, die die besten in der kommunistischen Welt gewesen waren, von Hamburger Geschäftsleuten gekauft, die 2/3 der Arbeiter entliessen. Ebenfalls in der Landwirtschaft, in die die neuen Besitzer eine intensive Mechanisierung einführten. Andererseits konnten viele Ostdeutsche, die als ehemalige Kommunisten galten, keine Arbeit mehr finden, insbesondere in sensiblen Berufen (z. B. Presse, Erziehungswesen).

In der DDR sollten alle Bürger einen Beruf üben. Aber die Arbeit war ein Recht – nur nicht für die Gegner des Regimes : Staat, Partei, Gemeinde sollten jedem Bürger eine Arbeit aufgeben.

– Der Kapitalismus hat auch **wahre Preise** aufgezwungen, indem er die Zuschüsse (65 Milliarden Mark pro Jahr) aufhob.

Unter der kommunistischen Regierung bezahlten die Ostdeutschen nicht den wirklichen Preis der Güter und Dienste : zum Beispiel wurden Wohnung, Kleidung, Nährung, Verkehrsmittel, Ferienheime usw.stark subventioniert. Eine 2-Zimmer Wohnung in Ostberlin Mitte kostete nur 60 Mark pro Monat ! Viele Leute verfügten über Wohnungen, Wagen, Mahlzeiten, Ferienaufenthalte usw., die sie nur teilweise oder gar nicht bezahlten.

Nach der Einführung des Kapitalismus sind Preise und Löhne stark aufgestiegen, die Preise aber schneller als die Löhne.

– **Die Löhne sind noch nicht so hoch** wie in Westdeutschland (durchschnittlich 70 %). Das ist ja ein Fortschritt : damals nur 20 %. Viele sind jedoch unzufrieden, da die Preise hoch gestiegen sind.

– **Die Anpassung der Ossis ist ungleich**: die Jüngeren haben westliche Diplome erworben, Arbeit in westlichen Städten oder sogar im Ausland gefunden. Die Fünfzig-jährigen konnten sich dem neuen Leben nicht anpassen. Sie protestieren. Die leiten-den Angestellten haben sich besser angepasst als die Arbeiter.

– Auf einigen Gebieten wurde die Wende als Nachteil empfunden:

Die Frauen sind benachteiligt. In der DDR waren sie wirklich gleichberechtigt. Die Zahl der Frauen, die in der Regierung, im Bundestag, in der Wirtschaft eine hohe Position erreichen, ist enttäuschend. Die Löhne sind unterlegen, im Vergleich mit denen der männlichen Kollegen (durchschnittlich -25%).

Die **Chancengleichheit ist nicht so vollkommen wie in der DDR.**

Unter der kommunistischen Regierung konnte ein Kind, das z. B. wissenschaftlich oder musikalisch begabt war, die besten Schulen, Universitäten, Hochschulen, sogar im Ausland (Sowjetunion) besuchen, ohne Herkunftunterschiede, unter der einzigen Bedin-gung, dass es und die Eltern der SED Partei nicht missfielen.

Jetzt hängt der Erfolg mehr von der Herkunft ab. Studieren kostet viel Geld.

Die Solidarität besteht nicht mehr. In der DDR existierte sie, wegen der Schwierig-keiten des Alltagslebens. Die Ossis verdienten durchschnittlich nur 1.000 Mark pro Monat, sie hatten Angst vor den Behörden, aber sie waren beieinander behilflich. Jetzt triumphiert der westliche Individualismus : jeder für sich selbst.

III. IEP de Lille, session 2003, 1ᵉʳ cycle

Das Gespenst des Antisemitismus

Die ersten « politischen Unterhaltungen » mit anderen Schülerinnen, an die ich mich noch erinnere, wurden von einer Klassenkameradin angeregt, deren Vater Weltkriegs-offizier und Stahlhelmer war. Sie bestanden darin, dass man mit den Heldentaten sei-ner Brüder oder Vettern renommierte, die sich gegen die junge deutsche Republik und auch schon vor 1933 gegen die Juden richteten. Gerdas Brüder zogen nachts aus und rissen mit Haken, die an langen Schnuren befestigt waren, die „Schwarz-rot-Mostrich-fahnen" von den Stangen, oder sié beschmierten Mauern mit Hakenkreuzen. Eines Tages brachte Gerda mir eine Fahrkarte mit, die aussah wie jede andere. Erst bei genauerem Hinsehen erkannte ich, dass es sich hier um einen „politischen Scherzarti-kel" handelte. Sie trug den Aufdruck : „Nach Jerusalem". Darunter stand in winziger Schrift „und nicht zurück". Diese Karte gaben wir Rahel K. für ihren Vater. Wir suchten Rahel aus, weil sie ein besonders gutgläubiges, in ihrer Freundlichkeit etwas einfältiges Mädchen war. Ich mochte sie recht gern.

Als der üble Streich Kreise zu ziehen drohte, ging ich, ehe meine Eltern in die Schule bestellt wurden, zu Rahels Mutter und entschuldigte mich. Die Liebenswürdigkeit, mit der ich von ihr aufgenommen wurde,beschämte mich. Fortan unterliess ich derartige Geschmacklosigkeiten. Damals war ich zwölf Jahre alt.

Rosel Cohn war unsere jüdische Klassenkameradin, aber ich brachte sie eigentlich nicht in Beziehung zu den Juden. Die Juden waren und blieben etwas geheimnisvoll Drohendes, Anonymes. Sie waren nicht die Gesamtheit aller jüdischen Individuen, son-dern sie waren eine böse Macht, etwas, das Gespenstische Züge trug. Man konnte es nicht sehen,. und es war doch da und richtete Schaden an.

In unserer Kindheit hatten wir Märchen gehört, die uns den Glauben an Hexen und Zauberer einreden wollten.. Jetzt waren wir zu erwachsen, um diesen Spuk noch ernst zu nehmen, aber an die „bösen Juden" glaubten wir nach wie vor. Sie waren uns in keinem Exemplar leibhaftig erschienen, aber wir erlebten es tagtäglich, dass die Erwachsenen an sie glaubten. Die Erwachsenen- „wussten" es, und man übernahm dieses « wissen » ohne Misstrauen. Sie „wussten" auch, dass die Juden „böse" waren. Diese Bosheit richtete sich gegen den Wohlstand, die Einigkeit und das Ansehen des deutschen Volkes, das man von früh an zu lieben gelernt hatte. Der Antisemitismus meiner Eltern war ein für uns Kinder selbstverstandlicher Bestandteil ihrer Gesinnung. Unser Vater entstammte dem akademisch gebildeten Biirgertum. In seiner Generation gab es noch nicht viele Juden an den Universitäten. Sie wurden wohl häufig als Eindringlinge empfunden, auch weil ihre scharfe Intellektualität ein unbequemer Ansporn war...

Melita Maschmann, *Fazit*, Deutsche Verlags-Anstalt.

Hilfen zum besseren Verständnis des Textes :
der Stahlhelm : le Casque d'Acier (extrême droite)
der Haken (.-) : le crochet
der Mostrich (norddeutsch) : la moutarde
beschmieren : barbouiller, enduire
der Scherzartikel (-) : l'attrape, la blague
Kreise ziehen : se répandre, faire des vagues

▶ Compétence linguistique (35 points) ◀

A. Complétez les phrases suivantes en utilisant le bon cas (5 points)
1. Die Autorin erinnert sich an d… ersten politischen Unterhaltungen in der Schule.
2. Sie glaubten nicht mehr an d… bösen Hexen, aber dafür an d… bösen Juden.
3. Er appeIierte an d…Mut seiner Mitbürger.
4. Der Nachbar hat das Geheimnis an d… Nazis verraten.

B. Complétez les phrases en conjuguant les verbes au prétérit. (5 points)
Melita Maschmann (1. schreiben) ein Buch über ihr Leben in Nazi-deutschland. Es (2. erscheinen) im Jahre 1979. AIs Kind (3. verstehen) sie nicht, dass der Antisemitismus irrational (4. sein). Sie (5. sehen) auch nicht die tragischen Konsequenzen, die der Antisemitismus mit sich bringen würde.

C. Mettez le passage suivant du texte au parfait. Recopiez complètement les phrases ainsi obtenues (10 points)
Eines Tages brachte Gerda mir eine Fahrkarte mit, die aussah wie jede andere. Erst bei genauerem Hinsehen erkannte ich, dass es sich hier um einen „politischen Scherzartikel" handelte. Sie trug den Aufdruck : „Nach Jerusalem". Darunter stand in winziger Schrift „und nicht zurück". Diese Karte gaben wir Rahel K. für ihren Vater. Wir suchten Rahel aus, weil sie ein besonders gutgläubiges, in ihrer Freundlichkeit etwas einfältiges Mädchen war. Ich mochte sie recht gem.

D. Construisez une phrase de même sens que celle qui est donnée (5 points)
1. Sie will von ihrer Kindheit erzählen.
2. Es tut ihr leid, so gemein gewesen zu sein.
3.Sie befürchtet, dass ihre Eltern von diesem Scherz erfahren.

4. Sie ärgert sich über ihre Schulkameradin.

5. Am Iiebsten würde sie diese Zeit vergessen.

E. Traduisez en allemand les phrases suivantes (6 points)

1. À chaque fois que j'avais l'intention de me rendre en Allemagne, ma mère a trouvé de bonnes excuses pour me faire changer d'avis.

2. Elle essaie de nous restituer l'atmosphère de l'époque, même si cela réveille en elle des souvenirs plutôt pénibles.

3. C'était apparemment une époque dure et brutale et j'ignore ce que j'aurais fait à la place de la narratrice.

F. Traduisez en français le passage suivant du texte (lignes 24 à 32) (4 points)

In unserer Kindheit hatten wir Marchen gehört, die uns den Glauben an Hexen und Zauberer einreden wollten. Jetzt waren wir zu erwachsen, um diesen Spuk noch ernst zu nehmen, aber an die bösen Juden gIaubten wir nach wie vor. Sie waren uns in keinem Exemplar leibhaftig erschienen, aber wir erlebten es tagtäglich, dass die Erwachsenen an sie glaubten. Die Erwachsenen wussten es, und man übernahm dieses Wissen ohne Misstrauen.

▶ Compréhension d'un document écrit (55 points) ◀

A. Haben Sie den Text verstanden?

Wählen Sie die richtige Antwort und geben Sie jedesmal das passende Zitat aus dem Text (16 Punkte)

1. Melita Maschmann unterhielt sich über Politik in der Schule

a) wegen einer Kameradin, die jüdischer Abstammung war.

b) wegen des polnischen Engagements ihres Vaters.

c) wegen einer Kameradin, deren Vater Rechtsextremist war.

2. Bei diesen Gesprächen erzählte man der jungen Melita,

a) was die Rechtsextremisten gegen die Republik machten.

b) dass die Juden gegen die Weimarer Republik wären.

c) dass die Weimarer Republik gegen die Juden wären.

3. Melita und ihre Kameradinnen gaben die faIsche, antisemitische Fahrkarte

a) einer jüdischen Kameradin, die sie aIle hassten, weil sie dumm war.

b) einer jüdischen Kameradin, weil sie besonders naiv war.

c) einer jüdischen Kameradin, deren Eltern viel Einfluss hatten

4. Melita ging zu der Mutter dieser jüdischen Kameradin, weil

a) sie Gewissensbisse hatte.

b) die EItern von Melita in die Schule bestellt wurden.

c) sie verstand, dass dieser Streich schlimme Folgen haben könnte.

5. Melita meinte damaIs, dass

a) die Juden eine geheimnisvolle, gefährliche Macht wären.

b) Ihre jüdischen Kameradinnen anders waren als die Juden.`

c) Das antisemistische Gerede einen grossen Schaden anrichtete

6. Melita glaubte nicht mehr an Hexen, aber an die « bösen Juden »,

a) obwoh1 die Erwachsenen selten von den Juden sprachen.

b) weil die Erwachsenen, die sie kannte, selbst Antisemiten waren.

c) weil die Erwachsenen die Wahrheit wussten : Die Juden waren böse.

7. Die Eltem von Melita waren Antisemiten,

a) und es schockierte sie nicht, sie fand es selbstverständlich.

b) und sie fand es nicht richtig. Sagte es aber nicht.

c) und sie verstand, dass sie wegen der Juden gelitten hatten.

8. Melitas Vater hatte an der Universität studiert, und

a) sie hörte, dass die Juden an der Uni Störenfriede waren.

b) die Juden waren nicht beliebt, weil sie sehr intelligent waren.

c) damals waren zu viele Juden an den deutschen Universitäten.

B. Ergänzen Sie folgenden Text mit den angegebenen Wörtern (24 Punkte)

1. a) versetzt b) aufschlussreiche c) Jugendzeit d) befasst sich e) erlebt

Melita Maschmann, die Autorin, … hier mit dem Problem des Antisemitismus, und zwar so, wie sie ihn in ihrer …jeden Tag …hat. Sie erzählt uns …Anekdoten-und …uns in die Mentalität dieser Zeit zurück.

2. a) erzählt b) verbreitet c) rechsextremistische d) lange e) Brüder f) unternehmen.

Gerda, eine Klassenkameradin, …..in der Schule die ….. Ideologie ihrer Familie, und …., was ihre ….gegen die Weimarer Republik …. Der Antisemitismus existierte also in Deutschland….vor den Nazis.

3. a) lieb b) Parolen e)dummen d) Streich e) handelt sich f) Opfer g) jüdische h) Tragweite.

Melita lässt sich in einen …antisemitischen….verwickeln ; es….um antisemitische Propaganda, die auf falschen Fahrkarten gedrückt wird. Das…. ist eine ..... Klassenkameradin, die Melita……hat ; sie ist zu jung, um die….dieser….zu erkennen.

4. a) auf b) liebenswürdig c) eingesehen d) harmlos e) Erstaunen f) befürchtet g) schämt sich h) bestellt.

Melita versteht, dass der Scherz gar nicht….war. Sie …, dass ihre Eltern in die Schule …..werden könnten ; deswegen sucht sie die Mutter von Rahel…. , um sich zu entschuldigen. Zu ihrem …..ist die Mutter sehr ….; in diesem Augenblick….. Melita ; sie hat ihren Fehler ……

5. a) irrational b) Kameradin c) antisemitischen d) analysiert e) tiefe f) gegenüberg) geändert hat.

Melita ….dann ihre Gefühle den Juden …. ; sie bemerkt, dass sie eine jüdische …. kannte, dass es aber nichts an ihren….. Gefûhlen….., weil diese…..waren und Wurzeln hatten.

6. a) Vorurteil b)Erwachsenen c) selbstverständlich d) sprachen e) Gedanken f) Bosheit g) Illusion.

Der Antisemitismus der Kinder war......,weil die......daran glaubten und oft davon.... ; auch Melita kam nicht auf den....., dass die …der Juden eine….., ein gefährliches …..war.

7. a) Konkurrenz b) eingestellt c) aus d) an e) Gründen f) Studenten g) Eindringlinge.

Melitas Vater ist auch .....eigenen ..... antisemitisch ..... : .....der Universität war er mit der ..... der jüdischen ..... konfrontiert, die als ...... empfunden wurden.

C. VOKABELN : Geben Sie ein Synonym oder eine kurze Definition der folgenden Wörter, die aus dem Text entnommen wurden (12 Punkte)

1. der Vetter
2. der Aufdruck
3. winzig
4. gutgläubig
5. übel
6. die Liebenswürdigkeit
7. leibhaftig
8. tagtäglich
9. die Einigkeit
10. wohl
11. häufig
12. der Ansporn

D. Erklären Sie in einigen Zeilen folgende Andeutungen. Geben Sie soviele historische Details wie möglich (3 Punkte)

1. « die junge deutsche Republik »
2. « vor 1933 »
3. « die Schwarz-rot-Mostrich-Fahnen »

▶ Essay : 300 Wörter (mehr oder weniger 10%) (30 points) ◀

Inwiefern zeigen die jüngsten Ereignisse (u.a. im Frühling dieses Jahres) gegen die jüdische Glaubensgemeinschaft in verschiedenen europäischen Ländern, dass dieser Text auch heute noch sehr aktuell ist?

Corrigé

▶ Compétence linguistique (35 points) ◀

A. Complétez les phrases suivantes en utilisant le bon cas (5 points)

1. Die Autorin erinnert sich an **die** ersten politischen Unterhaltungen in der Schule.
2. Sie glaubten nicht mehr an **die** bösen Hexen, aber dafür an **die** bösen Juden.
3. Er appelierte an **den** Mut seiner Mitbürger.
4. Der Nachbar hat das Geheimnis an **die** Nazis verraten.

B. Complétez les phrases en conjuguant les verbes au prétérit (5 points)

Melita Maschmann **schrieb** ein Buch über ihr Leben in Nazi-deutschland. Es **erschien** im Jahre 1979. AIs Kind **verstand** sie nicht, dass der Antisemitismus irrational **war**. Sie **sahen** auch nicht die tragischen Konsequenzen, die der Antisemitismus mit sich bringen würde.

C. Mettez le passage suivant du texte au parfait. Recopiez complètement les phrases ainsi obtenues (10 points)

Eines Tages **hat** Gerda mir eine Fahrkarte **mitgebracht**, die aussah wie jede andere. Erst bei genauerem Hinsehen **habe** ich **erkann**t, dass es sich hier um einen « politischen Scherzartikel» **gehandelt hat**. Sie **hat** den Aufdruck : « Nach Jerusalem » **getragen**. Darunter **hat** in winziger Schrift « und nicht zurück »**gestanden**. Diese Karte **haben** wir Rahel K. für ihren Vater **gegeben**. Wir **haben** Rahel **ausgesucht**, weil sie ein besonders gutgläubiges, in ihrer Freund1icbkeit etwas einfältiges Mädchen **gewesen ist**. Ich **hab**e sie recht gem **gemocht**.

D. Construisez une phrase de même sens que celle qui est donné (5 points)
1. Sie will von ihrer Kindheit erzählen =
Sie wünscht, von ihrer Kindheit zu sprechen.

2. Es tut ihr leid, so gemein gewesen zu sein=
Sie bedauert, so unhöflich gewesen zu sein.

3. Sie befürchtet, dass ihre Eltern von diesem Scherz erfahren=
Sie hat Angst davor, dass jemand ihren Eltern diesen Scherz erzählt.

4. Sie ärgert sich über ihre Schulkameradin=
Sie wird ihrer Schulkameradin böse.

5. Am Iiebsten würde sie diese Zeit vergessen=
Sie möchte wohl, sich nicht mehr an diese Zeit erinnern.

E. Traduisez en allemand les phrases suivantes (6 points)

1. À chaque fois que j'avais l'intention de me rendre en Allemagne, ma mère a trouvé de bonnes excuses pour me faire changer d'avis.
Wenn ich beabsichtigte, nach Deutschland zu fahren, fand meine Mutter gute Ausreden, um meine Meinung zu ändern.

2. Elle essaie de nous restituer l'atmosphère de l'époque, même si cela réveille en elle des souvenirs plutôt pénibles.
Die Zeitstimmung versucht sie uns wiederzugeben, wenn auch es in ihr ziemlich peinliche Erinnerungen erweckt.

3. C'était apparemment une époque dure et brutale et j'ignore ce que j'aurais fait à la place de la narratrice.
Scheinbar war es eine harte und brutale Zeit, und ich weiss nicht, was ich an der Stelle der Erzählerin gemacht hätte.

F. Traduisez en français le passage suivant du texte (lignes 24 à 32) (4 points)

In unserer Kindheit hatten wir Märchen gehört, die uns den Glauben an Hexen und Zauberer einreden wollten. Jetzt waren wir zu erwachsen, um diesen Spuk noch emst zu nehmen, aber an die bösen Juden glaubten wir nach wie vor. Sie waren uns in keinem Exemplar leibhaftig erschienen, aber wir erlebten es tagtäglich, dass die Erwachsenen an sie glaubten. Die Erwachsenen wussten es, und man übernahm dieses Wissen ohne Misstrauen.

Dans notre enfance nous avions entendu des contes, qui prétendaient nous faire croire aux sorcières et aux magiciens. Maintenant, nous étions trop adultes, pour prendre encore ces histoires de fantômes au sérieux, mais nous croyions encore aux méchants Juifs, comme auparavant. Il ne nous étaient jamais apparus en chair et en os, mais nous avions quotidiennement l'expérience que les adultes y croyaient. Les adultes savaient, et l'on acceptait ce savoir sans méfiance.

▶ Compréhension d'un document écrit (55 points) ◀

A. Haben Sie den Text verstanden?

Wählen Sie die richtige Antwort und geben Sie jedesmal das passende Zitat aus dem Text (16 Punkte)

1. Melita Maschmann unterhielt sich über Politik in der Schule
c) wegen einer Kameradin, deren Vater Rechtsextremist war.
Zitat : " Die ersten "politischen Unterhaltungen mit anderen Schülerinnen, an die ich mich noch erinnere, wurden von einer Klassenkameradin angeregt, deren Vater Weltkriegsoffizier und Stahlhelmer war."

2. Bei diesen Gesprächen erzählte man der jungen Melita,
a) was die Rechtsextremisten gegen die Republik machten.
Zitat : " man renommierte mit den "Heldentaten" seiner Brüder oder Vettern, die sich gegen die junge Republik ...richteten."

3. Melita und ihre Kameradinnen gaben die falsche, antisemitische Fahrkarte
b) einer jüdischen Kameradin, weil sie besonders naiv war.
Zitat : " Wir suchten Rahel aus, weil sie ein besonders gutgläubiges, in ihrer Freundlichkeit etwas einfältiges Mädchen war."

4. Melita ging zu der Mutter dieser jüdischen Kameradin, weil
c) sie verstand, dass dieser Streich schlimme Folgen haben könnte.
Zitat : " Als der üble Streich Kreise zu ziehen drohte, ging ich, ehe meile Eltern in die Schule bestellt wurden, zu Rahels Mutter und entschuldigte mich."

5. Melita meinte damals, dass
a) die Juden eine geheimnisvolle, gefährliche Macht wären.
b) Ihre jüdischen Kameradinnen anders waren als die Juden.
Zitate : " Die Juden waren und blieben etwas geheimnisvoll Drohendes, Anonymes"... eine böse Macht... sie richteten Schäden an. "
"Rosel Cohn war unsere jüdische Klassenkameradin, aber ich brachte sie eigentlich nicht in Beziehung zu den Juden."

6. Melita glaubte nicht mehr an Hexen, aber an die « bösen Juden »,
b) weil die Erwachsenen, die sie kannte, selbst Antisemiten waren.
c) weil die Erwachsenen die Wahrheit wussten : Die Juden waren böse.
Zitate : " Der Antisemitismus meiner Eltern war ein für uns Kinder selbstverständlicher Bestandteil ihrer Gesinnung." "Die Erwachsenen wussten, dass die Juden "böse" waren.

7. Die Eltem von Melita waren Antisemiten,
a) und es schockierte sie nicht, sie fand es selbstverständlich.
Zitat : " Der Antisemitismus meiner Eltern war ein für uns Kinder selbstverständlicher Bestandteil ihrer Gesinnung."

8. Melitas Vater hatte an der Universität studiert, und
b) die Juden waren nicht beliebt, weil sie sehr intelligent waren.
Zitat : "Sie wurden oft als Eindringlinge empfunden, weil ihre scharfe Intellektualität ein unbequemer Ansporn war."

B. Ergänzen Sie folgenden Text mit den angegebenen Wörtern (24 Punkte)

1. a) versetzt b) aufschlussreiche c) Jugendzeit d) befasst sich e) erlebt

Melita Maschmann, die Autorin, **befasst sich** hier mit dem Problem des Antisemitismus, und zwar so, wie sie ihn in ihrer **Jugendzeit** jeden Tag **erlebt** hat. Sie erzählt uns **aufschlussreiche** Anekdoten-und **versetzt** uns in die Mentalität dieser Zeit zurück.

2. a) erzählt b) verbreitet c) rechsextremistische d) lange e) Brüder f) unternehmen.

Gerda, eine Klassenkameradin, **verbreitet** in der Schule die **rechtsextremistische** Ideologie ihrer Familie, und **erzählt**, was ihre **Brüder** gegen die Weimarer Republik **unternehmen.** Der Antisemitismus existierte also in Deutschland **lange** vor den Nazis.

3. a) lieb b) Parolen c) dummen d) Streich e) handelt sich f) Opfer g) jüdische h) Tragweite.

Melita lässt sich in einen **dummen** antisemitischen **Streich** verwickeln ; es **handelt sich** um antisemitische Propaganda, die auf falschen Fahrkarten gedrückt wird. Das **Opfer** ist eine **jüdische** Klassenkameradin, die Melita **lieb** hat ; sie ist zu jung, um die **Tragweite** dieser **Parolen** zu erkennen.

4. a) auf b) liebenswürdig c) eingesehen d) harmlos e) Erstaunen f) befürchtet g) schämt sich h) bestellt. .

Melita versteht, dass der Scherz gar nicht **harmlos** war. Sie befürchtet, dass ihre Eltern in die Schule **bestellt** werden könnten ; deswegen sucht sie die Mutter von Rahel **auf**, um sich zu entschuldigen. Zu ihrem **Erstaunen** ist die Mutter sehr **liebenswürdig ;** in diesem Augenblick **schämt sich Melita ;** sie hat ihren Fehler **eingesehen.**

5. a) irrational b) Kameradin c) antisemitischen d) analysiert e) tiefe f) gegenüber.g) geändert hat.

Melita a**nalysiert** dann ihre Gefühle den Juden **gegenüber**; sie bemerkt, dass sie eine jüdisch **Kameradin** kannte, dass es aber nichts an ihren **antisemitischen** Gefiihlen **geändert hat**, weil diese **irrational** waren und **tiefe** Wurzeln hatten.

6. a) Vorurteil b) Erwachsenen c) selbstverständlich d) sprachen e) Gedanken f) Bösheit g) Illusion.

Der Antisemitismus der Kinder war **selbstverständlich**, weil d**ie Erwachsenen** daran glaubten und oft davon **sprachen ;** auch Melita kam nicht auf den **Gedanken**, dass **die Bösheit** der Juden **eine Illusion**, ein gefährliches**Vorurteil** war.

7. a) Konkurrenz b) eingestellt c) aus d) an e) Gründen f) Studenten g) Eindringlinge.

Melitas Vater ist auch **aus** eigenen **Gründen** antisemitisch **eingestellt : an** der Universität war er mit der **Konkurrenz** der jüdischen **Studenten** konfrontiert, die als **Eindringlinge** empfunden wurden.

C. VOKABELN : Geben Sie ein Synonym oder eine kurze Definition der folgenden Wörter, die aus dem Text entnommen wurden (12 Punkte)

1. der Vetter : **der Sohn meines Onkels ist mein Vetter.**

2. der Aufdruck : **die Inschrift**

3. winzig : **sehr klein**

4. gutgläubig : **naïv und ehrlich**

5. übel : **schlecht**

6. die Liebenswürdigkeit : **die Freundlichkeit**

7. leibhaftig : **lebendig**

8. tagtäglich : **jeden Tag**

9. die Einigkeit : **die Einheit**

10. wohl : **(im Text) sicher**

11. häufig : **oft**

12. der Ansporn : **die Anregung**

D. Erklären Sie in einigen Zeilen folgende Andeutungen. Geben Sie soviele histo-rische Details wie möglich (3 Punkte)

1. « die junge deutsche Republik »

Es ist hier die Rede von der"Weimarer Regierung " (9. November 1918-30. Januar 1933). Diese Republik wurde am 9. November vom B alkon des Reichstages ausgerufen.

Die meisten Deutschen wollten "Brot und Frieden" und Millionen Leute demonstrierten seit 2 Wochen in fast allen deutschen Grosstädten. Kaiser Wilhelm II. war ein Hindernis auf dem Wege zum Frieden : Präsident Wilson hatte nämlich erklärt, dass die Alliierten mit dem deutschen Kaiser nicht verhandeln würden. So wurde die Frage des Regimes gestellt.

Die provisorische Regierung (Ebert, Scheidemann) löste den Reichstag auf. Der neue Reichstag wurde im Februar 1919 gewählt und versammelte sich in Weimar, der Stadt der deutschen Klassik, da die Lage in Berlin zu unruhig war. Daher der Name der neuen Republik.

Da die Bedingungen des Waffenstillstands (11. 11. 1918) und noch mehr die des Frie-densvertrages von Versailles (28.06. 1919) sehr hart waren (Ablieferung aller schwe-ren Waffen, Aufhebung der Wehrpflicht, Beschränkung der Reichswehr auf 100.000 Mann ohne schwere Waffen, Abtretung von 14 % des Gebiets mit 9 Millionen Einwoh-nern, Abtrennung Ostpreussens von Deutschland durch den polnischen Korridor, 289 Milliarden Goldmark als Kriegsreparationen, moralische Verantwortung für den Krieg usw.) wurde die Weimarer Republik mit der nationalen Schwäche, mit der Schande identifiziert.

Alle Rechten (Offiziere, Adelige, Monarchisten, die meisten Staatsbeamten, Konserva-tive, wohlhabende Leute) hassten die Republik. Sie behaupteten, dass Deutschland nicht geschlagen worden wäre, dass die Sozialdemokraten und die Zentristen, um an die Macht zu kommen, das Vaterland verraten hätten (Dolchstosslegende).

Die Linksradikalen (Spartakisten), die eine Revolution nach Lenins Vorbild wollten, verabscheuten die neue Regierung, die nur gemässigte Reformen (8 Stunden-Arbeits-tag, Frauenwahlrecht) einführte und die revolutionären Versuche blutig unterdrückte. (1000 Tote in Berlin in der " Blutwoche" von Januar 1919).

Deshalb fand die neue Republik zu wenig Unterstützung.

Die Wirtschaftskrise von 1929-1933 verschlimmerte noch die Lage der jungen Republik.

Im Januar 1933 konnte sie leicht durch die Nazidiktatur ersetzt werden.

2. « vor 1933 »

Schon vor 1933, sogar unter der Herrschaft Wilhelms II. hatte sich der Antisemitismus in Deutschland verbreitet. Nietzsches Schwager Förster und Richard Wagners Schwiegersohn Houston Stewart Chamberlain, ein Engländer, der die deutsche Staatsangehörigkeit genommen hatte, waren leidentschaflitche antisemitische Propagandisten.

Unter der Weimarer Republik übergingen die Antisemiten, insbesondere die Nazis, von Worten zu Gewalttaten. Jüdische Würdenträger, wie Aussenminister RATHENAU, wurden ermordet. Im Alltagsleben wurden viele Juden bedroht, verfolgt, verspottet, wie der Text es zeigt.

3. « die Schwarz-rot-Mostrich-Fahnen »

Schon in der ersten Hälfte des XIX. Jahrhunderts waren Schwarz-Rot-Gold die Farben der deutschen Liberalen, die zugleich von deutscher Einigkeit und von Demokratie träumten. Deshalb wurden diese Farben zu offiziellen Farben der Weimarer Republik, und später der Bundesrepublik Deutschland (1949). Im Text reissen Burschen diese Fahne ab, um ihren Hass gegen die Republik zum Ausdruck zu bringen.

▶ Essay : 300 Wörter (mehr oder weniger 10%) (30 points) ◀

Inwiefern zeigen die jüngsten Ereignisse (u.a. im Frühling dises Jahres) gegen die jüdische Glaubensgemeinschaft in verschiedenen europäischen Ländern, dass dieser Text auch heute noch sehr aktuell ist ?

Der Antisemitismus, wie gesagt, wurde nicht mit dem Nazismus geboren. Wir müssen hinzufügen, dass er keine deutsche Spezialität ist.

Er erschien schon im Jahre 70 nach Christus, als der römische General Titus Jerusalem belagerte und zerstörte, und die jüdische Bevölkerung in das ganze römische Kaiserreich auseinanderlegte : die Juden wollten die Gebräuche der römischen Religion nicht beobachten.

Die katholische Kirche war auch bis 1963 antisemitisch eingestellt : den Juden warf sie vor, Christus nicht als den Erlöser anerkannt und kruzifiziert zu haben : die Verantwortung dafür sollten die Juden bis zur jüngsten Generation tragen. Im Jahre 1215 beschloss Papst Innozenz III., dass die Juden keine staatlichen Ämter bekommen, manche Berufe nicht üben dürften, dass die Mischehen verboten seien, und dass die Juden in separaten Stadtvierteln wohnen sollen.

Später erschien der wirtschaftliche Antisemitismus : die Christen warfen den Juden vor, als Bankier und Händler zu arbeiten und dabei reicher zu werden.

Im XIX. Jahrhundert erschien der sogenannte "wissenschaftliche" Antisemitismus : es wurde behauptet, dass sich die Juden in die (französische, deutsche ...)Bevölkerung nicht integrierten, sondern gegen den Wohlstand und die Einigkeit der Nation richteten.

Nach einigen Extremisten bestehen diese verschiedenen Ursachen des Antisemitismus noch heute. Deshalb erleben wir heute noch antisemitische Demonstrationen : Profanationen von jüdischen Gräbern und Synagogen, Zerstörung von jüdischen Schulen, Beschmierungen von Mauern mit Hakenkreuzen usw.

Glücklicherweise sind wir mit solchen Demonstrationen weit von der "Endlösung der Judenfrage," die von den Nazis getrieben wurde. Das Wesen des Phänomens ist aber dasselbe.

Bemerkenswert ist die Tatsache, dass solche unannehmbare Demonstrationen sogar in Ländern stattfinden, in denen die jüdische Minderheit fast gar nicht mehr besteht : z. B. Polen, Österreich, Deutschland. Das ist paradoxal : ein Antisemitismus fast ohne Juden.

Die antisemitischen Gefühle sind leider wegen des palästinischen Konfliktes schlimmer geworden. Es wäre zu wünschen, dass jedermann in unserer zivilisierten Welt das Recht jeder Glaubensgemeinschaft anerkennt.

⌐ E S P A G N O L

I. Exposé de la méthode en espagnol

Cette épreuve d'espagnol a été conçue pour évaluer la capacité du candidat à utiliser une langue étrangère mais elle exige également une bonne culture générale et une véritable ouverture d'esprit à l'international.

Les épreuves et les modalités diffèrent selon les centres, néanmoins toutes insistent sur les compétences linguistiques. Par conséquent, la maîtrise rigoureuse des conjugaisons, de la grammaire, des structures idiomatiques et d'un vocabulaire riche s'impose.

A. Bases grammaticales

– Les conjugaisons.
– L'accentuation lexicale et grammaticale.
– Les pronoms personnels et l'enclise.
– Les prépositions : essentiellement *a, en, por, para*.
– *Ser* et *estar*.
– *Tener* et *haber*.
– Construction prépositionnelle des verbes.
– Les emplois du subjonctif et la concordance des temps.
– Les tournures d'insistance.
– Les relatives (notamment les traductions de « dont »).

B. Structures idiomatiques

L'emploi pertinent de structures idiomatiques est très vivement recommandé car il démontre une richesse linguistique et l'appropriation d'un espagnol authentique. Toutefois, il convient de ne pas en abuser afin de ne pas donner l'impression d'une langue « fabriquée ».

– Les formes progressives (*estar / ir / andar / seguir / llevar* + gérondif).
– La proposition temporelle : *al* + infinif.
– L'expression de la condition : *de* + infinif / *como* + subjonctif.
– La proposition causale : *por* + infinif.
– La proposition complétive : *el que* + subjonctif.
– La substantivation de l'adjectif : *lo* + adjectif.
– L'expression de l'habitude : *soler* + infinitif…

C. Lexique

Pour acquérir un vocabulaire riche et varié, il est essentiel de se constituer des fiches lexicales à partir des textes étudiés. Pour chaque nom relevé, il ne faut pas hésiter à rajouter l'adjectif, le verbe et sa construction de la même famille ainsi qu'un antonyme. Pour compléter ce travail, il est utile d'établir des listes thématiques. En raison de la proximité du français et de l'espagnol, il faut apprendre le vocabulaire avec une grande rigueur pour éviter les barbarismes et les gallicismes. Enfin, il convient de lire régulièrement la presse espagnole notamment *El Mundo* et *El País* dont sont souvent tirés les textes à commenter d'une part pour connaître les thèmes d'actualité, et d'autre part pour apprendre et mémoriser le lexique nouveau.

II. L'épreuve

Tous les Instituts d'études politiques ne proposent pas les mêmes examens d'admission, cependant la plupart proposent une série d'exercices à partir d'un texte d'actualité très souvent tiré de la presse espagnole. Le modèle retenu ici est celui de l'IEP de Paris de 2003 pour la description des épreuves mais, afin d'en montrer la diversité, vous trouverez celles d'Aix-en-Provence/Grenoble/Lyon, de Toulouse et de Rennes (traduction uniquement).

L'ensemble de l'épreuve (durée : trois heures) est rédigé en langue étrangère à l'exception d'un éventuel passage à traduire. Nul ne peut être déclaré admis s'il n'a pas obtenu une note de langue étrangère au moins égale à 7/20.

▶ Compréhension (=.../10) ◀

A. Réponse en espagnol à des questions (3 lignes) en utilisant l'information fournie par le texte sans le recopier (A= .../6)

Le candidat doit s'approprier les idées du texte pour ensuite les reformuler synthétiquement dans une production personnelle.

B. Exercice de vocabulaire (B= .../2)

La recherche de synonymes et d'antonymes permet d'évaluer la richesse de la langue du candidat qui doit impérativement cerner le sens du mot par rapport à son contexte. Lorqu'un mot n'est pas connu, recherchez une racine étymologique ou une ressemblance avec le français (attention tout de même aux faux-amis !) ou devinez-en le sens en vous appuyant sur le contexte.

C. De courts exercices de rédaction (au maximum 3) à partir de supports écrits ou visuels (C= .../2)

Ils visent à contrôler les compétences grammaticales et lexicales en contexte. Les exigences portent donc sur la richesse et la précision du lexique et la maîtrise des phrases complexes.

▶ Essai (=.../10) ◀

Deux sujets au choix (1 ou 2 pages). Le barème de cette partie souligne son importance. Cet exercice complexe réunit toutes les difficultés (fond et forme). D'une part, le candidat doit exprimer et justifier ses idées dans une langue correcte, riche et authentique. D'autre part, les sujets portant sur un thème d'actualité exigent non seulement une connaissance des problèmes sociologique, éthique, philosophique, historique mais aussi une solide culture générale. Par conséquent, une lecture régulière de la presse se révèle indispensable pour y puiser des arguments.

III. Sujet de l'IEP de Paris, session 2003

JOAQUÍN CALOMARDE ES DIPUTADO AL CONGRESO POR VALENCIA

Una de las discusiones políticas, intelectuales, culturales y sociales más relevantes de los últimos años del pasado siglo, y lo seguirá siendo en los próximos años, es el alcance de la validez universal o particular de los valores democráticos. Esto es, si en nombre del relativismo cultural, el multiculturalismo o cualesquiera otros usos
5. lingüísticos, antropológicos, filosóficos o políticos podemos desear, como un bien apreciado y necesario, el que la democracis sea un régimen global de la comunidad internacional, o por el contrario, un modo de vida, en pie de legítima igualdad con otros no democráticos, a los que se les supone la legitimidad de la cultura, los usos, los modos y las formas propias de la multicultural y el mencionado pluralismo identitario.
10. El asunto no es en absoluto baladí, pues se encuentra en la base de profundas disensiones y discusiones políticas, en muchos casos, claramente interesadas por terceros, que confunden las cosas porque en ello les va, de suyo, un porvenir electoral mediato o, lo que es más grave, la continuación de un tortuoso orden mental que, en ese caso, sí es pensamiento único por muy multicultural, identitario o pluralista que se
15. nos presente.

Mario Vargas Llosa decía hace tiempo, en una cena que tuve el gusto de compartir con él en Valencia, algo esencial : « Estaríamos dispuestos – explicaba – a sostener que los logros de las democracias occidentales sólo deben ser privilegios de las mismas ». Ése es el asunto a dilucidar en los próximos años : ¿es la democracia, los
20. derechos humanos, la legalidad internacional, las libertades públicas, los derechos civiles, las instituciones democráticas, etcétera, privativas del mundo occidental? ¿Deben ser entendidas antropológicamente como equivalentes a cualesquiera otras que por serlo adquieren identitariamente su estatus de equidad con la primera?

Mi respuesta, lógicamente, está en la línea de la argumentación de Vargas Llosa. La
25. democracia es un valor universal. Todo lo que Occidente defiende para sí no puede ser negado ideológicamente desde Occidente para aquellos mundos, países y sociedades que no son Occidente.

Lo que estoy expresando se lleva mal, ya lo sé, con el multiculturalismo al uso, la exaltación de los particularismo étnicos, lingüísticos, religiosos, fundamentalistas, etcétera, pero es lo que pienso. 30.

En nombre de la libertad no podemos seguir tolerando el fanatismo y la intolerancia de los fanáticos y los intolerantes. Estén donde estén, digan lo que digan y justifiquen su discurso como lo justifiquen, caso de que efectivamente así lo hagan.

La globalización o mundialización económica sólo será benéfica para todos si lleva adosada indefectiblemente la globalización y mundialización de la sociedad libre y 35. democrática. Por ello, los valores democráticos son per se universales, es decir, susceptibles de ser apetecidos en derecho por todo ser humano en cualquier parte del planeta sean cuales sean las condiciones de vida en que estos seres y partes se encuentren en un momento determinado de su desarrollo concreto. De modo que no son justificables derechos colectivos que atenten contra los derechos humanos 40. individuales, que no son defendibles derechos nacionales en nombre de los cuales se aniquilen hombres y mujeres concretos, de carne y hueso como desgraciadamente en nuestro país sucede en el País Vasco.

Que no son admisibles nacionalismos identitarios y de naturaleza étnica que justifican la exclusión y el autoodio de todo aquello y de todos aquellos no subsumidos en la 45. identidad y la etnia.

Que no hay derechos lingüísticos de minoría alguna que justifiquen la imposición de la secesión y la segregación lingüística de nadie (incluido claro está el derecho pleno a la libre expresión y uso de las lenguas minoritarias que deben ser, como lo son en España, protegidas y reconocidas estatutariamente como lenguas propias en sus 50. correspondientes territorios y Comunidades Autónomas reguladas por sus Estatutos de Autonomía amparados por la Constitución Española).

Que ningún RH puede determinar la supuesta ciudadanía o no ciudadanía de hombre o mujer alguno ni en España ni en el mundo. Que no es possible que la costumbre (incluso bárbara) sea declarada derecho cultural protegido frente a la efectiva vigencia 55. de los derechos humanos, de las instituciones representativas, del Estado de Derecho, las Constituciones democráticas y los valores universales de respeto al individuo y a la libertad que las amparan, justifican y engrandecen.

Sin duda, el reto político, ideológico y cultural del siglo XXI es y seguirá siendo por mucho tiempo la extensión universal de la democracia y la libertad. Ésa es la 60. inequívoca posición de algunos.

La universalidad de los valores democráticos

Corrigé

▶ Compréhension du texte ◀

A. Lisez attentivement le texte et répondez aux questions suivantes en espagnol. Utilisez les informations fournies par le texte mais ne les recopiez pas.

1. ¿Cómo nos está presentada la democracia en este artículo?

Joaquín Calomarde plantea el problema del acceso a la democracia. Se pregunta si debemos imponerla a todos o aceptar cualquier tipo de régimen aunque no sea democrático en nombre de un pluralismo político, social y cultural. Por creer en la universalidad de la democracia el diputado reivindica la democracia para todos. Añade que la libertad tiene ciertos límites, los del respeto del individuo. Por eso insiste en el rechazo del fanatismo y de la intolerancia.

2. ¿Por qué alude el autor a la situación en el País Vasco?

Euskadi goza de un régimen democrático sin embargo lo ponen en tela de juicio ciertos extremistas que en nombre de la libertad política, cultural, lingüítica reivindican sus particularismos y no vacilan en excluir a los que no defienden sus ideas y en recurrir a métodos antidemocráticos como el terrorismo mediante ETA para alcanzar sus fines.

3. ¿Por qué grandes causas ha de seguir luchando el ser humano?

El ser humano ha de luchar por la emergencia de regímenes democráticos y por el respeto de los derechos humanos en todo el mundo que garanticen sus libertades.

B. En tenant compte du contexte, remplacez les deux premiers mots par un synonyme et les deux derniers par un antonyme.

1. Relevantes = importantes
2. Baladí = nimio
3. Equidad ≠ iniquidad
4. Engrandecen ≠ disminuyen

C. Exercice de rédaction : commentez en espagnol le graphique.

Nacimientos de madre extranjera, 1996-2001

Respecto al total de nacimientos

	Nacidos de madre extranjera	Nacidos de madre española	% / total
1996	11.832	350.794	3,25
1997	14.002	355.033	3,79
1998	15.368	349.825	4,21
1999	18.503	361.627	4,87
2000	24.644	372.988	6,20
2001	33.076	370.783	8,19

0   100.000   200.000   300.000   400.000

El País, 27/05/03

Desde 1996 pese a la irregularidad de los nacimientos de madre española notamos un leve aumento. Esta evolución dista mucho de la de los nacimientos de madre extranjera que llevan ya 5 años aumentando de manera notable ya que casi han triplicado por dos razones principales. Primero España se ha convertido en un país de destino para los emigrantes particularmente de Colombia, Ecuador y Marruecos. Además la tasa de fertilidad de las madres extranjeras suele superar la de las españolas. La presencia de inmigrantes permitirá evitar el envejecimiento prolongado de la población española y mantener su dinamismo económico.

▶ Essai ◀

Traitez en espagnol l'un des deux sujets suivants en une ou deux pages.

1. Justifique el título del artículo : « la universalidad de los valores democráticos ».

Dentro de cada uno de los países existen grupos minoritarios que por su origen étnico, por sexo, por aspectos lingüísticos o religiosos plantean su derecho a la diversidad, a la autonomía y hasta a la autodeterminación lo que suele generar conflictos. Ahora bien la sociedad democrática al contrario de las sociedades autoritarias reconoce a todos los ciudadanos e intenta llevar a cabo una política que permita preservar el derecho a las diferencias políticas y culturales y al mismo tiempo el respeto del orden institucional. La democracia reina pues como la única forma de gobierno que brinda soluciones de carácter pacífico a los problemas que afectan a las sociedades gracias a la tolerancia multicultural que permite la cooperación política y social a través del diálogo y del establecimiento de reglas de convivencia entre diferentes grupos minoritarios sin que exista subordinación de unos respecto de otros. En resumidas cuentas defiende valores democráticos a los que cualquier ciudadano del mundo puede aspirar. Para ello la tolerancia resulta imprescindible porque representa un consenso social necesario para que un régimen funcione en modo civilizado renunciando al uso de la violencia para la solución de los conflictos y de las discrepancias políticas. La reunión mundial de Estados de diferentes regiones, culturas y religiones comprometidos en el establecimiento de una comunidad de democracias en junio de 2000 que se concluyó por la declaración de Varsovia consistió en volver a afirmar la universalidad de los valores democráticos tales como los derechos humanos civiles, culturales, económicos, políticos y sociales y en fortalecer las instituciones democráticas, la cooperación para luchar contra el crimen y los tráficos internacionales, la defensa de la tolerancia, el respeto del pluralismo, la cohesión social, el rechazo del odio étnico o religioso, de la violencia y de otras formas de extremismos, el desarrollo de la educación en particular la cívica y la mejora de las condiciones de vida. La democracia gracias a sus esfuerzos por fomentar una administración eficiente y honesta, por respetar los derechos humanos y sociales, y por invertir en recursos humanos, en educación, en salud y en un medio ambiente no degradado ofrece a todos los países la posibilidad de desarrollarse y a los ciudadanos la oportunidad de mejorar sus condiciones de vida.

2. ¿Qué le permite afirmar al autor que « la globalización o mundialización económica será benéfica para todos si lleva adosada indefectiblemente la globalización y mundialización de la sociedad libre y democrática » ?

La globalización de la actividad económica será benéfica para todos si permite superar las distorsiones económicas y ofrecer un trabajo decente. Para ello son imprescindibles el respeto de los derechos humanos y laborales tales como la libertad de asociación, de sindicato, de expresión, el derecho a la negociación colectiva, la supresión del trabajo forzoso, del trabajo infantil y de todas las formas de discriminación. Varias crisis económicas y sociales se produjeron a raíz de graves deficiencias en el funcionamiento de las instituciones democráticas, de la corrupción generalizada, de la pérdida de confianza en la sociedad y de los inversionistas. Por eso podemos afirmar que la libertad y la democracia son condiciones básicas par el desarrollo económico y social. Además cabe subrayar que se suele notar una mayor estabilidad de los resultados económicos en los regímenes más democráticos. El sentido profundo de la mundialización reside pues en la universalidad de los valores democráticos y derechos humanos, en la conciencia de que los ciudadanos no pertenecen a una cultura o grupo de países determinados sino que constituyen la base de una ética mundial que promueve el diálogo y la cooperación entre pueblos diferentes de tal modo que el crecimiento vaya acompañado de un mínimo de regla de funcionamiento social fundadas en valores comunes que sean justas para todos. Esta mundialización no basada en una actitud interesada exclusivamente en el poder ilimitado e incontrolado de capitales volátiles y en la búsqueda de beneficios sino en la comunidad de intereses de los que todos pueden sacar provecho y en el respeto de los derechos fundamentales asegurará el traslado al progreso social y el reparto de los beneficios de la globalización.

IV. Sujet de l'IEP d'Aix-en-Provence, Grenoble, Lyon, session 2003

Texto extraído de *Antología del humor* de Wenceslao Fernández Flórez
(novelista español)

¡Oh, gordos, no estáis solos! En las filas de enfrente figuramos algunos que hemos fijado en vosotros nuestra atención – ¡palabra! – de canibalismo, y admiramos los méritos que os son anejos. Yo nunca conseguí llegar a los setenta kilos, sin que me valiese de nada comer y beber y **holgazanear** a mi antojo, porque la gordura es un don ; pero mis simpatías están con vosotros, y si fuese rico, crearía un periódico para proteger vuestros grasientos intereses ; si orador, difundiría en mitines y conferencias vuestra alabanza, y si me preguntasen qué título tendría en más estima, confesaría que el de gordo honorario, ya que perdí toda esperanza de serlo efectivamente.

El obeso es bueno, es tierno, es sentimental, es honrado. En las estadísticas de la policía de todos los países se comprueba que el número de malhechores verdaderamente gordos representa apenas el uno por diez mil. Algunos pensadores delgados afirman que tal retraimiento obedece a que la **crasitud** resta ligereza y hace casi imposible escapar después de cometido el daño ; pero el porqué no importa. El obeso es alegre y es misericordioso. Cuando uno de ellos me examina me doy cuenta de que lo hace con esa bondad que el elefante guarda para el cornaca que tolera sobre su pescuezo.

En lo social es donde el aprovechamiento del gordo puede producir extraordinarios beneficios. La verdad es que todo está organizado con supeditación a los flacos, por funesto influjo de la democracia, porque los flacos abundan y cada día son fabricados a millones, mientras que obtener un rechoncho es arduo y hasta imposible. Por abrumadora mayoría el flaco impone al arte su tipo y al comercio y a la industria sus necesidades y conveniencias, que cambiarían ventajosamente si nos capitaneasen los gordos. Muchos recursos han ensayado los gobernantes para mejorar la situación de los pueblos, pero no el de otorgar a los gordos la preferencia, y, sin embargo, grandes bienes se desprenderían de ello. El gordo necesita más tela para vestirse, más alimentos para sostenerse. Las industrias textiles, la agricultura, y otras ramas de la producción verían ensancharse sus mercados : un general resurgimiento resultaría en provecho de todos ; **las butacas**, las literas de los coches cama, los asientos de los ómnibus no podrían ser tan molestamente exiguos como hoy, que están realizados pensando únicamente en los pesos pluma.

Los cargos que se formulan contra los gordos no resisten el buen sentido : el reproche de su falta de ligereza carece de lógica después de conseguido el automóvil y el avión ; al cabo de tantos estudios y de tan **empeñada** tenacidad para redimir al hombre del uso de sus piernas, es absurdo censurarle que no pueda correr demasiado. En cuanto a que lleve sus grasas consigo y excelentemente conservadas para cualquier menester, hemos de admitirlo y elogiarlo, puesto que inventamos, fabricamos y vendemos el frigorífico con parecida y peor lograda finalidad.

Los gordas son pacientes y pacíficos. Nunca se les ocurrió esgrimir su innegable "hecho diferencial" para conseguir prerrogativas : nunca han provocado revoluciones ; nunca exigieron la concesión de estatutos ; su modestia está en relación directa con su volumen, y a veces se diría que desean pasar inadvertidos. Pero ahora, en un insólito chispazo, acaban de hacer la **caradura** afirmación de una actitud al reunirse para constituir en Bilbao un club que tendría filiales en otros sitios de España.

▶ Partie I : Grammaire ◀

Instructions : Pour chaque item, vous devez choisir parmi les quatre éléments (1, 2, 3, 4) celui qui permet de reconstituer une phrase cohérente et grammaticalement correcte.

Il n'y a qu'une réponse correcte pour chaque question.

1. Yo creo que España ha .... un paso histórico .... declarar su país libre de armas nucleares.
1) dado, al   2) hecho, de   3) hecho, con   4) dado, a

2. ....cuanto antes a Bilbao. No dejes que te ....más oportunidades.
1) Ven, pases   2) Venga, pasen   3) Ven, pasen   4) Vengan, pasan

3. ....a los tópicos, el flamenco es mayoritariamente desconocido por los españoles. Apenas se .... discos
1) Contado, edita   2) Pese, editan   3) A pesar, editan   4) Pese, editen

4. La corrección ha sido aceptada por el propio Instituto Nacional de Estadistica, ...director no hemos oído decir que ....o que vaya a ser destituido.
1) de cuyo, dimita   2) cuyo, dimite   3) de quien, dimita   4) del cual, dimita

5. Para viajar de día, en la mayoría de los casos se .... trenes .... distribución interior es de tipo salón, es decir, sin compartimentos.
1) ofrece, cuya   2) ofrecen, cuya   3) ofrecen, cuyos   4) ofrece, cuyos

6. Los dos equipos protagonizaron un mal encuentro, que .... en consonancia con la escasa espectación que había despertado.
1) estuviera   2) estuvo   3) fue   4) fuera

7. La policia sospechó que la causa del homicidio .... un supuesto ajuste de cuentas entre jóvenes drogodependientes.
1) era   2) estaba   3) fuera   4) estuviera

8. Los españoles .... encendido el televisor seis horas y .... diarias.
1) están, medio   2) han, medio   3) tienen, media   4) siguen, media

9. .... más de un mes sin cobrar, ... la situación de crisis por la que atravesaba la empresa.
1) Llevaban, dada   2) Tenían, dado   3) Estaban, dado   4) Habían, dada

10. Condujo .... seis horas : .... Madrid .... Bilbao
1) por, de, hacía   2) para, desde, hacia   3) ..., de, hasta   4) en, desde, hasta que

11. El profesor cuarentón, enfermo, cargado de lecturas, excitado e......... por ellas, sueña .... un mundo que es, precisamente, aquel en el que no ha vivido nunca.
1) colérico, a   2) rabioso, en   3) irritado, con   4) iracundo, de

12. ¡......... la compra de tres videos .... un regalo!
1) Para, obtiene   2) Para, obtenga   3) Por, obtenga   4) Por, obtiene

13. Fernando .... a Madrid con mujer .... hijo.
1) vine, e   2) vino, e   3) fue, y   4) fui, y

14. En el fondo nada tranquiliza tanto .... comprobar el orden eterno e .... de las cosas.
1) como, sin fin   2) que, arduo   3) como, inmutable   4) que, jerárquico

15. Hemos consumido años .... lo único que nos .... hacer fue recordar, esperar y recordar.
1) que, tuvimos   2) donde, dio   3) cuando, echara   4) en que, tocó

16. Quizás, uno de sus escasos atractivos .... el de ver a jugadores que, por unas razones .... otras, casi no se han alineado en el resto de la temporada.
1) sea, u   2) es, o   3) esté, y   4) está, e

17. .... había traído sus libros : .... lo lamentaba.
1) Quien quiera, no   2) Ni siquiera, ni tampoco
3) Tan siquiera, nadie   4) Siquiera, nada

18. Si yo .... más tiempo .... otros idiomas.
1) tuviera, aprendería   2) tenga, aprenda
3) hubiese, aprende   4) tenía, aprendía

19. ¡ .... difícil es esta lengua y .... ideogramas tiene!
1) Cuán, cuán   2) Cuánta, cuántos   3) Cuánto, cuántas   4) Cuán, cuántos

20. El invierno pasado .... él .... en la calle.
1) es cuando, he caído   2) fue como, se caí
3) fue cuando, se cayó   4) así es como, cayó

▶ Partie II : Compréhension et vocabulaire ◀

(Les questions 1 à 5 sont en rapport avec la compréhension ; les questions 6 à 10 sont en rapport avec le vocabulaire.)

Instructions : Sous une forme qui peut être différente de celle du texte ci-joint, chaque partie du questionnaire ci-dessous fait référence à un fait ou une idée présentée par l'auteur. Choisir parmi les quatre possibilités proposées (1, 2, 3, 4) celle qui vous paraît la mieux adaptée.

Il n'y a qu'une réponse correcte pour chaque question.

1. Fernández-Flórez..........
1) nunca estuvo a régimen
2) engordó en su madurez
3) trató de no sobrepasar los setenta kilos
4) evitó comer paella

2. Los escuálidos afirman que hay pocos delincuentes barrigudos ....
1) porque carecen de fortaleza
2) porque la retirada les resulta difícil
3) porque se pasan el día comiendo
4) porque sólo les apetece dormir la siesta

3. ¿Cómo podría mejorarse la vida de la sociedad?
1) Ofreciendo ciertas riendas del estado a manos femeninas
2) Entregando la responsabilidad suprema a manos férreas
3) Organizando un sistemático mano a mano entre conservadores y liberales
4) Dejando que manos rollizas manejen las palancas del poder

4. Una idea económica básica, expresada aquí, es la de ....
1) la política del cinturón apretado
2) la baja de la inflación
3) la reactivación por el consumo interno
4) la defensa de la moneda

5. Como otras minorías, los gordos.........
1) padecen y se sienten marginados
2) aguantan y callan
3) lo aceptan todo con humorismo
4) están reaccionando

Les mots et expressions soulignés dans le texte sont repris dans l'ordre de la lecture. Dans chaque cas quatre possibilités de substitution (1, 2, 3, 4) sont proposées. Choisir le mot ou l'expression qui s'insère dans le contexte sans dénaturer le sens.

6. Holgazanear
1) fantasear   2) digerir   3) estar ocioso   4) discurrir

7. crasitud
1) suciedad   2) benevolencia   3) gordura   4) maldad

8. Las butacas
1) los sillones   2) las botas   3) los porrones   4) los suéteres

9. empeñada
1) pertinaz   2) embarazada   3) pertinente   4) molesta

10. caradura
1) lógica   2) empeñada   3) fresca   4) errónea

▶ Partie III : Expression écrite ◀

Instructions : Lire attentivement le texte de Wenceslao Fernández Flórez, *Antología del Humor.*
« ¿En qué medida la visión del autor contrasta con el fenómeno actual de obesidad creciente en nuestras sociedades ocidentales? »   150 mots +/- 10 %

Corrigé

▶ Grammaire ◀

1	1	2	3	4
2	1	2	3	4
3	1	2	3	4
4	1	2	3	4
5	1	2	3	4
6	1	2	3	4
7	1	2	3	4
8	1	2	3	4
9	1	2	3	4
10	1	2	3	4
11	1	2	3	4
12	1	2	3	4
13	1	2	3	4
14	1	2	3	4
15	1	2	3	4
16	1	2	3	4
17	1	2	3	4
18	1	2	3	4
19	1	2	3	4
20	1	2	3	4

▶ Compréhension et vocabulaire ◀

1	1	2	3	4
2	1	2	3	4
3	1	2	3	4
4	1	2	3	4
5	1	2	3	4
6	1	2	3	4
7	1	2	3	4
8	1	2	3	4
9	1	2	3	4
10	1	2	3	4

Traitez en espagnol le sujet suivant (150 mots +/- 10 %) : « ¿En qué medida la visión del autor contrasta con el fenómeno actual de obesidad creciente en nuestras sociedades occidentales? »

Mientras que el autor alaba los kilos superfluos la sociedad no sólo los rechaza por razones de salud sino también por razones más superficiales.

Los médicos alarmaron a la población de los riesgos de enfermedades que corrían los obesos e incitaron a comer de manera más equilibrada y a practicar deporte. Hoy lo que prima es la apariencia, por eso ciertas personas no vacilan en ponerse a régimen para parecerse a los modelos de las revistas. Por no „respetar las normas" los gordos pueden sentirse excluidos. En efecto les resulta difícil vestirse, les cuesta viajar en los transportes públicos debido a la falta de espacio y pues de confort. Además ciertos empresarios se niegan a contratarlos porque asocian la gordura con la holganza o creen que perjudicarán la imagen de la empresa. En cuanto a la mirada de la sociedad no es nada benévola sino que al contrario los culpabiliza.

V. Sujet de l'IEP de Toulouse, session 2003

▶ La préposition. Choisissez pour chaque phrase la préposition adéquate entre celles proposées (a, al, con, de, del, en, para, por, sin, sobre) ◀

1. La niña se negó … vestirse … hada para el carnaval.

2. ¡No tires … mantel, el florero se ca … caer!

3. ¡Mira … aquella señora … gafas!

4. ¡Alejémonos … fuego y acerquémonos … la ventana!

5. Aunque pasaba … los cincuenta años, le gustaba aún disfrazarse … payaso.

6. No me siento apta … las matemáticas ni entiendo nada … física.

7. Este chico se parece … su madre … el carácter.

8. Lo detuvieron … ladrón y lo condenaron … cadena perpetua.

9. Se empeñó … salir … paseo … abrigo.

10. Estudió … dentista y se desvivió …tener una moto.

11. Me parece más conveniente ir … bicicleta que montar … caballo.

12. La ventana de la habitación da … la calle y un balcón da la vuelta … toda la casa.

13. Amenazó … su cómplice … denunciarlo a la policía.

14. Salimos … vacaciones … orillas del mar.

15. Mi amiga tarda mucho … contestarme, así que prescindiré … ella.

16. Tengo … Carla … una chica muy inteligente.

17. Si te aburres, … las dudas, te doy una tarea : traduce este poema … inglés.

18. No sé si la experiencia ajena sirve … algo pero al menos nos incita a compararla … la nuestra.

19. Tenían en su casa un hermoso piano … cola … el cual había una foto de la abuela pianista.

20. … ese aspecto tacaño, me desconfío … ese hombre.

▶ Adjectifs et pronoms indéfinis. Règle de l'apocope. Choisissez la bonne réponse ◀

21. … de nosotras pudo remediar … desastre.
a) Ninguno/tal   b) Ninguna/un tal   c) Ninguna/tal
d) Alguna/tal   e) Alguna/un tal

22. No puedo aguantar más, me has decepcionado … veces.
a) cuantas   b) ∅   c) bastante de
d) suficientemente   e) demasiadas

23. De golpe, nos pareció que … escuchaba nuestras palabras.
a) alguien   b) ningún   c) calquier
d) nadie nos   e) algún

24. No se escapaba … vapor de la chimenea de la fábrica.
a) alguna   b) ninguna   c) algún
d) ninguna   e) ningún

25. Dime si tienes … proyecto para las próximas vacaciones.
a) ningún   b) uno   c) algún
d) alguno   e) ninguno

26. Nunca aquella ciudad había encontrado antes …desarrollo.
a) una semejante   b) tan   c) una tal
d) tamaño   e) un semejante

27. Había … muchedumbre en aquel concierto que no se podía avanzar.
a) tanta   b) tal   c) cuanta
d) tan   e) una tanta

28. En el cine entraron … personas quisieron.
a) cuántas   b) tantas   c) demasiadas
d) unas tantas   e) cuantas

29. La policía tenía … pruebas para detener al ladrón.
a) bastante de   b) hartas   c) de más
d) suficientemente de   e) harto de

30. … que sean las dificultades, las resolveré.
a) aunque   b) las que   c) cualesquiera
d) cualquiera   e) cuales

▶ La conjonction de subordination. Vous relierez les deux propositions entre elles ◀

31. ¿Por qué no me dijiste que ...

32. Me quedé mirándole a la cara sin que ...

33. No entremos en la habitación

34. El arquitecto nos afirmó que ...

35. No me sentiré nunca abandonada con tal que ...

36. Los soldados no se movieron antes de que ...

37. Te aseguro que mamá se enfadará si ...

38. No puedo concebir que ...

39. Veo con sorpresa que ...

40. Saldremos a pasear en coche a no ser que ...

41. Los alpinistas perdían el aliento conforme ...

42. Me decidiré a hacer tal excursión según...

43. Lo llevó al aeropuerto en coche para que ...

44. Por causa de los atascos, fue imposible que ...

45. Entre los candidatos, el empresario contratará a quien ...

46. El internet será un progreso como ...

47. Me dio mucho placer el que ...

48. La gente estará contenta si ...

49. ¿No serás tú quien nos ...

50. Nos había prometido una larga carta luego que ...

a) ... me acompañes o no.

b) ... hiele o que nieve.

c) ... se mejora la coyuntura.

d) ... las obras estarían acabadas a fines de julio.

e) ... el coronel les hubiera dado la orden de tirar.

f) ... alcanzáramos la autopista.

g) ...salimos de casa sin permiso.

h) ... tenga el mejor diploma.

i) ...el hombre no se vuelva esclavo de la tecnología.

j) ... te habían regalado un coche nuevo?

k) ... hubiera terminado su viaje.

l) ... lleve al colegio ?

m) ... estés siempre a mi lado.

n) ... me hubieras escrito ese poema.

o) ... esos niños desobedezcan tanto.

p) ... el otro demostrase nada.

q) ... has cambiado de opinión.

r) ... no estén acabadas las reparaciones.

s) ... iban llegando a la cima.

t) ... no perdiese el avión.

▶ Emploi de *por* et *para*. Vous choisirez pour chaque phrase la préposition adéquate ◀

51. Nos vamos de viaje ... quince días.

52. La escuela está … renovar.

53. La carnicería está cerrada … vacaciones.

54. ¿… qué sirve estudiar tanto?

55. Compré este disco … muy poco.

56. Estaba … salir cuando sonó el teléfono.

57. Mi hija estudia … médica.

58. … mentir siempre, ya nadie te cree.

59. María se esforzó … contestarle a Juan sin enfadarse.

60. … ella, lo único que importa es comer.

▶ La proposition subordonnée et la concordance des temps. Choisissez la bonne réponse ◀

61. No sabíamos entonces si el presidente … un discurso.

a) procunciará   b) pronunciara   c) pronunciase

d) pronunciaría   e) pronunció

62. Aquella noche nos ordenó que … nuestras maletas inmediatamente.

a) haciéramos   b) hiciéramos   c) hicimos

d) haríamos   e) hubiéramos

63. Mi madre me compraría esta nueva falda si … más dinero.

a) tendría   b) tenía   c) tuvo

d) tendrá   e) tuviera

64. Su novio le había prometido que la … hasta el final de sus días.

a) quería   b) quisiese   c) querría

d) quiso   e) querrá

65. ¿Por qué no le aconsejas que … de vacaciones?

a) se vaya   b) se fuera   c) se fuese

d) se iba   e) se irá

66. Sara pidió a su secretaria que le … de lo que se había dicho en la reunión.

a) informará   b) informaba   c) informara

d) informe   e) informó

67. Inés quiere que sea su mejor amiga la que … de testigo en su casamiento.

a) sirviese   b) sirva   c) sierva

d) servirá   e) sirve

68. A Juan le parece extraño de que Carla no le … escrito, a pesar de sus promesas.

a) hubo   b) hubiese   c) habrá

d) habría   e) haya

69. El dentista aconseja a su paciente que se …

a) sentase   b) sentará   c) siente

d) sienta   e) sentara

70. No puede decir ni una sola palabra sin que su colega lo …

a) contradiga   b) contradice   c) contradirá

d) contradijo   e) controdiga

▶ Le participe passé. Choisissez la réponse adéquate ◀

71. Los diferentes servicios están (**incluir**) … en el precio (**proponer**) …
a) incluídos/proponido   b) incluído/propuesto   c) incluso/propuesto
d) incluídos/propuesto   e) inclusivos/propuestos

72. La escuela se ha (**venir**) … al suelo ; cuatro niños resultaron (**herir**) …
a) venida/herididos   b) venido/heridos   c) vuelto/heridos
d) vuelta/heridos   e) venida/herida

73. Por favor, echa al buzón estas dos cartas que tengo (**escribir**) … ; las he (**hacer**) … anoche.
a) escritas/hecho   b) escritas/hechas   c) escrito/hecho
d) escribidas/hecho   e) escrito/hechas

74. La cocinera tiene su receta (**preparar**) … y la cena está (**servir**) …
a) presa/servida   b) preparada/servida   c) preparada/sirva
d) presa/servida   e) preparado/servido

75. Felipe ha (**volver**) … de la calle sin paraguas ; está (**hacer**) … una sopa.
a) volvido/hacido   b) volvido/hecho   c) vuelto/hecho
d) vuelto/hizo   e) vuelto/hecha

▶ La possession. Complétez les phrases suivantes par l'adjectif ou le pronom possessif qui convient ◀

76. Un amigo … ha preguntado por tí durante … ausencia.
a) de tí/tuya   b) de tí/tuyo   c) tuyo/tuya
d) tuyo/tu   e) de tí/de tí

77. Tenemos … razones y vosotros tenéis las …
a) nuestras/vuestras   b) nosotras/vosotras   c) nostras/vostras
d) nos/vos   e) de nos/de vos

78. Esta estancia es del presidente ; es … desde hace siglas y … familia es millonaria.
a) suya/suya   b) suya/su   c) su/su
d) de sí/su   e) de él/suya

79. Niños, amad siempre a … padres y a … prójimos.
a) sus/sus   b) vuestros/vuestros   c) suyos/sus
d) tus/tus   e) sus/suyos

80. Ese hombre sólo piensa en sí ; sólo le interesan … problemas y lo …
a) sus/de sí   b) suyos/suyo   c) sus/consigo
d) sus/suyo   e) nuestros/de sí

Corrigé

▶ La préposition. Choisissez pour chaque phrase la préposition adéquate entre celles proposées (*a, al, con, de, del, en, para, por, sin, sobre*) ◀

1	2	3	4	5	6	7	8	9	10	11	12	13	14	15	16	17	18	19	20
a	del	a	del	en	para	a	al	en	para	en	a	a	de	en	a	en	para	de	por
de	a	de	a	de	de	en	a	de	por	a	a	con	a	de	por	al	con	sobre	de
								sin											

▶ Adjectifs et pronoms indéfinis. Règle de l'apocope. Choisissez la bonne réponse et reportez-la sur la grille ◀

21	a	b	c	d	e
22	a	b	c	d	e
23	a	b	c	d	e
24	a	b	c	d	e
25	a	b	c	d	e
26	a	b	c	d	e
27	a	b	c	d	e
28	a	b	c	d	e
29	a	b	c	d	e
30	a	b	c	d	e

▶ La conjonction de subordination. Vous relierez les deux propositions entre elles. ◀

31	32	33	34	35	36	37	38	39	40	41	42	43	44	45	46	47	48	49	50
j	p	r	d	m	e	g	o	q	b	s	a	t	f	h	i	n	c	l	k

▶ Emploi de *por* et *para*. Vous choisirez pour chaque phrase la préposition adéquate ◀

51	52	53	54	55	56	57	58	59	60
por	para	por	para	por	para	para	por	por	para

► La proposition subordonnée et la concordance des temps. Choisissez la bonne réponse et reportez-la sur la grille ◄

61	a	b	c	**d**	e
62	a	**b**	c	d	e
63	a	b	c	d	**e**
64	a	b	**c**	d	e
65	**a**	b	c	d	e
66	a	b	**c**	d	e
67	a	**b**	c	d	e
68	a	b	c	d	**e**
69	a	b	**c**	d	e
70	**a**	b	c	d	e

► Le participe passé. Choisissez la réponse adéquate et reportez-la sur la grille ◄

71	a	b	c	**d**	e
72	a	**b**	c	d	e
73	**a**	b	c	d	e
74	a	**b**	c	d	e
75	a	b	**c**	d	e

► La possession. Complétez les phrases suivantes par l'adjectif ou le pronom possessif qui convient et reportez votre réponse sur la grille ◄

76	a	b	c	**d**	e
77	**a**	b	c	d	e
78	a	**b**	c	d	e
79	a	**b**	c	d	e
80	a	b	c	**d**	e

VI. Sujet de l'IEP de Rennes, session 2003

UN ALCALDE PARA EL FUTURO DE MÉXICO

Juan Jesús Aznárez. México.

Una de las condiciones exigibles a los aspirantes a la presidencia de México, según el erudito Daniel Cosío Villegas (1898-1976), es que no sean notoriamente feos. Andrés Manuel López Obrador, jefe del Distrito federal (alcalde), segundo puesto tras la presidencia de la República, no es feo y es astuto, pragmático y austero. Ocho de cada diez vecinos
5. de la urbe más poblada del planeta, con más de veinticinco millones de habitantes, aprueban su gestión. Un índice sin precedentes. Declara lo que conviene declarar, que no piensa en las presidenciales de 2006, pero trabaja para ser elegido candidato del Partido de la Revolución Democrática (PRD), formación de izquierdas. Grandes empresarios mexicanos se le acercan y adulan porque avizoran sus posibilidades.

10. Sin haber resuelto aún los grandes e inveterados problemas de la metrópoli, López Obrador, hace cosas que al ciudadano le estimulan por novedosas o audaces : papeleras en las calles, negociando con las mafias que comerciaban con la recogida de la basura ; atención a los ancianos ; consultas públicas sobre viaductos ; planes para el centro histórico ; purgas en los jefes policiales o la contratación de ex-alcalde
15. de Nueva York para combatir la delincuencia. Sin cargar con la responsabilidad de los grandes asuntos nacionales. Y con una caja que le permite equilibrar los gastos necesarios y otros populistas, acertó con la fórmula.

„Es el contraste con el pasado y la insistencia en una cierta humildad", dice el historiador Lorenzo Meyer. Pese a su poder, la casa del alcalde en su natal Tabasco
20. es modesta y la de la capital sintoniza con las viviendas de clase media baja. Nada de ostentación que huela a corrupción, miel sobre hojuelas en la percepción de los compatriotas, hartos de ladrones de despacho y licenciados de Harvard, mequetrefes o analfabetos políticos. Es un mensaje ético, más que de eficacia, que la población agradece. El alcalde habla sin alambicamiento y, según el momento, arremete contra
25. el presidente, Vicente Fox, los dirigentes del gubernamental Partido de Acción Nacional (PAN) o el opositor Partido Revolucionario Institucional (PRI).

„Andrés Manuel tiene muy en cuenta las encuestas, pero trabaja mucho para salir bien parado", dice uno de sus próximos. Lo está logrando. Los diarios Reforma y El Universal publicaron la pasada semana dos sondeos gratificantes : el 83 % y el 85 %,
30. respectivamente, de la muestra del Distrito Federal, cuya área metropolitana se acerca a los 20 millones de habitantes, a los que habría que sumar varios millones en los arrabales, le aplaude.

Los analistas escrutan las causas de una popularidad que no se sustenta en grandes realizaciones. Pero los pasos son esperanzadores y el estilo es otro, pese a que el
35. hampa no ceja, la corrupción policial y administrativa es terrible, la vialidad, caótica en muchos momentos, el abasto de agua insuficiente, y pese a que las mafias controlan barrios importantes. El ciudadano sabe que su solución llevará decenios y celebra que, al menos, alguien incorpore iniciativas sanas y no robe. Su alcalde, además, no sufre el desgaste de los escándalos que castigan a la agrupación Amigos de Fox, al

PAN y al PRI, por presunto uso ilegal de fondos en las generales del 2 de julio de 2000.   40.
Alfonso Zárate, analista del programa radio-Fónico Monitor, encuentra paralelismos con Fox : „Rasgos populistas muy acentuados, corte mesiánico, cuasi religioso de su misión y su condición pueblerina". „Los dos se asumen como gente de pueblo", señala, „y en ambos casos hay mucho de personalismo, de voluntarismo y, particularmente, en López Obrador". Muchas decisiones del Parlamento del Distrito   45.
Federal no se cumplen, agrega, porque el alcalde decide que son inadecuadas para la sociedad. Prefiere enfrentar una eventual reprimenda judicial a cumplirlas.

El País, domingo 11 de mayo de 2003.

▶ Traduzca el párrafo comprendido entre las líneas cuarta y novena : „Ocho de cada diez vecinos, … avizoran sus posibilidades" ◀

▶ Traduction ◀

Il convient de tout traduire car il vaut mieux interpréter des mots inconnus d'après le contexte que de laisser un blanc, beaucoup plus sanctionné. Soignez la qualité du français (orthographe, lexique, syntaxe, conjugaison, sens) tout en restant le plus fidèle possible au texte d'origine.

Traduzca el párrafo comprendido entre las líneas cuarta y novena : „Ocho de cada diez vecinos,… avizoran sus posibilidades".

Huit habitants sur dix de la ville la plus peuplée de la planète, avec plus de vingt-cinq millions d'habitants, approuvent sa gestion. Un signe sans précédent. Il déclare ce qu'il convient de déclarer, qu'il ne pense pas aux présidentielles de 2006, mais il travaille pour être élu candidat du Parti de la Révolution Démocratique (PRD), rassemblement de gauche. De grands chefs d'entreprise mexicains s'en rapprochent et le flattent parce qu'ils guettent ses chances.

Bibliographie

– BERREIX C. et SCHEIBER C., *L'Épreuve de culture générale*, Dunod, 1995.

– BELLÉGO O., *Culture générale*, Vuibert, collection Mise à niveau, 3ᵉ éd., 2004.

– BELLÉGO O., *La Dissertation de culture générale*, Vuibert, 2003.

– CHATELET F., DUHAMEL O. et PISSER E., *Dictionnaire des œuvres politiques*, PUF, Quadrige, 2001.

– COBAST E., *Leçons particulières de culture générale*, 3ᵉ éd., PUF, 1998.

– COLAS D., *Dictionnaire de la pensée politique : auteurs, œuvres, notions*, Larousse, 1997.

– Concours administratifs : catégorie A : *QCM*, tome 1 : *Culture générale, droit public, économie, finances publiques, gestion, histoire et géographie*, Vuibert, 1999.

– LE GUERINEL P., *Culture générale : se préparer*, CNED, Documentation française, 1995.

– LAKEHAL M. (dir.), *Dictionnaire de culture générale*, Vuibert, 2003.

– LETERNE T. et HUISMAN-PERRIN E., *Éléments de culture générale*, CNED, Documentation française, 1995.

– MELLO J.-P., *La Culture générale – Examens et concours du lycée à l'enseignement supérieur*, Vuibert, 2004.

– SILVESTRE R., *Culture générale : manuel*, Éditions d'Organisation, 1998.

HISTOIRE

Histoire générale

– BERSTEIN S., MILZA P., *Histoire du XXᵉ siècle*, Paris, Hatier, Collection Initial, 3 volumes.

– DROZ B., ROWLEY A., *Histoire générale du XXᵉ siècle*, Paris, Seuil, Points, 4 volumes.

– HOBSBAWM E. J., *L'Âge des extrêmes. Histoire du court XXᵉ siècle*, Paris, Complexe, 1994.

Pour commencer

– TOUCHELAY B., *Histoire du XXᵉ siècle*, collection Mise à niveau, Vuibert, 2001.

Histoire de l'Europe

– BECKER J.-J., *L'Europe dans la Grande Guerre*, Paris, Belin, 1996.

– BERNSTEIN S., MILZA P., *Histoire de l'Europe contemporaine - Le XIXᵉ siècle de 1815 à 1919*, Paris Hatier, 1992.

Histoire politique du monde

– BERSTEIN S., *Démocraties, régimes autoritaires et totalitarisme*, Paris, Carré histoire, Hachette, 1992.

– DUROSELLE J.-B., *Histoire des relations internationales*, Paris, Dalloz, 1990, 10ᵉ édition.

Histoire de France

• **Histoire générale**

– Collection « Nouvelle histoire de la France contemporaine », Paris, Seuil, Point histoire, derniers volumes.

– BERSTEIN S. (dir.), *L'Invention de la démocratie (1789-1914)*, Paris, Seuil, 2002.

• **Histoire économique et sociale**

– BORNE D., *Histoire de la société française depuis 1945*, Paris, Armand Colin, Cursus, 3ᵉ édition 2000.

– BRODER A., *Histoire économique de la France au XXᵉ siècle (1914-1997)*, Paris, Ophrys, 1998.

– DEWERPE A., *Le Monde du travail en France (1800-1950)*, Paris, Armand Colin, 2ᵉ édition 1996.

– MOULIN A., *Les Paysans dans la société française de la Révolution à nos jours*, Paris, Seuil, Point histoire, 1988.

– NOIRIEL G., *Les Ouvriers dans la société française XIX-XXᵉ siècle*, Paris, Seuil, Point histoire, 1986.

– WORONOFF D., *Histoire de l'industrie en France du XVᵉ siècle à nos jours*, Paris, Seuil, Point histoire, 2ᵉ édition 1998.

• **Histoire politique**

– Winock M., *La France politique, XIX-XX* *siècle*, Paris, Seuil, Point histoire, 1999.

– Winock M., *La Fièvre hexagonale*, Paris, Seuil, Point histoire, 1986.

Géographie

– Atlas général et atlas géopolitique récent.

– INSEE, *Données sociales*, publication irrégulière depuis 1975 (nombreuses études rétrospectives et statistiques commentées).

– INSEE, *Tableaux de l'économie française*, publication annuelle.

– Marchand O., Thélot C., *Le Travail en France (1800-2000)*, Paris, Nathan, 1997.

Économie politique

▶ Ouvrages de base ◀

– Bernier B. et Simon Y., *Initiation à la macroéconomie*, 7e éd., Dunod, 1998.

– Boudier-Bensebaa F. et Enselme X., *Économie*, Vuibert, Collection Mise à niveau, 2e éd., 2003.

– Flouzat D., *Économie contemporaine*, T. 1 et 2, coll. Thémis, PUF, 1997.

– Généreux J., *Économie politique*, T. 1 et 2, Hachette Supérieur, 1990, 1991.

– Lakehal M., *Dictionnaire d'économie contemporaine et des principaux faits politiques et sociaux*, (plus de 11 500 entrées et 8 800 définitions), Vuibert, 3e éd., 2002.

– Lakehal M., *Principes d'économie contemporaine*, Vuibert, 1999.

– Montoussé M. (dir.), *100 Fiches de lecture*, Bréal, 1998.

– Schotter A., *Microéconomie, une approche contemporaine*, Vuibert, 1996.

– Silem A., *Histoire de l'analyse économique*, « Hachette Supérieur », 1995.

▶ Documents statistiques ◀

– *Le TEF* (Tableau de l'économie française), INSEE (principales statistiques de la France).

– *L'Économie française*, extraits des Comptes de la Nation, INSEE-Le Livre de Poche.

– *Ramses*, annuaire international, Dunod.

– *L'État du monde*, annuaire international, La Découverte.

– *Rapport annuel de la Banque Mondiale*.

▶ À suivre pour votre documentation personnelle ◀

– *Les Notes bleues de Bercy* (suivi des données statistiques et budgétaires de la France).

– *Problèmes économiques* (recueil d'articles économiques parus dans les revues françaises et étrangères, articles traduits en français), Documentation française.

– *Les Cahiers français* (un thème par numéro), Documentation française.

– *Alternative économique* (revue critique d'actualité politique, économique et sociale).

– *Le Monde* (surtout celui daté du mardi qui comporte un dossier économique).

– Le dossier économique hebdomadaire de la chaîne de télévision *Euronews* (réseau câblé ou satellite).

– Certains dossiers de l'émission *Capital* de la chaîne M6 (réseau hertzien).

Institutions politiques et droit public

– Briant (de) V., *Droit constitutionnel*, Vuibert, , Collection Mise à niveau, 2e éd., 2004.

Comme son nom l'indique, la collection Mise à niveau dans laquelle est publiée cet ouvrage aide tous les candidats à des concours – niveau bac à bac + 4 –, juristes ou non juristes, à acquérir l'ensemble des connaissances pour être au niveau du concours.

– Chantebout B., *Droit constitutionnel et science politique*, 14e éd., Armand Colin, 1997.

Un ouvrage de base et un classique pour la préparation de cette épreuve, le seul à véritablement aborder le droit constitutionnel et la science politique en raison notamment de la formation pluridisciplinaire de son auteur.

– Meny Y., *Politique comparée*, Montchrestien, 5e éd., 1996.

Un classique du comparatisme institutionnel appliqué aux « grandes démocraties », l'Allemagne, les États-Unis, la France, la Grande-Bretagne et l'Italie. On rappellera qu'un grand nombre des questions posées demandent au candidat de comparer plusieurs régimes politiques. De plus, l'auteur est professeur à l'Institut d'études politiques de Paris.

– QUERMONNE J.-L., *Les Régimes politiques occidentaux*, Points-Seuil, 1994.

Un livre de poche qui relie de manière claire et utile, pour l'entrée aux IEP, institutions politiques, sociologie politique et histoire politique. Plus qu'un manuel, ce livre conduit à s'interroger sur les régimes politiques occidentaux. L'auteur est professeur à l'Institut d'études politiques de Grenoble et directeur d'étude et de recherche à la Fondation nationale des sciences politiques.

– BOULOUIS J., *Droit institutionnel de l'Union européenne*, 5ᵉ éd., Montchrestien.

Connaître les institutions communautaires est aujourd'hui indispensable à la préparation de l'épreuve. Cet ouvrage constitue une référence utile. On attirera l'attention du candidat sur le fait qu'en matière d'Union européenne, la plupart des ouvrages sont en réédition pour tenir compte du nouveau traité d'Amsterdam. L'ouvrage le plus récent sera donc dans tous les cas recommandé.

▶ Revue ◀

La revue *Pouvoirs* (revue trimestrielle, publiée au Seuil) s'est imposée aujourd'hui comme une revue de référence en matière de droit constitutionnel et d'institutions politiques. Ses numéros sont thématiques et transversaux. De ce fait elle est particulièrement utile à la préparation de l'épreuve. De plus, elle publie une chronique d'actualité qui permet de compléter ses connaissances par rapport à des ouvrages qui vieillissent vite. En 1998, la revue a consacré un numéro spécial au « Premier ministre » (n° 83), et à la « démocratie majoritaire » (n° 85).

SOCIOLOGIE

▶ Ouvrages généraux ◀

– ANSART P., *Les Sociologues contemporains*, Points Essais, Seuil, 1990.

– BOUDON R., BESNARD P., CHERKACRU M., *Dictionnaire de la sociologie*, Références, Sciences de l'homme, Larousse, 1993.

– DUBOIS M., *Les Fondateurs de la pensée sociologique*, Ellipses, 1993.

– ÉTIENNE J. *et al., Dictionnaire de sociologie*, Hatier, 1997.

– FÉRRÉOL G., NORECK J.-P., *Introduction à la sociologie*, coll. « Cursus », Armand Colin, 1993.

– GIACOBBI M., ROUX J.-P., *Initiation à la sociologie. Les grands thèmes, la méthode, les grands sociologues*, Hatier, 1990.

– JAVEAU C., *Leçons de sociologie*, coll. U, Armand Colin, 1997.

– LAKEHAL M., *Dictionnaire d'économie contemporaine et des principaux faits politiques et sociaux*, Vuibert, 3ᵉ éd., 2002.

– LALLEMANT M., *Histoire des idées sociologiques*, T. 1 et 2, Économie-Sciences sociales, Nathan, 1993.

– MORIN J.-M., *Précis de sociologie, Repères pratiques*, Nathan, 1998.

– RIUTORT P., *Premières leçons de sociologie*, PUF, 1996.

– SIMON-LEDOUX E., *Sociologie*, Vuibert, Collection Mise à niveau, 2002.

– TOURAINE A., *Pour la sociologie*, Points Essais, Seuil, 1974.

▶ Culture et systèmes de valeurs ◀

– DELAS J.-P., MILLY B., *Histoire des pensées sociologiques*, coll. Synthèse plus, Sirey, 1997.

– DOLLOT, *Culture individuelle et culture de masse*, coll. Que sais-je ? n° 1552, PUF, 1993.

– WEBER M., *L'Éthique protestante et l'esprit du capitalisme*, 1905.

▶ Socialisation et ordre social ◀

– CHAPPUIS R., THOMAS T., *Rôle et statut*, coll. Que sais-je ?, PUF, 1995.

– DUBAR C., *La Socialisation. Construction des identités sociales et professionnelles*, coll. U, Armand Colin, 1996.

▶ Classes, stratification et mobilités sociales ◀

– CHATAGNER F., *Les Classes sociales*, Marabout-Le Monde, 1997.

– MENDRAS H., *La Seconde Révolution française, 1965-1984*, Gallimard, 1994.

– MENDRAS H., *La Fin des paysans*, Actes Sud, 1992.

– MERLLIÉ D., PRÉVOT J., *La Mobilité sociale*, La Découverte, 1997.

▶ Pouvoir, domination et action collective ◀

– BOUDON R., *La Place du désordre. Critique des théories du changement social*, PUF, 1991.

– CHAPPELIÈRE I., ORDIONI N., *Le Changement social contemporain*, Ellipses, 1996.

– CHAZEL F., *Action collective et mouvements sociaux,* PUF, 1993.

– REYNAUD J.-D., *L'Action collective et la régulation sociale,* coll. « U », Armand Colin, 1993.

– RUSS J., *Les Théories du pouvoir,* Le Livre de Poche, 1994.

– TOURAINE A., *Le Grand Refus,* Fayard, 1996.

ANGLAIS

– DELEPINE B., *La Grammaire anglaise de l'étudiant,* Ophrys, 1989.

– ESCARPIT R., DULCK J., *Meet Britain,* Hachette.

– GUIERRE L., *Drills in English Stress Patterns,* Armand Colin-Longman, 1984.

– GUIERRE L., *Le Mot juste* (*The Right Word*), Petit guide pour la traduction et la rédaction en anglais, Vuibert, 1975.

– LAB F., MAZODIER C., *The Press Book,* Apprendre l'anglais en lisant la presse, Ophrys, 1993.

– LE DIVENACH E., *English in the News* (vocabulaire de base et textes courts), Belin, 1997.

– NGUYÊN-QUANG J.-L. et TANSORIER S., *Anglais,* Vuibert, Collection Mise à niveau, 2003.

– *Collins Cobuild English Dictionary*, dictionnaire unilingue.

– *Robert and Collins Senior Dictionary,* français-anglais/anglais-français.

▶ Anglais-Américain ◀

– BOSDE C., MALOVANY-CHEVALLIER S., *Focus on American Democracy* (le système politique en version originale), Presses de Sciences-Po.

– LYDON K., *Buzzwords* (progresser par le dictionnaire à mots découverts), Presses de Sciences-Po.

– SUDDATH-LEVRARD C., *Words that made America* (500 mots pour comprendre la culture politique américaine), Presses de Sciences-Po.

Consultez aussi vos manuels scolaires, d'histoire et de géographie et aussi quelques ouvrages de format plus modeste mais qui peuvent rendre beaucoup de services (par exemple *L'Angleterre dans votre poche* et peut-être plus encore *Les États-Unis dans votre poche*) dans leur version anglaise de préférence (Hatier).

ALLEMAND

▶ Dictionnaires ◀

– GRAPPIN P. (Larousse).

– LANGENSHEIDT (publications allemandes distribuées par Larousse).

– Dictionnaires bilingues : plusieurs formats (mini, petit, moyen, encyclopédique)

Choisir de préférence le dictionnaire encyclopédique en 2 volumes, qui offre de très nombreux exemples d'emploi et expressions idiomatiques.

– Dictionnaires unilingues : Duden, Brockhaus

▶ Manuels de vocabulaire ◀

– BARNIER-DELAGE, le plus complet, le plus riche en expressions idiomatiques (Hachette, 1971, constamment réédité)

– BENHAMOU, *La Pratique du vocabulaire allemand* (Nathan, 1998)

– CHATELENAT-HENZI (Hachette, 1993).

– MICHÉ, *Vocabulaire – Allemand progressif* (Didier, 1959, non réédité), élaboré d'après des tables de fréquence établies par ordinateur.

– ROBIN (Bordas, 1997), le plus élémentaire.

▶ Manuels de grammaire ◀

– BOUCHEZ (Belin, niveau supérieur, non réédité, qu'on peut trouver d'occasion).

– CHASSARD ET WEIL (Hachette, 1971, constamment réédité, niveau moyen).

– SAUCIER (Bordas, 1986, niveau très élémentaire, pour une initiation).

▶ Histoire allemande ◀

– *Frankfurter Allgemeine Zeitung* (conservateur).

– *Die Zeit* (compte parmi ses éditorialistes l'ancien chancelier Schmidt).

– *Der Spiegel* (grand hebdomadaire, remarquable par la qualité des informations et l'esprit critique, mais de lecture difficile, car la rédaction, émaillée de nombreux anglicismes, gallicismes… est souvent peu claire).

– *Süddeutsche Zeitung* (tendance conservatrice).

– *Neue Zürcher Zeitung* (suisse, points de vue intéressants).

▶ Ouvrage complémentaire ◀

TROEGER K., *Allemand : l'épreuve d'entrée à Sciences-Po,* Vuibert, 1999, 42 épreuves.

ESPAGNOL

▶ Grammaire ◀

– FREYSSELINARD E. , *Ser y estar*, Ophrys.
– GERBOIN P. et LEROY C., *Précis de grammaire*, Hachette éducation.
– MARIANI C. et VASSIVIÈRE D., *Pratique de l'espagnol de A à Z*, Hatier.

▶ Lexique ◀

– BARDIO VALLES I., *Comunicar activamente en español*, Spratbrow.
– HERNÁNDEZ H., *La Pratique du vocabulaire espagnol*, Nathan.

▶ Culture générale sur l'Espagne et l'Amérique latine ◀

– DELAMARRE-SALLARD C. (ouvrage rédigé en espagnol), *Civilización española y latino-americana – Manuel de civilisation espagnole et latino-américaine*, Bréal.

▶ Presse consultable sur Internet ◀

– *El País* (www.elpais.es)
– *El Mundo* (www.el-mundo.es)
– *La Vanguardia* (www.lavanguardia.es)
– *Cambio 16* (www.cambio16.info)

▶ Adresses utiles ◀

– Centro de Recursos de la Consejería de Educación y Ciencia, 34, boulevard de l'Hôpital, 75005 Paris. Tél. : 01. 47.07. 48. 58.
– Instituto Cervantes, 7, rue Quentin Bauchard, 75008 Paris. Tél. : 01. 40. 70. 92. 92.

Réalisation : Linéale Production

*Cet ouvrage a été achevé d'imprimer
par l'Imprimerie Floch à Mayenne
en septembre 2004.*

D. L. : septembre 2004.
N° d'impression : 60864.
N° d'édition : 7519.
Imprimé en France.